행복한 직장 만들기

신재준 · 박계두

신영북스

머리말

직장생활을 시작하고 얼마 지나지 않아 제대로 된 경영이 무엇인지 혼돈에 빠진 적이 있다. 이러한 혼돈을 해결해 보고자 유학을 떠나 공부를 마치고 다시 직장으로 복귀했다. 이렇게 배우고 실천해 보기를 하다 보니, 대학을 졸업하고 사회에 첫발을 내디딘 지 어언 30년이 넘었다. 그 사이 직장도 몇 번 옮겼고 해외근무도 하면서 다양한 산업과 나라의 기업문화를 체험했다. 유학생 시절 공부를 통한 기업의 간접체험까지 포함하면 이제 "기업이란 이렇고 이렇다"며 밤새 이야깃거리를 만들 수준이 된 것 같다.

세월이 흐르면서 4차산업혁명이 화두가 되었고 세계적 브랜드 회사인 인터브랜드(Interbrand)가 발표하는 세계 최고의 브랜드 가치를 지닌 회사가 음료수를 만들던 코카콜라에서, 지하철과 버스 광고를 무료하게 바라보던 승객들의 광고수요 패턴까지 바꿔버린 애플로 바뀌었다. 이러한 기술과 시장의 변화는 기존의 언론매체가 독점해서 제공하던 뉴스만을 소비하던 시대에서 다양한 미디어를 통해 수요자가 직접 뉴스를 공급하던 시대를 도래시켰다.

이러한 세상의 변화에도 변하지 않는 게 왜 없겠는가? 그중 하나가 행복해지고자 하는 인간의 욕구가 아니겠는가? 행복이라는 화두는 인간이 사고를 하면서 가장 자주 언급된 철학적 주제의 하나이다. 나 스스로도 "넌 행복하니?" 하고 자문해 보면, 나도 어쩔 수 없는 불만투성이의 인간에 불과함을 숨길 수 없다. 그래서인지 '워라밸'로 통하는 직장과 개인생활의 조화(WLB, Work Life Balance)라는 명제는 OECD 국가 중 가장 긴 노동시간을 자랑하는 대한민국 직장인들의 간곡한 바람으로까지 들린다.

인간이 사회에 첫발을 내디디면서 가장 긴 시간을 보내는 곳이 일터이다. 다시 말해 일터가 불행하면 자신의 시간 중 가장 많은 시간이 불행한 꼴이다. 그래서 기업들은 성장을 지속하기 위해서라도 구성원들에게 동기를 부여하고, 성과를 높이도록 보상제도를 개선하고, 업무를 보다 효율화하도록 새로운 시스템을 도입해왔다. 회사는 이를 위해 회사와 개인의 목표를 일치시키려 한다. 뿐만 아니라 회사가 추구하는 가치와 직원들의 생각이 일체감을 갖도록 노력한다. 맞다. 당연히 그래야 한다. 그러나 대부분의 경영자들은 어떻게 하면 직원들이 회사와 일체감을 느끼게 할 수 있는가에 대해서는 아이디어가 그다지 많은 것 같지 않다.

그러면 이러한 일체감은 어디서 오는가? 회사의 로고나 각종 의식이나 행사를 통해서일까? 반드시 그렇지는 않다. 많은 회사들이 기업의 가치관, 경영방침, 설립취지 등을 직원들과 공유하기 위해 여러 방안을 모색한다. 슬로건을 만들기도 하고, 비전이나 미션을 설명하는 책자를 만들기까지 한다. 하지만 이처럼 근사하게 만든 조직의 비전이나 미션을 제대로 알고 있는 직원들은 그리 많지 않다. 그래서 이들의 이해를 돕고자 '7S'이니 '3New'이니 하면서 약어를 만들기도 한다. 하지만 이 또한 만든 사람이 아니면 알기 힘들다.

왜 이럴까? 대답은 단순하다. 공감이 가지 않기 때문이다. 우스갯소리로 사장님이 하는 가장 흔한 거짓말 중 하나가 "이 회사의 주인은 직원 여러분입니다"라는 것이란다. 나는 이 책을 통해 인간이 가장 많은 시간을 보내는 직장생활이 행복하려면 직장이 어떠해야 하는가를 오랜 직장선배인 박교수님과 함께 토의해 왔고 함께 정리해 보고자 의기투합했다. 물론 이 경험 역시 두 사람의 제한된 경험에 불과함은 인정하지 않을 수 없다.

제1장에서는 테일러의 과학적 관리법 이후 기업경영의 기본 원칙 중 하나인 효율성의 문제에 접근해 보았다. 효율성은 투입 대비 산출을 극대화하기 위한 프로세스를 의미한다. 하지만 지나친 효율성의 강조는 분모에 해당하는 종업원들의 희생을 강요할 수 있으며, 경영현장에서 계획, 조정, 표준화, 평가, 보상제도 등이 효율성이라는 명목 하에 어떻게 기업구성원의 창의력이나 기업가정신을 위축시킬 수 있는지 검토해 봤다.

제2장에서는 기업이 지닌 무형자산의 가치에 대해 살펴봤다. 이와 함께 기업을 움직이는 원동력인 종업원들의 업무가 단지 단순하고 지루한 노동이 아니라, 이들의 축적된 재능을 발휘함으로써 재미까지 느낄 수 있는 '작업'의 수준을 넘어, 기업 및 지역공동체를 위한 '행위'로 어떻게 발전해야 하는지에 대해 살펴봤다.

제3장에서는 기업이 지닌 무형자산 중 기업문화가 갖는 의미를 살펴봤다. 그리고 기업문화란 그 배경(context) 없이 이해하기 어려운 콘텐츠(text)이며, 우리가 말하는 좋은 기업문화는 무엇이

고 나쁜 기업문화는 무엇인지에 대해 언급했다.

제4장에서는 좋은 기업이 되려면 혼돈과 질서의 적절한 조화와 중용을 통해 발전해야 하며, 따라서 기업은 하나의 원칙에 따라 일사불란하게 정렬하기보다 적당한 정도의 혼돈을 확보하는 것이 왜 필요한지 살펴봤다. 물론 혼돈이론에 대해서도 알기 쉽게 언급했다.

제5장에서는 기업의 성과를 높이고 구성원들이 행복하게 직장생활을 하도록 하기 위해 조직이 추구해야 할 방향에 대해 언급했다. 이러한 목적을 달성하려면 기업은 기업에 존재하고 있는 대립적 요인을 이해하고 이를 어떻게 조화시켜야 하는지 살펴봤다.

생각과 시간이 날 때마다 서로의 경험을 공유하며 글을 적었다 지웠다 하면서 시간도 지나고 산업환경도 많이 변했다. 하지만 직장생활이 즐거워야 한다는 직장인들의 소망이자 진리는 변할 수 없다. 우리 두 사람의 생각이 비록 보잘것없고 스스로의 경험이라는 덫에 갇혀 있음을 인정하지만, 그래도 이 글이 기업현장을 운영하는 분들에게 조금이라도 도움이 되길 바랄 뿐이다.

2019년 8월

저자 신재준 · 박계두

차 례

제1장 효율성이라는 이름의 덫

기업경영의 영원한 화두, 효율성 13

과학적 관리법 – 사고와 행위를 분리한 광기의 기술 16

호손공장 실험 – 실험실에서만의 행복 24

통제만능주의 31

통제 – 변화의 시대에 종양이 될 수 있는 조직의 영원한 속성 / 31

통제, 신격화, 그리고 판단의 오류 / 33

경영현장의 전통적 용어들 37

계획과 조정 – 예측만능주의의 오류 / 38

표준화 – 인간은 두 개의 손을 가진 기계 / 43

평가와 보상 – 자발적 몰입을 이끌어 내지 못하는 외재적 수단들 / 48

위계질서 – 머슴들을 이끌어 가는 도구 / 51

제2장 기업의 가치 찾기

무형의 기업가치 66

공정함 – 신뢰의 출발점 / 66

신뢰 – 눈에 보이지 않는 사회적 자본 / 72

기업이미지 – 지각되지 않는 것은 존재하지 않는다 / 78

인재관리 – 기업 잠재력의 보고 / 82

기업문화 – 조직의 공유된 힘 / 86

안정성 – 배가 든든해야 생각도 한다 / 91

일의 가치 95

노동의 의미 / 95

일의 분류와 특징 / 96

행위가 가능케 하라! / 103

제3장 기업문화, 좋은 기업과 나쁜 기업

행복과 문화 115

기업문화란 무엇인가? 119

기업문화의 구성 / 119

기업문화 혁신, 그리고 피로감 / 122

기업문화, 왜 중요한가? / 128

좋은 기업과 나쁜 기업 133

좋은 기업에는 있고 나쁜 기업에는 없는 것 135

상호주의 – 착취가 아닌 경작의 공유문화 / 135

균형 – 다양한 가치들의 조화수단 / 137

연결성 – 소통을 통한 사회적 관계의 실현 / 139

사기 – 조직의 힘을 하나로 모을 수 있는 원동력 / 142

겸허한 리더 – 중용과 절제의 미덕, 그리고 프로의식을 갖춘 사람 / 145

투명성 – 동반자관계에 근거한 정보와 도덕성의 공유 / 148

용기 – 당장의 이익을 희생할 수 있는 미래를 향한 전진 / 151

제4장 새로운 질서, 혼돈의 확보

혼돈이론 162

선형적 문제해결방식의 한계 – 환원주의의 오류 / 162

혼돈 속의 질서 / 164

나비효과 / 165

프랙탈 / 171

이상한 끌개 / 175

기업경영의 패러독스 179

인재 하나가 기업을 먹여 살린다? / 182

베스트 프랙티스를 벤치마킹하라? / 186

선택과 집중만이 살길이다? / 191

창의적 기업가 정신 193

토론 없는 발전은 없다 / 196

실패를 두려워하지 마라 / 199

여러 가지 생각이 넘치게 하라 / 203

꿈꿀 수 있는 비전을 갖게 하라 / 207

창의적 · 도전적 분위기를 저해하는 요소를 찾아 제거하라 / 212

기업변화의 원천 – 무질서 속의 질서 218

제5장 행복한 조직의 조건

좋은 조직문화 227

저 멀리 미래를 보라 vs. 당장의 현안을 해결하라 / 231

나무를 볼 것인가? vs. 숲을 볼 것인가? / 235

보편적 원칙을 따를 것인가? vs. 인간적 관계를 따를 것인가? / 243

내가 원하는 인생에서의 성공을 추구할 것인가? vs. 사회가 인정하는 지위와 명예를 추구할 것인가? / 251

나의 성공은 내 능력에 달려 있다 vs. 나의 성공은 외부환경에 좌우된다 / 257

시간은 흘러가는 것 vs. 시간은 순환하는 것 / 265

행복한 조직문화를 위해 267

제 1 장

효율성이라는 이름의 덫

기업경영의 영원한 화두, 효율성

어느 시대든, 어느 분야든 경영과 관련하여 사람들 입에 가장 많이 회자되는 말 중 하나가 '급변하는 환경'이 아닌가 싶다. 10년 전에도 그랬고 20년 전에도 그랬으며, 지금 글을 쓰는 순간에도 급변하는 환경이 어쩌고저쩌고 하는 말을 듣는다. 이는 환경적 요인에 민감할 수밖에 없는 경영분야의 특성 때문이다. 오래된 기업, 관료적 기업, 새로 생겨나는 벤처기업 등 다양한 형태의 기업들이 정해진 시장을 놓고 경쟁하려면 변화를 무시하고는 생존할 수 없다.

그런데 이러한 변화의 소용돌이 속에서도 변하지 않고 꾸준하게 지속되는 하나의 기업원칙이 있는데, 바로 효율성이라는 개념이다. 효율성이란 최소한의 투자로 최대한의 성과를 내는 것을 지칭한다. 19세기말 테일러(Frederick W. Taylor)가 과학적 관리법(scientific management, Taylorism)이라는 이름으로 '시간 및 동작연구(time and motion study)'를 경영에 도입한 이후, 기업에서 효율성이라는 화두는 100년 이상 지나도록 그 위상이 바뀌지 않고 있다. 뒤르켐(Emil Durkheim)은 노동이 분업화되면서 조직이 단순한 기계적 결합체에서 유기적 결합체로 전환하는 과정에 초점을 맞추었지만, 이 역시 효율성이라는 개념을 실현하기 위한 방편이었다. 페이욜(Henri Fayol)은 조직을 효율적으로 통제하기 위한 최적의 팀 규모 및 관리자가 통제할 수 있는 최적의 인원수(span of control)를 알아내려 했다. 이처럼 경영학자들은 효율성이라는 개념 하에 조직구조마저 계량화할 수 있다는 일종의 환원주의

(reductionism)에 빠지기도 한다.[1]

기업은 이익을 무시하고는 영속조직(going concern)으로 생존할 수 없다. 즉, 경영자는 기업의 이익을 제고하기 위해 최선의 해결책을 찾는 데 노력을 기울여야 한다. 따라서 이익을 최고의 가치로 두고 있는 효율성을 무시하는 것은 불가능할뿐더러 바람직하지도 않다. 하지만 기업은 효율성을 추구하는 과정에서 때로는 예상치 못한 부작용을 경험하기도 한다. 도요타(Toyota)는 작업공정혁신을 통해 비용을 줄이고 생산성을 향상하려는 목적으로 '유연(또는 적시)생산방식(lean production or JIT)'을 도입했다. 유연생산방식은 불량품이 발생할 경우 노동자들이 생산라인을 세울 수 있는 등 제한적이나마 이들이 직접 문제해결에 참여토록 한 조치였다. 그러나 역설적으로 이러한 시스템은 노동자들 스스로를 착취의 대상이자 착취의 매개체로 만든 어두운 측면을 지니고 있다.[2] 작업자들이 시스템의 약점을 찾아내면, 관리자는 생산속도를 가속화하면서 더욱 시스템에 압력을 가하게 되고, 결국 노동자들은 이러한 과정에서 과로로 사망하기도 한다.

많은 기업들이 변화와 혁신이라는 말을 자주 쓴다. "혁신 없이는 생존도 없다", "기업문화가 변화해야 한다", "변화란 친구처럼 옆에 두어야 한다" 등등. 그런데 기업이 외치는 변화와 혁신은 결국 효율성을 제고하자는 말과 일맥상통한다. 효율성은 물질적 부는 물론 기업의 성장을 위해 인적자원과 물적자원 모두를 이용하는 최상의 개념으로 간주되기 때문이다. 그런데 인적자원이라는 말에서 드러나듯 효율성은 사람들마저 자원의 한 종류(human resource)로 격하시킨다. 효율성 앞에서는 인력도 하나의 수단에 불과한 것이다. 따라서 우리가 회사 밖에선 아무리 시민으로서의 자유를 외칠지언정, 일단 회사에 출근하면 생산성을 높이기 위한 기계의 역할을 해야 한다. 18세기 영문학자인 새뮤얼 존슨(Samuel Johnson)은 그의 영어사전에서 효율성을 정의하면서 "세상에서 가장 효율적인 것은 신이다"라고 했다. 신은 무에서 유를 창조했으니 생산성만 놓고 보면 가장 효율적인 존재임이 분명하다. 만약 새뮤얼 존슨이 효율성을 극대화하려는 21세기 기업들의 노력을 지켜본다면 신의 영역을 침범하며 바벨탑을 쌓으려는 과욕에 불과하다고 생각했을지 모른다.

효율성은 기업활동에 있어 필요한 요소이다. 하지만 기업에선 효율성만으로는 설명할 수 없는 일이 자주 발생한다. 한 예로 우리는 부도난 회사에서 직원들이 임금을 반납하고 회사를 살리기 위해 노력했다는 이야기를 심심치 않게 접한다. 또 어떤 CEO가 자신이 설립한 회사를 떠나면서 보유한 주식 전부를 종업원들에게 나눠주었다는 이야기를 듣는다. 경영학자 피터 드러커(Peter Drucker)는 기업경영의 중심과제에 대해 다음과 같이 말한 바 있다.

> "사람들에게 공동의 목표와 가치, 그리고 계속적인 학습 및 개발의 가능성을 주면서 그들로 하여금 집단으로서 성과를 올리게 해야 한다."

2차 세계대전 이후 독일의 성공한 기업가인 라인홀트 뷔르트(Reinhold Würth) 역시 기업경영과 관련하여 다음과 같이 이야기했다.

"최신장비와 시설을 갖추고 동기유발이 안 된 종업원들이 일할 때보다 비록 기계는 낡고 공장은 허름해도 종업원들이 신나게 일할 때 효과가 훨씬 낫다."

이들은 기업경영에 있어 효율성이라는 개념 대신 공동의 목표와 가치관, 자기개발기회, 직원들의 사기, 일하는 즐거움이 보다 중요하다고 언급한다. 이익의 극대화를 지향하는 효율성의 속성상 투입량을 최소화하려는 과정에서 때로는 분모의 희생을 강요하기 때문이다. 예를 들어 도요타의 경우처럼 직원들의 노력으로 생산성이 높아졌다 하더라도 효율성은 그 속성상 노동시간 단축보다 일자리 단축을 모색하려 한다. 이제 기업경영에 효율성이라는 개념을 도입한 과학적 관리법에 대해 살펴보기로 하자.

과학적 관리법 – 사고와 행위를 분리한 광기의 기술

프랑스 철학자 데카르트(René Descartes)는 인간이란 신체를 가진 일종의 기계라면서 생각과 육체를 별개의 영역으로 간주했다. 즉, 생각이란 존재하기 위해 장소를 필요로 하지 않기 때문에 물질적인 것에 의존하지 않으며, 따라서 영혼과 육체는 완전히 분리된다는 것이다.[3] 데카르트는 이처럼 정신과 물질의 이원론을 펼치면서 신체가 경험하는 것 중 불확실하다고 생각하는 것을 제거하려 했는데, 여기서 불확실성이란 느낌과 감정을 의미한다.

데카르트가 영혼과 육체를 분리했듯이, 19세기말 미국의 생산현장에선 프레드릭 테일러(Frederick W. Taylor)에 의해 기획이나 전략수립과 같은 두뇌작업으로부터 단순육체노동을 분리하는 작업이 추진된다. 이름하여 '시간 및 동작연구(Time and Motion Study)'에 기반한 '과학적 관리법(Scientific Management)'이 그것이다.

테일러는 1856년 미국 펜실베이니아의 부유한 퀘이커(Quaker) 교도 집안에서 태어났다. 변호사였던 아버지의 영향을 받아 변호사를 꿈꾸고 하버드 대학에 진학했으나, 급격히 나빠진 시력으로 깨알 같은 법률서를 읽기 어려워지자 인생의 방향을 틀게 된다. 당시 미국의 자본가들은 기업규모가 성장하는 과정에서 노동자들과 심한 반목을 겪고 있었으며 이들의 태업은 골칫덩어리였다. 테일러는 지금까지의 비효율적인 주먹구구식 관리방식에 의존한다면 자본가와 노동자 간에는 갈등밖에 존재할 수 없다면서 과학적 관리방식을 통해 문제를 해결할 수 있다고 주창한다. 노동자들의 생산성을 높이고 성과의 일부를 그들에게 제공한다면 근로자들을 만족시키는 것은 물론, 노동쟁의도 제거할 수 있다는 것이다. 기업들은 이러한 테일러의 주장에 귀가 솔깃할 수밖에 없었다.

테일러는 자신이 근무하던 철강회사(Bethelem Steel)에서 일 잘하는 노동자를 선발한다. 그리고 노동자가 삽질하는 것을 자세히 관찰하고 이를 1/100초 단위로 세분한다. 테일러의 머릿속엔 "한 번 삽질에 얼마만큼 뜨는 게 가장 효율적인가?" 하는 생각밖엔 없었다. 그의 연구에 따르면 한 번 삽질로 뜰 수 있는 가장 효과적인 양이 21.5파운드이며, 테일러는 이에 적합한 삽을 고안하기도 한다. 그러면서 노동효율성을 높이려면 노동자들을 제대로 선발하고 훈련시켜야 하며, 따라서 관리자의 역할이란 상세한 작업매뉴얼을 만들고 노동자들이 매뉴얼에 따라 제대로 일을 하는지 관리감독하는 데 있다고 주장한다. 노동자의 성과는 노동자의 능력이 아니라 관리자의 관리능력에 달려 있다고 믿었던 것이다.

테일러에게 노동자들이란 아주 단순한 사람에 — 어찌 보면 일하는 기계에 — 불과했다. 노동자들은 어떻게 일하는지 기준만 제대로 제시해 주면 돈 때문에라도 열심히 일하는 존재라고 생각했다. 다시 말해 이들은 표준화된 작업매뉴얼만 갖추어져 있다면 언제든지 대체가능한 부품에 불과했다. 테일러의 과학적 관리법에 대해 브레이버만(Harry Braverman)은 다음과 같이 설명한다.

> "노동자들은 자신의 일과 관련해서 더 이상 사고할 필요가 없게 되었다. 구상(conception)과 집행(execution)은 철저하게 분리되었으며, 기획하고 생각하는 구상의 역할은 오로지 관리자의 몫이었다. 노동자들에겐 더 이상 두뇌가 필요치 않게 된 것이다. 노동에서 구상과 집행이 분리된 후, 이 원칙은 작업현장에서 철저하게 지켜졌다. 작업은 보다 세분화되었으며 구상은 더욱 제한된 수의 관리자들에게 집중되었다. 인간은 손과 두뇌가 결합되었을 때만 비로소 인간다운데, 노동자들은 이와 정반대였다."4

찰리 채플린이 제작한 무성영화 〈모던 타임스(Modern Times, 1936)〉는 하루 종일 나사만 조이는 노동자의 모습을 보여주면서 자본주의의 비인간성을 고발한다. 하지만 노동자들은 어쩔 수 없

▶찰리 채플린의 모던 타임스는 테일러 이후 발생한 자본주의의 비인간성을 절묘하게 비판한다.

이 — 비록 지나가는 여성의 단추를 조이기 위해 다가갈 정도로 인간성이 피폐해지더라도 — 그 일을 수행할 수밖에 없었다. 산업혁명 이전 도제시절엔 지식과 숙련된 솜씨가 경쟁력이었던 것과 달리, 이제 그들의 일은 누구나 시간을 조금만 들이면 익혀서 대신할 수 있는 단순업무로 분리되고 대체되면서 노동자들은 자신의 생계수단을 스스로 통제할 수 없게 되었다. 다시 말해 분업을 통해 생산성은 높아지고 그래서 노동자들이 그 과실의 일부를 나눠가졌을지 몰라도, 결국 분업은 숙련노동을 폐지하는 역할을 했으며, 이로 인해 노동시장에서 사고파는 것은 개인의 기술이 아니라 노동자들의 육체적 건강에 기초한 노동력으로 전락하게 되었다.[5] 이러한 단순반복적 노동은 자동화를 거치면서 힘든 노동력을 제공해야 하는 노동자들의 고통을 부분적으로 경감시키기도 했다. 그러나 이는 인간의 지력(智力)마저 불필요한 것으로 만드는 결과를 초래한다.

> "노동자들은 더 이상 사람이라기보다는 노동력, 생산을 위한 요소(factor of production), 자본의 도구(instrument of capital)로 전락했다. 이러한 현상은 점점 심해졌는데, 이는 임금의 높고 낮음을 떠나 근로조건을 악화시키는 원인이 되었다. 노동자들 역시 인간임에도 불구하고 가장 비인간적인 방식으로 취급된 것이다."6

테일러가 1/100초 단위까지 노동을 세분화하는 일에 능숙했던 것은 그의 성격과도 무관하지 않다. 가레스 모건(Gareth Morgan)은 그의 저서에서 테일러의 광적이며 편집증적인 성격을 설명한다.7

> "테일러는 미쳤다고 보는 게 오히려 맞는 인물이다. 그는 어린 시절 아이들을 마치 부대처럼 편성하고 함께 놀았다. 그리고 아이들과 야구를 할 때면 무엇보다 먼저 구장의 크기가 정확하게 측정되어야 한다고 고집을 부렸다. 아무리 동네야구라도 테일러는 야구장의 크기를 완벽하게 측정하는 일부터 시작했으며, 이러는 도중에 날이 저물기 일쑤였다. 시골길을 걸을 때면 최소한의 에너지만 사용해서 얼마나 멀리 걸을 수 있는지 고민했다. 만약 다음번에 같은 길을 걷게 될 때, 이전보다는 적은 걸음수

▶프레드릭 테일러(Frederick W. Taylor). 테일러는 어릴 적부터 숫자와 측정에 집착하는 편집증적인 증상을 지니고 있었다.

로 걷지 않으면 견디지를 못했다. 청소년기 시절 댄스파티에 참석할 때에는 그만의 수학적 법칙이 있었다. 파티에 가기 전, 그날 참석할 가능성이 있는 매력적인 여성과 그렇지 않은 여성의 목록을 작성하고는 매력적인 그룹의 여자들은 물론 그렇지 않은 그룹의 여자들과도 일분일초까지 똑 같은 시간을 할애해서 함께 춤을 추었다. 테일러는 악몽과 불면증에 자주 시달렸다고 한다. 어느 날 테일러는 똑바로 누워서 잠을 잘 때 가장 심한 악몽에 시달린다는 것을 알았다. 그래서 잠자는 도중에 몸을 뒤척이다가 똑바로 눕게 되면 자신을 낚아채서 깨울 수 있는 도구를 만들어서는 잠잘 때마다 이를 차고 잤다고 한다."

과학적 관리법은 멀게는 육체와 영혼을 분리하고 영혼에서 이성만 남긴 채 감성을 제거한 데카르트식 이분법, 관리자들의 이성에 근거하여 노동자들을 교육시키려는 계몽주의적 사고 등 서구식 전통에 근간을 두고 있다.[8] 하지만 한발 더 나아가 노동자들이 쓸데없는 생각을 못하도록 이들에게서 두뇌를 제거하고 관리자가 시키는 일을 제대로 했을 경우 보상을 제공한다면 노동자들은 지극히 만족할 것이라는 생각은 테일러의 편집증적인 광기에서 나왔다고 해도 과언이 아니다.

인간이 인간다움을 유지하는 것은 동물들과 달리 사고를 하기 때문이다. 따라서 인간에게서 사고가 제거되면 이는 인간성을 박탈하는 것과 같다. 전체주의(totalitarianism)는 인간성을 박탈함으로써 인간은 무용한 존재라는 것을 증명하려 했으며, 이러한 인간을 과학적 실험의 대상으로 삼았다. 나치즘이 이와 같다. 민주주의와 달리 전체주의가 악(惡)인 이유는 이처럼 인간을 쓸모없게 만들기 때문이다. 그리고 인간이 사고하지 않는 과정에서 전체주의는 번성한다.[9] 과학적 관리법은 노동자에게서 사고과정을 분리하고, 이들을 생산과정에 속한 부속품의 일부처럼 다루면서 철저하게 관리자들만이 이들을 통제하도록 했으며, 그러는 과정에서 기업가들의 마음을 사로잡았다.

인간성과 괴리되었다는 태생적 한계로 인해 과학적 관리법은 세월이 지나면서 그 효과에 대해 많은 의문을 낳을 수밖에 없었다. 하지만 테일러 이후 1세기 이상이 지난 지금도 경영현장에서 과학적 관리법은 적지 않은 영향력을 미치고 있다. 시스템 합리화가 목적이지만 냉정한 구조조정도 불사하는 리스트럭처링, 수치에 근거한 경영효율화를 추구하는 식스 시그마 등은 과학적 관리법의 한 뿌리라 볼 수 있다. 이들 모두는 효율성을 제고하고 생산성을 높이면서 경쟁력을 유지하려는 기업들의 욕구에 따라

포장만 달리해서 나타났다가 사라지기를 반복하고 있다.

경영현장이나 학계에서 인적자원(human resource)이라는 말을 자주 쓴다. 인간을 기업의 자원으로 보지만 인간이 가장 훌륭한 자원인지 아닌지는 중요하지 않다 — 인간의 역량을 효율적으로 활용한다는 의미에서 이러한 표현은 잘못된 게 아니라는 주장도 있다. 하지만 인간을 재료(material)나 자원으로 본다는 사실은 인간을 '실험의 대상'으로 여기는 전체주의적 사고와 일맥상통한다. 즉 인간은 자원의 일종으로 대상에 불과하며, 언제든지 필요에 따라 교체나 활용이 가능하다는 의미이다. 기업입장에서 보면 근로자들은 수단이지 절대로 주체가 될 수 없다. 다시 말해 사고하고 판단하고 의사결정하는 주체가 아니라 명령받은 것을 그대로 시행하는 도구에 지나지 않는다. 자신의 회사를 위해 일하는 직원들을 월급이나 받는 머슴으로 생각하는 한보철강 CEO,[10] 임직원에게 조직폭력배 수준의 폭력을 행사하고도 그냥 넘겨버리는 재벌 2세와 일부 기업들의 CEO. 이들 모두는 직원을 한낱 도구에 불과하다고 생각하는 사람들이다. 이러한 경영진들이 존재할 때 인간을 실험의 수단이라 생각한 테일러식 광기는 앞으로도 경영현장에서 사라지지 않을 것이다.

버트런드 러셀(Bertrand Russell)은 숙련을 필요로 하는 일이 즐거움을 주려면 그 기술이 다양하게 변화하거나 끝없이 향상될 수 있어야 한다고 말한다.[11] 나이가 들어 더 이상 기록을 갱신할 수 없는 사람이 달리기에 흥미를 잃는 것은 바로 이러한 이유 때문이다. 장구한 세월에 비하면 인간의 생명은 짧고 보잘것없다. 하지만 인간은 자신의 이성에 근거하여 스스로 생각하고, 관찰하고, 판단하고, 새로운 것을 추구하면서 발전해 왔다. 인간은 사고하면서 행위할 때에만 인간으로서의 존엄과 가치가 있는 것이다.

호손공장 실험 – 실험실에서만의 행복

하버드경영대학원의 엘튼 메이요(Elton Mayo)와 프리츠 로드리스버거(Fritz Roethlisberger)가 이끄는 연구팀은 근로자의 생산성을 높이는 요인을 알아보기 위해 1924년부터 가전제품 제조회사인 웨스턴 일렉트릭(Western Electric)의 호손(Hawthorne)공장에서 연구를 시작한다. 처음에 이들은 밝은 조명시설, 노동자들의 신체에 맞게 조정된 작업대, 긴 휴식시간, 깨끗하고 맛있는 구내식당, 근로자의 여건에 맞는 근무시간 등이 생산직 근로자의 성과에 매우 밀접한 관계가 있을 것이라 가정한다.

연구조사를 위해 아일랜드출신 여성근로자 두 명이 선발되고 이 둘은 같이 일할 다른 여성 동료 3명을 선택한다. 5명의 여성 근로자는[12] 다른 근로자들과는 격리된 채, 늘 해오던 전화기를 조립하고 시험하는 일을 계속한다. 연구팀은 이들을 가까이서 관찰한다. 그리고 5명의 작업감독관 역시 지금까지 해오던 대로 다른 여성근로자들과 마찬가지로 이들 5명의 작업을 정기적으로 점검한다. 그런데 하루는 이들 5명 근로자의 작업태도가 못마땅했던지 감독관이 크게 화를 냈다. 이 사건 이후로 하버드연구팀은 연구결과가 왜곡될 것을 우려해 연구기간 동안 감독관이 이들 여성 근로자와 접촉하지 말도록 공장장에게 요구하게 된다.

연구결과에 따르면 근로자들의 생산성을 높일 것이라고 가정한 요소들의 실제 효과는 거의 없었다. 조명시설이나 음식 등 작업조건을 개선했을 때 생산성은 점차적으로 좋아졌지만, 이러한 요인들을 제거했을 때에도 생산성은 지속해서 증가했다. 연구 막바지에 연구팀은 이들의 작업조건을 처음으로 되돌려 보았지만, 연구초기에 비해 39%나 증가한 생산성은 그대로 유지되었다. 도대체 이유가 무엇일까?

5명 여성근로자의 생산성이 높아진 원인은 무엇보다 이들이 연구원들을 좋아하게 되었다는 점이다. 신뢰라는 말이 더욱 적합할 것 같다. 그래서 연구원들이 원하는 게 생산성을 높이는 것이라 믿고 열심히 일을 하기 시작했으며, 그 결과 생산성이 높아지게 되었다. 근로자들이 연구원들을 좋아하게 된 원인은 연구원들이 연구를 진행하면서 여성근로자들을 이해하고 친해지게 된 점도 있지만, 더 큰 이유는 조사가 시작되면서 여성근로자들이 그동안 받아오던 것과는 다른 대우를 받았다고 느꼈기 때문이다.[13]

첫째, 두 명의 여성근로자들은 수백 명의 근로자들 중에서 선정되었다. 그리고 이 둘은 자신들이 좋아한 세 명을 선택했다. 이들은 서로가 마음도 통했을 뿐만 아니라 서로의 가치를 인정하고 있던 것이다.

둘째, 미국 최고 명문 하버드대학 연구팀은 이들을 이주노동자가 아닌 연구파트너로 대접했다. 마치 후배연구원들처럼 말이다. 연구팀은 감독관이 이들을 화나게 했다는 이유로 이들과의 접촉을 금지시키지 않았던가! 아마도 이들의 감정은 영화 '마이 페어 레이디(My Fair Lady)'에서 엘리자(Eliza Doolittle)가 자신을 실험대상으로만 삼으려 했던 히긴스(Henry Higgins) 교수에게 했던 말과 유사할지도 모른다.

> "연구원과 노동자의 차이는 어떻게 대우받느냐의 차이 아닌가요? 감독관에게 나는 언제나 노동자에 불과해요. 하지만 메이요 선생님에게 나는 연구원입니다. 나를 항상 연구원처럼 대해왔고 앞으로도 그렇게 대해 주실 것이기 때문이죠."

셋째, 연구원들은 5명의 여성근로자들이 맡은 작업과 이들의 분위기를 관찰만 했지 절대 간섭하지 않았다. 이러한 연구팀의 자세는 근로자들이 자율권을 갖고 업무를 처리할 수 있게 하는 원동력이었으며, 근로자들은 스스로 의사결정을 할 수 있는 나름대로의 지위를 인정받은 것이었다. 이러한 일은 감독관 밑에서 일할 때에는 상상조차 하지 못했다.

마지막으로 이들의 업무에 미묘하지만 중요한 변화가 생겼다. 작업장에서 이들이 하는 일이란 단순반복적으로 전화기를 조립하고 시험하는 게 전부였다. 이에 반해 연구팀과 일하면서 근로자들은 전화기를 더욱 잘 조립할 수 있는 방안을 찾는 등 보다 비일상적인 일에도 노력을 기울일 수 있었다.

호손공장 연구가 당시 사용자와 근로자 간의 관계에 새로운 시각을 제시한 것은 분명하며, 연구결과는 향후에 책으로 발간되어 베스트셀러가 되었다.[14] 실험에 참가한 여성근로자들은 자기들이 연구팀과 공동연구를 진행한다고 생각할 만큼 작업현장에서와는 다른 대우를 받는다고 느꼈으며, 그 결과 업무성과가 몰라

보게 좋아졌다. 보다 좋은 구내식당 음식, 긴 휴식시간, 높아진 임금, 질 좋은 의료혜택, 편안한 의자나 작업대 등의 요인은 연구팀이 기대한 만큼 근로자들의 성과에 지대한 영향을 미치지 못한 반면,[15] 이들을 대하는 연구팀의 선의의 자세, 그리고 작업환경을 개선한 자체가 아니라 이를 개선하기 위한 관심 등 감성적 요인들이 성과를 높이는 데 중요한 역할을 했다. 성과가 크게 높아진 것과 관련하여 여성근로자들에게 연구팀은 그 이유를 물었다.

> "아무도 우리에게 강압적으로 일을 시키지 않았습니다. 대신 여러분(연구팀)들은 우리를 인간적으로 대우했을 뿐만 아니라, 우리 얘기에 귀를 기울였지요. 우리는 정말 서로의 관계를 즐기면서 행복하게 일할 수 있었습니다."

여성근로자들의 성과가 지속적으로 높아지자 연구팀은 근로자들 스스로 마음에 들지 않는 연구방식에 대해서 거부할 권리마저 주었다. 연구방식을 선택할 권리를 부여받자 작업성과는 더 높아졌다. 단순한 불량품 검사나 조립업무 분야에서 성과가 이렇게 향상되리라고 어느 누구도 짐작조차 하지 못했다. 따라서 연구결과는 근로자들 스스로 판단하고 결정할 수 있는 권한을 부여받는다는 게 업무성과에 얼마나 큰 영향을 미치는지 증명한다. 아무 생각 없이 시키는 대로 손을 놀려 주어진 작업만 수행하는 게 아니라, 업무에 대해 스스로 생각하고 결정하고 일을 추진하는 게 성과에 커다란 영향을 미친다는 사실을 보여준 것이다. 호손공장 실험은 대량생산체제 도입 이후 분리되었던 육체노동과 고도의 정신노동을 재결합시킨 결과를 가져왔다. 근로자들끼리 동료의식을 갖고 자신들의 업무에 대해 고민하는 것은 물론, 매일 저녁 퇴근 전에 자신들이 이룬 성과를 검토하고 서로가 그 결과를 즐기면서 행복감을 느끼고 보다 나은 내일을 약속했던 것이다.

이들의 이야기가 널리 퍼지면서 직접 눈으로 확인하고자 찾아오는 방문객들의 수가 점점 늘어났다. 아일랜드와 폴란드 출신의 젊고 가진 것 없는 이들 이주 여성근로자들도 그들의 인생에서 이처럼 각계의 주목을 받은 적이 없었다. 예상을 뒤집는 연구결과와 갑작스러운 주변의 관심에 오히려 학계마저 당황할 정도였다. 지금까지 학계가 주장해온 인간의 동기부여에 대한 낡은 패러다임은 붕괴될 수밖에 없었던 반면, 이를 대체할 새로운 이론이나 연구자료는 갖춰지지 않은 상황이었기 때문이다.

이러한 관심에도 불구하고 호손공장 연구의 뒷이야기는 모두가 행복한 '해피 엔딩'으로 끝나지 않았다. 연구팀은 근로자들 간의 긍정적 인간관계나 감성의 공유는 물론, 이들을 진심으로 대하는 것이 생산성 증가에 중요한 요인이라 결론짓지만 연구결과를 현장에 적용하려는 구체적이며 진지한 시도는 미비했다. 웨스턴 일렉트릭의 경영자들은 종업원 상담 프로그램을 만들고 근로자들의 상담을 시작한다. 상담사로는 어머니 같은 느낌이 들 만한 중년여성을 저임금을 주고 고용했으며, 이 여성상담사는 공장에 부속된 가건물에서 상담을 진행했다. 물론 근로자들은 원한다면 근무교대가 끝나고 자유롭게 상담을 받을 수 있었다. 역설적인 사실은 관리자들이 상담효과가 있을 것이라 믿으면서도 정작 자신들의 소중한 시간을 얼굴도 알아보기 힘든 이주근로자의 이

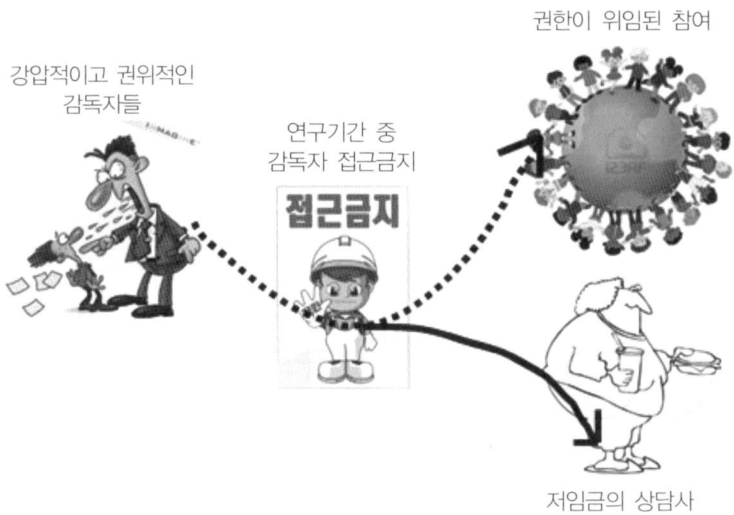

야기나 듣는 데 소비할 수 없다고 생각했다는 점이다. 결국 상담 프로그램은 어느 누구의 주목도 받지 못한 채 조용히 폐지되었다.

대량생산시스템의 전형적 특징은 근로자의 정신과 육체를 분리시켜 육체만 남겨놓는다는 점 외에, 업무를 세분화시켜 근로자에겐 주어진 업무만 반복적으로 수행토록 함으로써 작업장에서 발생가능한 근로자의 사회적 관계마저 단절시킨다는 사실이다. 웨스턴 일렉트릭의 사례를 다룬 책의[16] 발간으로 기존 관리방식에 대한 경영자들의 생각에는 변화가 일기 시작했다. 책은 날개 돋친 듯이 팔려나갔고 여러 나라 말로도 번역되었다.

웨스턴 일렉트릭은 자기네 공장에서 연구가 진행되었다는 점을 근거로 책 판매수익의 반을 챙겨갔다. 게다가 작가 중 한 사람인 딕슨(William Dickson)이 책을 집필하는 와중에 월급까지 지급했던 사실로 미뤄볼 때, 근로자에 대한 배려보다는 회사의 명성이나 이익에 더 큰 관심이 있었다. 연구를 진행했던 로드리스버거 역시 저작권자로 수익의 1/4을 받았는데, 이 중 반은 저자인 딕슨에게 양보해야 했다. 결국 회사만 책 수익의 3/4을 챙겼고 정작 로드리스버거와 딕슨은 각각 수익의 1/8만 챙긴 꼴이 되었다. 그래도 이 둘은 행복한 편이다. 연구에 참여한 여성근로자들이 손에 쥔 것은 아무것도 없었다. 호손 실험의 최대 수혜자는 웨스턴 일렉트릭이었지만, 이들은 연구결과 역시 현실에 제대로 반영하지 않았다.

군대에서 군인은 병력이고 군인이 다치면 병력손실이다. 군인은 명령에 따라 죽고 살며 전투를 수행하는 조직의 자원이기 때문이다. 기업에서는 근로자를 인적자원이라고 부른다. 성과를 제고하는 수단으로 생각하기 때문이다. 호손공장 이후 수평적이며 감성적 의사소통을 강조하는 연구결과는 많았지만 현장에서 이를 제대로 이해하고 적용한 사례는 드물다. 호손공장의 여성근로자들처럼 경영자와 연구팀의 예상을 뛰어넘는 놀랄 만한 성과를 창출하면서, 동시에 인간다움과 행복을 느낄 수 있는 일터는 실험실에서만 존재했던 것이다.

우리나라에서도 많은 기업들이 직원들에게 “감성지수(EQ)를 높여라”, “실패를 두려워하지 말라”, “틀에서 벗어나 자유롭게 사고하라”, “창의적으로 생각하라”고 이야기한다. 하지만 내면을 들여다보면 이를 위해 진정으로 노력하는 기업은 드물다. 오히려 테일러 시대의 관리중심의 경영에서 벗어나지 못하고 있다. 이 중 하나가 통제에 대한 생각이다.

통제만능주의

통제 – 변화의 시대에 종양이 될 수 있는 조직의 영원한 속성

얼마 전 벤처기업을 운영하는 지인과 자리를 함께했다. 그에 따르면 성장가도를 달리던 벤처기업이 위기에 직면하는 경우는 초심을 잃고 관료화되어 통제를 시작할 때부터라고 한다.

1990년대 초반 소비자의 기호는 외면한 채 고전적인 올림픽 스타일만 고집하다가 경영위기를 맞은 아디다스는 1992년 한 해 적자만 한화로 970억 원에 달할 정도로 돌파구가 없었다.[17] 이때 독일인 중심의 아디다스에 프랑스인 로베르토 루이스 드레퓌스가 CEO로 부임한다.[18] 그가 취임하면서 기자들에게 한 말은 다음과 같다.

> "내가 아디다스에 입사해서 가장 처음 한 일이 뭔지 아십니까? 영업사원의 영업비 3백 달러를 결재하는 것이었습니다."

최근 A사는 직원들의 해외출장 결재를 최고임원이 직접 하기 시작했다. 경비를 절감하기 위해서다. 문제는 최고임원이 과장, 대리급 해외출장을 결재하다 보니, 현장상황을 정확히 이해하지 못해 정작 필요한 경우인데 출장을 못 가는 일이 생긴다고 한다.

기업에서 소비자 기호나 시장변화를 가장 늦게 아는 사람이 CEO라는 말이 있다. 시장변화는 쉬운 1, 2차 방정식을 푸는 것처럼 간단하지 않다. 따라서 최근에는 이러한 변화를 보다 깊이 이해하고자 '빅 데이터(Big Data)'[19]라는 분야까지 생겨났다. 기업은 끊임없이 예측가능과 예측불가능의 스펙트럼 위에서 움직인다. 이에 비해 경영자들은 한 가지 일에 평균 9분 정도밖에 투입하지 못한다고 한다. 대리급 출장까지 신경을 쓰는 임원이라면 자신의 업무에 과연 얼마나 많은 시간을 할애할 수 있을까?

경제의 세계엔 두 가지 얼굴이 있다. 하나는 예측가능하고, 따라서 법칙이 들어맞고 잘 규제된 세계이다. 일상적인 업무 등이 여기에 해당한다. 또 하나는 예측불가능한, 한 번만 일어나는 우발과 직관의 세계이다. 가장 대표적인 것이 경쟁관계, 신제품개발 등과 관련된 시장상황이다.[20] 후자는 혼돈의 세계라 볼 수 있는데, 이러한 세계에선 전지전능한 신이 아니고서야 모든 것을 중앙에서 통제한다는 것은 사실상 불가능하다. A사 최고임원은 왜 출장을 가야 하는지 자신에게 필요성을 설득하라고 한다. 하지만 새로운 아이디어, 신제품, 새로운 조치 등과 관련된 출장이라면 그 필요성을 완전하게 이해시키다가 지치고 말 것이다.

조직은 자율보다 규제를 선호한다. 하지만 지나친 규제는 오히려 황량한 질서만을 남긴다. 규제를 지키기 위한 규제가 새롭게 만들어지고, 많은 사람들이 이러한 규제가 잘 지켜지는지 감시하기 위해 동원된다. 공기업인 B사는 최근까지 법전만큼이나 두꺼운 사규집을 회사운용에 활용했다. 사규가 규제하지 못하는 상황들은 따로 사례집으로 모아 관리했다. 사례집 두께도 만만치 않았다. 경영자는 현재의 질서가 그 정신이나 내용, 범위 면에서 지금의 시대에 맞는가를 정기적으로 검토해야 한다. 매년 질서의 10%를 삭감하라! 그렇지 않으면 질서는 불필요한 통제를 불러일으키

고, 이는 결국 여러분 회사의 무서운 종양이 될지도 모른다.[21]

최근에 스마트 워킹(smart working), 모바일 워킹(mobile working)을 도입하는 회사가 늘고 있다. 사무실 경비를 줄이고 직원들 편의를 위해 집이나 집과 가까운 공간에서 업무를 보도록 하는 제도이다. 취지는 긍정적이다. 하지만 이러한 새로운 근무형태가 모바일 기기를 통해 근무시간 외에 구성원들을 통제하는 수단으로 활용된다면, 이는 어떠한 것보다 더욱 강력한 통제수단이 될 것이다. 스마트 워킹을 도입한 한 회사 직원의 말이다.

> "회사에서 스마트 워킹을 활성화하라고 했다. 그러자 부장님은 직원들에게 사무실이 아닌 다른 장소에 함께 모여서 일을 하자고 했다. 그리고 부장님도 그리로 출근한다."

통제, 신격화, 그리고 판단의 오류

조직은 목적달성을 위해 구성원들을 통제하려는 수단으로 리더를 신격화하기도 한다. 특히 성공한 리더의 신격화는 조직을 통제하기 위한 좋은 수단이다. 하지만 의도와 달리 이는 오히려 미래의 성공을 가로막는 장애가 되기도 한다.

인간이 중앙집권의 형태로 본격적인 통제를 행사한 것은 농경을 시작하고 생산성이 급격하게 늘어나면서부터이다. 생산성이 늘어난 데에는 관개를 통한 치수(治水)의 역할이 컸다. 치수로 인해 생산량이 늘고 사회조직 간에 부의 격차가 생기자 강의 계곡을 따라 소규모로 흩어져 있던 관개사회 중 보다 힘센 사회는 약한 사회를 정복하여 거대왕국을 이루게 되며, 이는 중앙집권체제를 탄생시켰다. 그러자 통치자는 거대제국을 유지하기 위해 자신을 신격화할 필요가 있었다. 그런데 신격화는 두려움의 대상이었던 자연현상을 예측하고 통제하면서 가능해졌다. 치수란 인간이 부분적으로나마 자연의 변화를 예측하고 통제할 수 있다는 것을 의미하기 때문이다.[22] 통치계급이 자연을 어느 정도 다스릴 수 있게 되자 백성들은 통치자를 신격화했으며, 통치자의 판단엔 오류가 없다는(infallibility) 믿음을 갖게 되었다.

기업경영에서도 이와 유사한 모습이 심심찮게 감지된다. 특히 이러한 현상은 성공한 기업가들에게서 자주 발견된다. 이들은 어제의 성공으로 자신은 어떤 일이든 할 수 있다는 믿음에 빠진다. 하지만 이러한 믿음은 오히려 미래 성공의 발목을 잡는 올가미가 된다.[23]

어떠한 리더들은 업적을 이야기할 때, "그 일은 내가 다 한 거다", "그 사람은 내가 다 키웠다"라고 한다. 그런데 자신의 힘만으로 모든 것을 이루었다고 믿는 리더들은 자신의 힘과 능력, 판단만으로도 충분하다는 신념 하에 모든 힘을 독점하는 경향이 있다.[24] 그러나 제아무리 만고불변의 진리라 하더라도 오류에 굴복하지 않는 무한의 힘이 있지 않은 것처럼, 리더가 무한의 권한을 지녔다고 해서 무한의 성과를 낼 수 있는 것은 아니다.

피터스와 워터만(Peters and Waterman)이 그들의 저서인 'In search of Excellence'에서 정의한 우수기업의 2/3가 5년도 안 돼 도태되었다. 경영전문지인 포브스(Forbes)는 매년 '올해의 기업'을 선정하는데, 이 중 50% 이상이 5년 안에 명단에서 빠지고 만다.

성공에 도취되어 스스로 무엇이든 할 수 있다는 '자기신격화'의 결과이다. 로마 가톨릭 교회는 성인을 지명할 때 그를 비판하는 '악마의 대변인(Devil's advocate)'을 승인하고 그의 말에 귀 기울인다.[25] 혹시라도 있을지 모를 판단의 오류를 피하기 위한 방편인 것이다.

"What hath God wrought(하나님의 행하신 일이 어찌 그리 크뇨)?"

1844년 모스(Samuel Finley Breese Morse)는 민수기 23장 23절에 있는 이 말을 전기신호의 시작과 멈춤만으로 볼티모어에서 워싱턴까지 전송함으로써, 수천 년 동안 인류가 사용해온 의사전달수단에 획기적 개선을 이룩한다. 1851년에는 모스 부호를 사용하여 전보 서비스를 제공하는 웨스턴 유니온(Western Union)이라는 민간독점 전신회사가 설립되었으며, 이 회사는 당대 최고 기업 중 하나로 성장한다. 그 후 웨스턴 유니온은 알렉산더 벨(Alexander Graham Bell)이 각고 끝에 발명한 전화 특허를 팔겠다는 제안을 단호하게 거절했는데, 이는 전신이 통신분야에서 계속 확고한 지위를 누릴 거라 생각했기 때문이다. 1876년 이 회사 내부문서에 의하면 그 당시 이 회사가 전화에 대해 갖고 있던 생각을 알 수 있다.

"전화는 통신수단으로 생각하기에 너무 많은 결점이 있다. 이 기계는 탄생 순간부터 전혀 가치가 없는 물건이다."

이후 벨은 스스로 회사를 설립, 직접 전화사업을 시작하여 거침없는 성장가도를 달린다. 1885년에는 AT&T를 창립하고 장거리 전화기술을 개발하여, 사업영역을 전 미국으로 넓혀간다. 급기야 웨스턴 유니온사의 전신사업은 전화에 밀려 사양화의 길을 걷다 흔적도 없이 사라진다. 과거 성공에 자만하여 시장의 변화를 받아들이지 않던 우월감이 몰락을 재촉한 것이다.

왜 기업은 이처럼 성공에서 교훈을 얻기보다 스스로를 옭아매는가? 이는 과도한 자신감으로 인해 시야가 좁아지고 "우리는 괜찮아"라는 식으로 변화를 외면하기 때문이다. 자신의 성공전략이 성공의 바이블이라고 맹신하는 것이다. 글로벌 식품업체인 네슬레(Nestle)는 유니레버(Unilever)와 다농(Danone)이 원가절감을 통해 수익성을 개선할 때에도 자신의 전통인 매출에 기반한 성장전략을 고수하다 영업이익률이 경쟁사의 50% 수준으로 급락하는 위기를 겪었다.[26] 또 다른 이유는 성공을 이끈 세력들의 저항이다. 왕건을 도와 고려를 세운 개국공신들이 차세대에는 교체될 수밖에 없었던 이유는 이들이 국가를 새로 세우는 데는 도움이 되었을지언정, 나라를 관리하는 데는 적합하지 않았기 때문이다. 하버드 대학의 랑거(Elen Langer) 교수는 다음과 같이 지적한다.

> "사람은 과거 행동을 되풀이하는 경향이 있는데, 과거 행동이 성공적이었을 때 더욱 그러한 경향이 나타난다."

경영현장의 전통적 용어들

기업들이 계획된 통제를 통해 효율성 제고에 노력하는 이유는 바로 주주가치[27] 극대화 때문이다 — 특히 앵글로 색슨(Anglo Saxon)계 기업들이 이러한 성향이 강하다. 그러나 여러 사례에서 보듯 주주들이 항상 선(善)은 아니다. 어떤 회사는 시가총액이 전체 회사자산 규모에도 미치지 못할 만큼 미래성장가능성이 불투명한데도 외국인 주주들의 요구에 따라 엄청난 액수의 배당금을 책정한다. 이 경우 회사는 미래투자를 위한 실탄을 확보하기 어렵다. 주주들이란 장기적인 회사발전이 아닌, 눈앞의 이익을 강조하기 때문에 직원들을 포함한 회사발전에 긍정적인 이해관계자들(stakeholders)의 이익을 우선적으로 생각해야 한다는 주장이 있는 것도 무리는 아니다.

많은 기업들이 "혁신을 한다", "기업문화를 개선한다", "직원들의 창의성을 존중한다", "수평적 의사소통을 활성화한다"고 말하면서도 과거 관습에서는 한 발짝도 벗어나지 못하는 경우가 비일비재하다. 리엔지니어링(reengineering)이나 식스 시그마(six sigma)와 같이 새롭게 등장하는 경영혁신 기법은 다 도입해 보지만 오히려 직원들은 혁신에 대한 피로감만 쌓이고 "또 저러다 말겠지"라는 냉소적 분위기만 조성된다.

민영화를 추구하던 공기업의 언어형태를 조사한 적이 있다. 대민관계, 훈시, 관내출타, 거증자료, 관사, 공적조서, 민원실[28] 등 기업이 사용하는 용어라고는 도저히 믿기지 않을 정도의 관료적 단어들이 민영화 이후에도 사용되고 있었다. 물론 언어가 사고에 어떠한 영향을 미치는가에 대해서는 여러 견해가 있다. MIT 언어학 교수인 노엄 촘스키(Avram Noam Chomsky)는 언어와 사고는 독립적이라고 주장한 반면, 워프와 사피어(Benjamin Whorf and Edward Sapir)처럼 언어가 사고를 지배한다고 주장한 학자도 있다. 예를 들자면 우리나라나 일본처럼 존칭이 발달한 나라는 상하관계가 명확하다는 식이다. 어쨌든 언어를 들여다보면 해당언어를 사용하는 사람의 문화적 특성을 이해할 수 있다. 예를 들어 영국은 화장실을 '토일렛(toilet, 미국식 영어로는 변기에 해당)'이라 하고, 미국은 '배스룸(bathroom, 영국에서는 목욕탕)'이라 한다. 영국에선 화장실과 목욕탕이 분리되어 있고 미국은 우리나라처럼 변기와 욕조가 함께 붙어 있기 때문이다. 마찬가지로 경영현장에서 사용되는 언어들 역시 경영의 오랜 관습과 기업의 문화를 반영한다고 볼 수 있다. 그러면 경영현장에서 아무 의심 없이 관례대로 사용해 온 언어들이 지닐 수 있는 숨은 오류를 살펴보도록 하자.

계획과 조정 – 예측만능주의의 오류

"중장기 전략을 계획한다", "마케팅 계획을 세운다", "부서간에 업무를 조정한다" 등등 경영현장에서 많이 사용되는 용어 중 하나가 계획과 조정이다. 특히 전략계획은 회사의 나아갈 방향과 관련하여 무척 중요한데, 이는 크게 두 가지로 나눠볼 수 있다. 첫째, 시장이란 충분히 예측가능한 존재이며 따라서 명확한 목표를 먼저 설정한 후 이러한 목표를 달성하기 위한 로드맵을 작성하는 '기획전략(planned strategy)'이 있다. 이러한 전략은 이미 프로그램된 자료를 통해 목표를 향해 날아가는 유도미사일(guided missile)과 같다. 다른 하나는 시장을 미리 예측하기란 불가능에 가깝고 따라서 시장변화를 주시하면서 그때그때 적합한 전략을 세워나가는 것(emergent strategy)이다. 이러한 전략은 환경에 적응하면서 분열과 성장을 하는 아메바에 비유할 수 있다.

그런데 기업현장에서는 후자보다 전자를 선호한다. 상부에 보고하기도 쉬울뿐더러, 분명하게 시장을 자신하는 모습을 보이지 않으면 예산 따기도 어렵기 때문이다. 하지만 기획전략을 수립하다 보면 "모든 것은 예측가능하다!"라는 자기모순에 빠지기 쉽다. 뿐만 아니라 완벽하게 성공이 보장되는 계획만을 실행에 옮기려 한다. 새로운 아이디어를 여기저기서 실험해보면서 발생할 수 있는 실수를 감수하려 하지 않는다. 오류를 통해 경험을 축적하고 학습하기보다 계획 자체가 중요하다. 심한 경우 시장은 변화하고 있는데, 회사에서는 완벽주의나 개인적 위험을 최소화하기 위해 끊임없는 토론만 진행된다. 어느 대기업에서 사내벤처 인큐베이션을 담당한 사람의 이야기이다.

> "회사에서 사내벤처를 육성하던 초기에는 직원들의 관심도 많고 성공사례도 심심치 않게 나왔다. 이 중엔 코스닥에 상장도 하고 고속성장을 달린 기업도 있다. 비록 그 정도는 아니더라도 기업내부에서 진행하던 일을 사내벤처가 독립해 추진함으로써 모(母)기업은 비용을 절감하고 해당 벤처회사는 수익을 올리는 윈윈모델도 있었다. 문제는 그 이후다. 잘 나가던 벤처 중 한 회

사는 주가조작에 가담했고 모기업의 이미지를 실추시켰다는 평가가 나왔다. 게다가 사내벤처 중에 수익을 내지 못하는 회사도 생겨났다. 그러자 돈만 낭비한다는 얘기가 돌더니 심의가 까다로워졌고 결국 제도는 폐기되었다."

신속한 시장대응과 의사결정을 위해 현장을 우대하는 정책 중에 사업부제가 있다. 대규모 투자와 같은 의사결정을 먼저 사업부 내에서 검토하고 CEO(또는 본사)의 재가를 받는 구조이다. 그런데 적지 않은 수의 우리나라 기업은 세세한 부분까지 본사의 동의를 얻는 이중적 구조로 운영된다.[29] 본사는 사업부서를 믿을 수 없고 사업부서는 책임에서 자유롭고자 하는 데서 나온 왜곡된 현상이다.

시장대응적 전략(emergent strategy)은 아메바에 비유할 수 있다. 아메바처럼 환경에 유연하게 대처할 수 있어야 하기 때문이다. 아메바 중에는 케이오스 케이오스(Chaos Chaos)라는 이름을 가진 종류가 있다. 다른 아메바는 하나의 핵(nucleus)만 가진 반면, 케이오스 케이오스는 수천 개 핵을 지니고 있단다. 그만큼 환경에 잘 적응한다는 얘기이다. 아메바전략이 제대로 성과를 내려면 본사는 중장기 사업계획만 세우고 정기적으로 성과검토만 하면 된다. 그리고 나머진 모두 사업부서로 이전하라!

시장변화는 CEO가 가장 늦게 안다는 말이 있다. 부모님이 공부 안 하는 아들을 아무리 규제하려 해도 아들이 PC방에 있는지 도서관에 있는지 일일이 파악할 수 없다. 믿고 맡기고 시험성적만으로 판단할 수밖에 없다. 회사에서 권한위임을 하고도 믿지 못한다면 어떤 일이 생기겠는가? 현장은 본연의 임무수행은 고사하고 엄청난 보고서에 시달릴 수밖에 없다.

조정은 기업경영에서 계획과 함께 붙어 다니는 말이다. 앞서 언급했듯이 계획과 조정을 하나로 표현하면 미리 계획된 프로그램에 따라 비행기의 열선만 추적해 날아가는 유도미사일(guided missile)이라 할 수 있다. 조정과 통제는 혼돈을 거부한다. 적절한 혼돈은 새로운 질서를 창조할 수 있음에도 불구하고 지나친 조정과 통제 행위는 그 가능성마저 소멸시킨다. 하지만 기업들은 효율성을 명목으로 규제와 통제를 선호한다. 특히 앵글로 색슨(Anglo Saxon) 계열 기업들은 조직을 간소화(lean)하기 위해 노력하는데, 이는 이러한 조직이 임금이나 보너스 등의 동기부여수단을 통해 노동자를 '조정'할 수 있는 최적의 형태이기 때문이다.30

아메바전략은 조직 내에 혼돈을 조성하기 위한 대안일 수 있다. 이러한 전략을 조직에 접목한 사례로 전자기기 및 태양전지 제조회사인 교세라(Kyocera)를 들 수 있다. 이나모리 회장은 점차 거대해지는 조직의 폐해를 직시하고 해결방안을 찾던 중 커 봐야 1mm가 채 안 되는 아메바처럼 조직을 소그룹으로 나누었다. 하나의 생산라인도 공정단위별로 구분해서 그룹으로 나누고 각 그룹에 독립채산제를 채택했다. 그런데 채산제 형태는 회계부서가 아니라 현장에서 일을 하는 사람들이 직접 현실에 맞게 수립하도록 했다.

조직세분화에는 하나의 원칙이 있었다. 우선 해당업무를 전문으로 하는 독립기업이 시장에 존재하고 있는지 파악해야 한다. 즉 소그룹이 하나의 기업으로서 가치를 지니고 있는지 검토하고,

조직세분화가 아니라 다른 창의적 방식에 의해서도 개선이 가능하면 굳이 세분화를 도입하지 않았다. 또 일관된 서비스 제공이 어려울 경우에도 세분화하지 않았다. 예를 들어 영업과 관련해서 수주, 납기, 고객서비스 등 일관된 서비스를 고객에게 제공하려면 각 부서간의 협력이 필수적이다. 이런 경우엔 독립채산제를 채택하지 않았다. 교세라의 아메바 조직은 사측이 현장직원들의 결정권을 존중하고 정보를 공유하지 않는다면 성공하기 어려운 방식이다. 교세라는 이 제도를 통해 직원들이 직접 의사결정에 참여하고 성과를 나눠가질 수 있게 되었으며, 그 결과 직원들에겐 '우리는 함께 일하는 사업 파트너'라는 생각을 심어줄 수 있었다.

혼돈은 결코 무질서가 아니다. 만델브로트(Bennoit Mandelbrot)는 무질서한 것처럼 보이는 현상에도 질서가 있음을 발견한다. 그에 따르면 무질서한 현상의 일부를 확대해 보면 확대된 구조 안에 동일한 현상이 자리잡고 있다는 것이다.[31] 한 예로 고사리 잎에 난 각각의 가지는 큰 고사리 모양의 축소판이고 또 그 작은 가지에는 또 다른 고사리가 달려 있음을 볼 수 있다.

교세라의 조직세분화는 기존의 조직적 사고를 흔들었지만 그 속에는 질서가 있었다. 즉 고객에게 최고의 서비스를 제공한다는 원칙이 있었고 최고의 고객서비스를 제공하는 데 협력이 필수적인 경우 조직을 세분화하지 않았다. 또 하나 주목할 만한 점은 이러한 과정에서 직원들은 독립채산제를 통해 성과에 대한 인센티브뿐만 아니라 스스로 의사결정의 주체가 된다는 자부심까지 얻었다. 이와 대비하여 상하문화가 지배적인 어느 공기업 직원의 이야기는 시사하는 바가 크다.

"우리 회사가 종업원에게 주는 인센티브는 단 하나! 승진밖에 없다. 그래서 불신의 가장 큰 원인도 승진에서 생긴다. 심지어 어떤 사람을 내보내야 내가 승진이 빠를까 생각할 정도이다. 이러한 문제를 해결하려면 승진 외에 다른 보상 시스템이 필요하다. 분야에 따라, 업무에 따라 평가 시스템이 다르고 다양한 보상체계가 갖춰져야 한다."

표준화 – 인간은 두 개의 손을 가진 기계

산업혁명 이후 시장이 확대되면서 고용주들의 관심은 어떻게 짧은 시간에 적은 비용으로 보다 많은 제품을 생산하고 수익을 올리느냐에 집중된다. 이러한 추세는 19세기말 테일러가 시간 및 동작 연구에 기반한 과학적 관리방식을 도입하고 작업을 표준화하는 주요 계기가 된다. 테일러는 광산 노동자를 대상으로 직무성과를 높이기 위해 삽질할 때 팔의 움직임, 한 번에 삽으로 떠야 하는 흙의 양 등을 철저하게 분석하고 자신의 관리방식을 과학이라 칭했다. 그런데 문제는 표준화를 위한 관찰대상이 평균적 수준의 노동자가 아닌, 높은 성과를 내는 노동자였다는 점이다.

이러한 관리방식의 도입은 테일러의 이력과도 관계 깊다. 테일러는 탄소에 의해 작동하는 제작도구(carbon-tipped machine tools)를 발명한 기술자이다. 따라서 테일러는 숙련된 노동자에 대한 경영자의 욕구를 해결하기 위한 방책으로 엔지니어링 기법을 경영에 도입한다. 몇 년 후엔 전문경영기법을 체계적으로 교육하기 위한 학교 설립을 제안하는데, 이게 바로 하버드 경영대학원

(Harvard Business School)의 출발점이 된다. 테일러는 "경영은 과학"이라고 굳게 믿었다. 과학적 관리법이야말로 최선의 경영도구라 생각했다. 과학적 관리방식을 조직구성에 적용하면 주먹구구식으로 운영될 때 발생할 수 있는 구성원 간의 갈등이나 낭비적 요소마저 깨끗이 제거할 수 있다고 믿었다.

테일러가 세운 표준화 원칙은 포드자동차 설립자인 헨리 포드(Henry Ford)가 계승・발전시킨다. 테일러가 노동을 표준화했다면, 포드는 이를 기반으로 제조공정을 표준화한다. 포드사의 노동자들은 컨베이어벨트를 통해 전달되는 부품을 조립해서 자동차를 생산하는데, 여기에는 아주 최소의 노동만 요구된다. 나사를 조이는 사람은 하루 종일 나사만 조이고, 부품을 닦는 사람은 하루 종일 부품만 닦으면 된다. 찰리 채플린(Charles Chaplin)은 자신의 영화 〈모던 타임스(Modern Times)〉에서 이러한 노동분화를 조롱하지 않았던가!

당시 숙련노동자들의 임금은 상당히 비싼 편에 속했는데, 포드는 노동자들의 업무를 극단적으로 단순화하면서 숙련노동자들의 탈숙련화(deskilling)를 촉진하고, 그 결과 요구조건이 많고 까다로운 숙련노동자들의 굴레에서 벗어날 수 있었다. 즉, 포드의 일관생산방식은 일자리가 필요했던 값싸고 영어가 서투른 이민자들로 숙련노동자를 대체해 버렸으며, 이를 통해 저임금 유지가 가능했을 뿐만 아니라, 일을 어느 정도 익힌 노동자가 작업장을 떠나더라도 단시간의 교육을 통해 신규노동자로 채워 넣을 수 있었다. 이는 노동자가 약간의 문제만 일으켜도 해고하는 데 아무 부담이 없다는 것을 의미한다. 노동자들이 일하는 데는 육체적인 에너지만 있으면 되었다. 조립라인이 쉬지 않고 작동하도록 말이다. 포드는 노동자들의 임금을 두 배로 올려주었는데, 자신들이 만든 차를 노동자들이 구매하도록 하기 위한 전략이었다. 이는 회사 매출도 늘리고 주식가치도 제고함으로써 주주들에게는 매력적이었다.

그러나 포드는 세월이 흐르면서 도처에서 일어나는 반포드(anti-Fordist)운동가들을 목격하게 된다. 결국 노동현장에 스파이를 심을 수밖에 없었고 노동자들은 혹시라도 자신들의 불평을 스파이들이 엿들을까 목소리를 낮추었다.[32] 이후 포드는 전미자동차노동조합(United Automobile Workers)에 대한 적극적인 반대자가 되었을 뿐만 아니라, 노동자들의 파업을 철저하게 억압하던 나치 독일과 히틀러에 대한 열렬한 지지자가 된다.[33]

표준화된 작업방식의 특징은 에펠탑처럼 철제부속들이 정교하게 연결된 견고한 수직적 구조에 비유될 수 있다. 모든 노동자들의 과업은 상세하게 정의되고 이러한 과업이 보다 효율적으로 수행되도록 시스템은 정교화된다. 업무수행과정은 사전에 계산된 원칙에 의해 지배되고 관리자들은 언제까지 이 일을 완수하라는 명령을 하달한다. 노동자들은 시간의 지배를 받을 수밖에 없다. 과학적 관리법은 노동자들을 단지 '숨 쉴 줄 아는 두 손을 가진 기계'로 간주한다. 표준화된 작업을 수행하는 데 노동자들이 머리 쓸 일은 없기 때문이다. 머리는 상사들이 쓰고 노동자들은 이들 상사로부터 하달된 엄격한 명령을 차질 없이 수행하면 된다.

작업장에서 생각과 육체는 철저하게 분리된다. 바로 이것이 노동자들을 기계처럼 부리기 위한 표준화 작업의 궁극적 목표였다. 이러한 과정이 완성되면 고용주는 노동자들을 기계보다 더 저렴하게 부릴 수 있다. 아프리카에 거주하는 한인들의 경우 세탁기보다 빨래하는 가정부를 선호한다. 전기료 등을 고려할 때, 주인이 원하는 방식대로 빨래만 할 줄 안다면 가정부를 고용하는 게 싸기 때문이다.

표준화가 모두 악(惡)은 아니니다. 하지만 표준화는 근본적으로 혼돈을 최소화하는 데서 출발한다. 계획된 생산을 선호하며 포드의 사례에서 보듯 고용주와 주주가치 극대화를 위해 정교화된다. 하지만 주주와 고용주 중심의 시스템이 가져올 폐해는 만만치 않다. 여기서 민츠버그(Henry Mintzberg)의 지적은 귀담아 들을 만하다.

> 상호간에 이익을 공유할 수 있는 시스템이 가능함에도 불구하고 주주와 고용주 이익을 중심으로 하는 시스템들로 대체된다면, 기업은 심각한 사회불균형의 원인이 될 수 있다. 기업이 사회전반에 걸친 불공정한 부의 분배(unequal shares of wealth)를 조장하는 꼴이기 때문이다. 경영자는 천문학적 연봉을 받는데 반해, 잉여노동자들이 양산될 수밖에 없다.34 결국 이러한 욕심은 기업이 해결할 수 있는 비용을 사회가 떠안아야 하는 결과를 초래하게 된다.

지나친 표준화는 작은 것에서도 기회를 발굴해 내는 혁신적 마인드를 화석화시킨다. 구글 CEO인 에릭 슈미트(Eric Schumit) 얘기는 귀담아 들을 필요가 있다.

"우리 회사의 전략은 직원들이 다른 어느 회사보다도 더 많이 연구하고 노력하도록 하는 것이다."

표준화의 반대는 다양성의 인정이라고 할 수 있다. 다양성을 인정할 때, 조직 내에서 혁신은 자연스럽게 이루어진다. 그런데 다양성을 인정하려면 먼저 귀를 열어야 한다. 아니 귀만이 아니라 듣고자 하는 마음을 여는 데서 출발한다.

2006년 IBM은 전세계에 있는 직원들을 대상으로 '혁신 잼(innovation jam)'이라는 온라인 아이디어 토론회를 연다. 건강관련산업, 금융 등 다양한 산업과 관련해서 임원은 물론, 말단직원들까지 온라인을 통해 허심탄회하게 아이디어를 내고 토론하는 장을 마련한 것이다. '잼'이라는 단어에서 느끼듯 집단토론회는 소중한 경험을 지닌 대중들의 다양한 생각을(crowd-sourcing) 듣고 사업기회를 발굴하자는 취지이다. 여기엔 15만 명 이상이 참여했고 회사 역시 보유기술은 물론, 재미있는 질문과 비디오 영상 등을 홈페이지에 올리면서 직원들의 흥미를 배가시켰다. 이 결과 IBM은 10개의 신사업을 발굴하고 여기에 1억달러라는 거금을 투자한다. 새로운 아이디어가 당장 대성공을 거둘 것인지는 중요하지 않다. 앞으로도 새로운 아이디어들이 넘쳐날 수 있는 장을 마련한다는 게 보다 소중하다. IBM은 다양한 아이디어를 위한 계획된 혼돈을 조성하고 이를 통해 쓸 만한 아이디어의 정제과정을 거쳐 이를 사업화한 것이다.

평가와 보상
– 자발적 몰입을 이끌어 내지 못하는 외재적 수단들

개를 대상으로 한 파블로프(Ivan Petrovich Pavlov)의 조건반사실험은 기계적인 자극에 대한 반응을 탐구한 유물론적 심리학의 대표적 사례이다. 하지만 기업에서 보상과 관련한 문제는 이처럼 단순하지 않다. 심리학자인 허츠버그(Frederick Herzberg)는 조직구성원의 직무만족을 연구한 대표적 학자 중 한 사람이다. 그는 보상과 관련하여 두 가지를 제시하였는데, 그중 하나가 위생요인(hygiene factors)이다. 없을 때는 불만을 갖지만 차고 넘친다고 해서 만족도를 증가시키지 못하는 요인으로, 여기엔 작업환경, 임금, 복리후생, 직장에서의 지위 등이 포함된다. 임금이 적거나 복리후생이 미비하면 직원들이 불만을 갖는 이유가 되지만, 아무리 많아도 업무에 매진하도록 직원들에게 동기를 부여하진 못한다. 어느 대기업 직원 말에 따르면 승진해서 기분 좋은 것은 딱 6개월 간다고 한다.

그렇다면 동기를 부여할 수 있는 요인은 무엇인가? 허츠버그는 도전할 만한 업무, 능력에 대한 인정, 성취감 등 직원들이 자신의 내재적인 가치를 실현할 수 있는 것들(motivators)이라 정의한다. 넬슨 모티베이션(Nelson Motivation)사의 사장인 봅 넬슨 박사(Dr. Bob Nelson) 역시 동기부여수단과 관련한 경영진들의 오해를 지적한다. 경영진들은 직원들이 높은 임금, 직업 안정성이나 승진을 원한다고 생각하는 데 반해, 직원들은 성과에 대한 감사, 참여하고 있다는 느낌 및 개인적 문제에 대한 진심 어린 도움을 원하고 있다는 것이다. 돈이나 지위 등 외면적인 요인은 직무에 대한 매진과 조직에 대한 몰입을 이끌어 내는 데 한계가 있으며, 따라서 회사를 일하고 싶은 일터로 만들려면 직원들이 진정으로 원하는 가치들을 통해 이들의 자발적인 몰입을 이끌어 내야 한다. 게다가 직원 한 사람 한 사람을 신뢰하고 그들의 문제에 대해 진정으로 동감을 느껴야 한다. 미국 샌프란시스코에 본사를 둔 금융회사인 찰스 쉬밥(Charles Schwab)의 CEO 포트럭(David. S. Pottruck)의 말은 새겨들을 만하다.

> "가치나 문화는 문서를 만드는 활동이 아니라, 구성원의 몰입을 이끌어 내는 활동이다."

대규모 통신회사인 A사는 전국에 지점을 거느리고 있다. 오래전에 각 지점별로 직원만족도를 조사하던 중 만족도가 높은 어느 지점의 직원을 인터뷰하게 되었다

> "나는 고등학교만 졸업하고 여기에 입사해서 전화케이블을 설치하는 일을 하고 있다. 그러다 최근에 공부를 더 하고 싶어 야간대학에 진학했다. 하지만 야간에 일이 많은 특성상 학교를 제대로 다닐 수 있을지 걱정이 앞섰다. 그런데 지점 회식을 끝내고 난 다음날 지점장님이 나를 조용히 부르더니 무슨 고민이 있냐고 물어봤다. 그래서 사정을 말씀드렸다. 지점장님은 내가 학교에 갈 수 있도록 수업이 있는 날은 야간 조에서 빼주셨다."

직원들의 공정한 평가를 위한 도구로 BSC(Balanced Scorecard)라는 게 있다. 성과만이 아니라 성장, 고객마인드 등 다방면에 걸친 역량을 평가하기 위한 도구이다. 하지만 나는 이러한 평가도구가 직원들의 열정과 동참을 이끌어 냈다는 말을 들어본 기억이 없다. 아무리 훌륭한 시스템이라 해도 직원들의 마음까지 얻어낼 수는 없다. 아무리 높은 금전적 보상을 제공한들 직원들을 '머슴' 정도로 여긴다면 과연 이들의 마음을 얻을 수 있을까? 우리는 회사가 어려울 때 직원들이 월급까지 반납하고 회사를 살리기 위해 노력했다는 얘기를 듣는다. 머슴이면 이런 일을 할 수 있을까? 일류기업은 세계시장을 휩쓸고 매출을 늘린다고 해서 이루어지는 게 아니다. 이에 못지않게 구성원들의 강한 열정과 에너지를 촉발하여, 하나의 구심점으로 결집시키는 고유의 조직문화를 보유해야 한다. "어떤 사업을 어디서 하는가?"보다는 "어떻게 잘하느냐?"가 중요하다.

네덜란드 경영학자 트롬페나르(Fonts Trompenaars)에 의하면 동기부여란 세 가지 모티브가 결합해서 발생한다고 한다.[35] 첫째가 단기적이고 구체적이든지, 아니면 불명확하지만 장기적이든지 개인이 미리 계획한(pre-designed) 그림에 영향을 받는다는 것이다. 해당분야 전문가로 성장하는 게 꿈인 직원은 교육기회 등 능력개발에 관심을 가질 수밖에 없다. 둘째, 개인이 속한 환경이나 상황에 따라 결정된다. 자신을 머슴으로 대하면 머슴 정도의 일만 하고, 진정한 동반자로 대하면 주인의 마음가짐으로 일하게 된다. 셋째, 개인 스스로 동기부여를 한다(self-causing). 트롬페나르에 따르면 이는 조직에서 직원들을 신뢰하고 이들의 자발적 참여를 유도하는 게 얼마나 중요한지를 보여준다. 즉, 최근 문제가 되고 있는 기업 오너들의 갑질이 아니라 진정한 동반자 정신이 중요하다는 얘기이다.

기업은 영속적 존재로서 생존하기 위해 반드시 매출을 올리고 이익을 내야 한다. 그러기 위해 평가와 보상이 존재한다. 하지만 추석이나 서양의 추수감사절에서 보듯 성과에 대한 평가가 성과를 공유하며 즐기는 마당이 되지 못할 이유는 없다. 네덜란드 소재의 다국적 정유회사 쉘(Shell)에는 여러 나라에서 온 사람들이 일하고 있다. 이 회사는 직원들의 문화에 맞게 팀 및 개인별 보상체계가 혼용되어 활용된다. 일본인이나 독일인처럼 집단주의 문화가 강한 직원들에게는 팀 차원의 보상을, 앵글로 색슨계처럼 개인주의가 강한 경우에는 개인차원의 보상을 적용한다. 뿐만이 아니다. 팀 내에서 뛰어난 개인에겐 팀원들의 협의 하에 개인보상을 추가로 부여하고, 팀원들의 능력을 제고한 팀에게는 팀 차원의 보상도 따로 제공한다. 이 회사에서 보상은 각자의 성과와 능력을 인정하는 '한마당' 놀이터이다.

위계질서 – 머슴들을 이끌어 가는 도구

군대는 물론 벤처기업까지 모든 조직에는 정도의 차이는 있을망정 위계질서(hierarchy)라는 게 있다. 햄든터너(Charles Hampden-Turner)와 트롬페나르(Fonts Trompenaars)는 위계구조를 기준으로 조직의 성질을 다음과 같이 구분했다.36

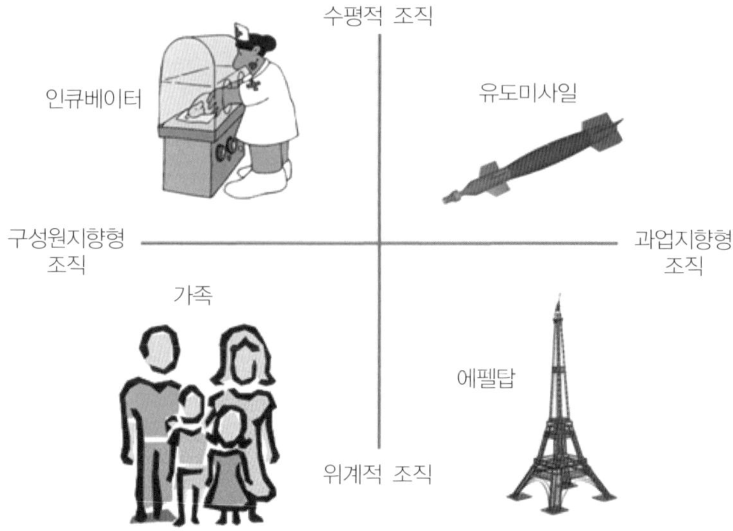

▶네 가지 조직의 유형

위계적 조직은 중앙집권적이면서 업무나 절차가 문서로 공식화되어 있다. 그리고 높은 지위에 있는 사람이 경험도 많고 전문성도 높다고 전제한다. 따라서 의사결정은 높은 지위에 있는 사람에 의해 좌우된다. 그러나 의사결정자 역시 책임에서 자유로울 수 없기 때문에, 이를 지원하기 위한 절차를 공식화할 수밖에 없다. 이런 이유로 누가 의사결정을 해야 할지 명확하지만, 의사결정을 받기 위한 절차가 오히려 복잡해지기도 한다. 어느 대기업에서 직원들의 아이디어를 사업화에 연결시키기 위한 심의제도를 만들었다. 절차도 간소화하고 보다 많은 아이디어를 신속하게 사업화하려는 게 목표였는데, 아이디어 제안자의 이야기는 다르다.

"새 제도가 생겨서 오히려 아이디어를 사업화하는 게 더 힘들어졌다. 새로운 사업아이디어를 내면 새 시스템에 따라 사업적합성을 심사한다. 그런데 여기서 끝이 아니다. 지금까지 해왔던 대로 임원진들의 최종결정과정도 통과해야 한다. 결국 심사시스템만 하나가 더 늘어난 꼴이다."

과업지향형 조직은 해당업무의 역할과 내용이 명확히 정의되어 있으며 업무를 중심으로 움직인다. 이에 반해 구성원지향형 조직은 업무가 아닌 직위에 따라 주어진 권한을 중심으로 움직인다. 따라서 구성원지향형 조직에선 업무와 관련하여 역할과 책임(role and responsibility; R&R)이 명확하게 정의되지 않는다.

중앙집권적(위계적)이며 공식적인 역할과 책임에 근거(과업지향형)해서 운영되는 조직은 에펠탑에 비유할 수 있다. 탑을 받치고 있는 기단을 중심으로 철제기둥들이 각자에게 주어진 역할에 따라 한 치 오차도 없이 탑을 지탱하고 있기 때문이다. 에펠탑 조직에서 구성원들은 업무에 따라 주어진 역할을 수행하는 수단에 불과하므로 개인적인 특성과 판단은 불필요하다. 따라서 직무명세서는 아주 정교하게 구성되어 있다. 문제는 새로운 직무가 발생할 경우 이를 수용하지 못한다는 점이다.

에펠탑 조직은 군대나 공공조직에 적합하다. 이러한 조직들은 환경변화에 상관없이 자기에게 주어진 역할을 충실히 수행하면 되기 때문이다. 나는 공공조직에서 직원들의 창의적이고 도전적인 업무추진을 강조하는 경우를 가끔 본다. 하지만 이러한 조직에서 창의적이고 도전적인 업무처리를 기대하기란 어렵다. 창의적인 것은 규정에 없고 규정에 없는 것은 처리할 수 없기 때문이다. 따라서 조직구성원들이 자발적이며 사업가정신을 발휘하기란 쉽지 않다. 현상학자인 슈츠(Alfred Schutz)의 말은 에펠탑 조직의 특징을 잘 보여준다.[37]

> "사회과학에 비해 자연과학이 갖고 있는 장점은 분자나 원자는 결코 연구결과에 대해 말대꾸를 하지 않는다는 점이다."

에펠탑 조직은 개인의 특성이 아닌 위계와 역할에 의해 움직이므로 개인의 다양한 의견이 제시되기가 어렵다. 에펠탑 조직은 경험과 지위가 전문성을 대표한다고 본다. 부분적으로는 맞다. 하지만 전문성도 세대나 영역 등 주어진 범위 내에서만 가능하다. 정치학 박사가 물리학까지 완벽하게 섭렵할 수는 없다. 오래전에 모 통신회사에서 PC방 사업을 추진하던 직원의 말이다.

> "PC방 사업과 관련해서 의사결정을 하던 분들이 네트워크 기술분야엔 전문가인지 모르지만 PC방에는 한 번도 가본 적이 없었다. 그래서인지 PC방을 밝게 꾸미고 아늑한 거실처럼 해서 차별화를 도모하기로 결정을 했다. 즉, PC방 인테리어에만 관심을 집중했다. 이 회사는 결국 PC방 사업을 접을 수밖에 없었다."

업무보다 지위를 중심으로 운영되는 위계형 조직에서 권한은 최고경영자에게 집중된다. 따라서 구성원 각자의 역할에 대한 명확한 정의는 불필요한데, 이는 직원들이 최고경영자의 지시에 따라 일을 추진하면 되기 때문이다. 조직형태는 가족과 유사하며 최고경영자는 가부장적인 아버지와 같다. 가부장적 가족구조에서 자식들의 역할을 명확하게 정의할 필요는 없지 않은가! 우리나라의 경우 과거 개발독재 시절의 기업조직은 이러한 형태가 대부분이었다. 국가경제정책에 따라 일사분란하게 일을 처리해야 했기 때문이다. 이런 조직에서 최고경영자는 직원들을 때로는 '머슴'으로 생각한다.[38] 그리고 조직을 위한 구성원들의 희생을 요구하기도 한다.

이탈리아 북부지역은 공업이 주 산업인 반면, 남부는 전통적으로 농업이 중심이다. 남부는 농업이 갖는 특수성으로 인해 가족중심의 문화를 이루고 있으며, 또한 이러한 문화적 특성이 농업을 가능케 했다. 반면에 이러한 가족중심의 문화는 남부지역에서 공업이 번성하지 못한 이유이기도 하다. 기업이 발전하려면 다양한 능력을 갖춘 사람들을 고용해야 하는데, 이탈리아 남부는 가족중심으로 일을 처리하는 문화적 특성으로 인해 북부처럼 기업조직이 발전하기 힘들었다. 대신 이러한 문화는 세계적 갱단인 마피아가 번성한 원천이 되었다. 가장 신뢰할 수 있는 가족끼리 사업을 영위하게 되고, 이는 역설적으로 철저하게 비밀을 지킬 수 있는 가족이 아니면 불가능한 사업에서 성공한 이유이다.

보스중심의 정치조직도 이러한 형태를 취한다. 하지만 보스나 최고경영자 중심 조직은 일반다수가 공유할 이익 총량의 증가가 아닌, 집단(inner circle)에 속한 구성원들의 이익증대가 우선이다. 아무리 능력 있는 사람이라도 학연, 지연을 기반으로 움직일 경우 다수 이익보다는 학연이나 지연을 우선시할 수밖에 없는 것처럼 말이다 — 학연, 지연 중심으로 사람이 쓰여서는 안 되는 이유가 바로 여기에 있다. 이러한 조직에서 능력 있는 직원들의 노력과 도전을 기대하기란 쉽지 않다.

기업이 직원들의 자발적 동참을 이끌어 내면서 생명력이 살아 숨 쉬는 일터가 되려면 경영자들은 좀 힘들더라도 자유분방한 사람, 반항기가 있는 사람, 획기적인 의견을 잘 내는 사람, 때론 황당한 사람도 끌어안아야 한다. 대기업일수록 유연하고 혁신적인 생각을 갖고 일을 벌이는 독립된 소집단이 여러 개 있을 때 직원들의 사기도 높이고 회사 역시 혁신적이 된다는 연구결과도 있다.

지금 내가 속한 조직이 에펠탑이나 가족형태 조직이라면 인큐베이터나 유도미사일 조직의 장점을 도입해야 한다. 인큐베이터 조직에서 구성원의 가장 큰 목표는 개인의 성장이다. 의사결정권이 어느 한 사람에게 집중되지 않으며 직무기술서 같은 업무에 대한 표준화된 정의도 없다. 이 조직에서는 개인들의 개성과 역량이 존중받으며, 조직은 개인들의 목표를 달성하기 위해 존재한다. 교육기관이나 훈련원, 개인중심의 연구기관 등이 여기에 해당한다. 직원들은 창의적이고 기업가정신이 투철하며, 조직은 개인들의 다양한 의견을 수용한다. 직원들 역시 학습하고 배우기를 그치지 않는다. 구글(Google)이 이와 같다. 구글에선 개인이 어떠한 프로젝트를 하든, 연구개발을 하든 회사는 관여하지 않는다. 단, 프로젝트가 정식사업으로 채택되려면 동료들의 치열한 비판과 문제제기로부터 살아남아야 한다. 따라서 개인이나 팀의 경계를 넘어 지식이나 생각이 원활히 소통되지 않으면 인큐베이터 조직은 생존할 수 없다. 때로는 카리스마 넘치고 영웅적인 개인이

등장하는데, 이때 인큐베이터 조직은 가족형태의 조직으로 변화되기도 한다.[39]

유도미사일은 목표에 명중하기 위해 전투기처럼 움직이는 과녁의 열선을 추적하도록 프로그램된다. 과업중심의 수평적 조직은 바로 유도미사일과 흡사하다. 프로젝트를 중심으로 최적의 인력을 배치하며, 이들이 최고의 결과를 만들어 내도록 모든 업무 절차를 프로젝트에 적합하게 수립한다.

OECD 국가 중 노동시간이 가장 긴 나라가 우리나라이다. 이러한 노력이 단시간 내에 국가경제를 발전시킨 원동력임은 분명하다. 하지만 긴 노동시간은 자발적 동기가 아니라 상사눈치 때문이기도 하다. 상사가 금요일 퇴근하면서 "이거 월요일 아침에 보고하라"고 하면 직원들은 휴일에 출근할 수밖에 없다.

아직도 많은 관리자는 노동시간과 성과는 비례한다고 믿는다. 우리나라 굴지의 글로벌 대기업에서 참여 관찰한 학자에 의하면 "하루 8시간 근무 중 열심히 일에 매진한 시간은 채 3시간이 안 된다"고 한다. 영어 표현에 '즐거울 땐 시간이 날아간다(Time flies when you are having fun)'라는 말이 있다. 긴 근무시간이 중요한 게 아니라, 비록 근무시간이 길어도 짧게 느껴지도록 하는 게 중요하다. 아침에 일어나면 일하고 싶은 직장을 만들어야 한다. 사장님 말 중에 100% 거짓말이 "이 회사의 주인은 여러분입니다"라는 것이란다. 정말 직원들이 머슴이 아니라 주인인 회사를 만들 수는 없는가? 어느 공기업이 직원들의 전문성을 제고하기 위해 현재 일하는 직군에서 다른 직군으로 옮기는 것을 방지한 사례가 있다. 이 회사 직원의 말이다.

“회사의 취지는 충분히 이해한다. 하지만 전문능력을 쌓기 위해서 먼저 여러 직무를 경험해보고 싶다. 내가 어느 분야에서 전문가가 되느냐는 나의 경험과 능력을 고려해서 내가 결정할 문제이다. 이는 마치 변성기로 인해 더 이상 노래를 할 수 없는데도 불구하고 초등학교 때 성악을 했으니 성악을 계속 해야 한다고 밀어붙이는 식이다.”

윗사람들의 오류 중 하나는 “내가 지시를 내렸으니 해결되었다”라고 믿는 것이다. 그러나 지시를 내려도 실무자들이 움직이지 않는 경우는 비일비재하다. 해결된 것처럼 보고할 뿐이다. 위계는 명령만을 위한 것이 아니다. 야생에서 다양한 생명체가 살아가듯 조직 내에서 다양한 생각들이 살아 숨 쉬도록 혼돈을 조성하고 이를 질서 있게 이끌어 가는 역할도 해야 한다. 즉, 조직 내에 ‘창조적인 무정부상태’를 유지해야 한다. 관리자는 귀를 열고 비판을 수용하며, 직원들이 자발적으로 이러한 혼돈 속에 참여해서 성과를 내고 공유하도록 조직을 리드해야 한다.

아리스토텔레스는 정치의 주체인 시민을 ‘지배함과 지배당함에 참여하는 자’라고 정의한다. 시민 스스로가 자신을 지배하면서 동시에 지배당하는 역할을 한다는 것이다. 이는 민주주의 국가가 헌법에 채택하고 있는 ‘모든 권력은 국민으로부터 나온다’라는 말과 동일한 의미이다. 기업은 생존을 위해 수익을 내야 한다. 따라서 그만큼 CEO의 역할이 중요하고 모든 권력이 직원으로부터 나올 수는 없다. 하지만 조직구성원들이 주어진 역할을 제대로 수행하지 않는다면 기업은 성장할 수 없다. 직원들이 책임감 있게 자신의 맡은 바 역할을 즐겁게 수행하도록 해야 한다. 이들이 바로 아이디어를 내는 주체이자, 실천하는 주체이며, 이를 통해 조직의 역량을 축적해 가는 주체이기 때문이다.

지금까지 사례 등을 통해서 계획, 조정, 표준화, 평가, 보상, 조직의 위계 등 경영현장에서 사용된 개념들이 효율성과 성과향상이라는 목표 아래 어떻게 인간의 창의력이나 기업가정신을 위축시킬 수 있는지 살펴보았다. 그러면서 직원들이 일하기에 즐거운 회사가 되는 방향에 대해 간단하게 언급해 보았다. 과학이라는 명분 하에 인간을 대상으로 엔지니어링 기법이 경영에 도입된 이후 드러나는 부정적 측면으로 인해 이러한 개념을 적용하는 방식에 적지 않은 변화가 있었다.

하지만 기본적으로 그 본질은 크게 달라지지 않았다. 우리 사회가 약간의 진전과 후퇴가 있으면서 민주화되고 있는 데 반해, 기업의 현상은 크게 변한 게 없다. 아무리 사상이 뛰어난 사람도 일단 직장에 출근하면 생계를 생각해야 하기 때문이기도 하다. 그렇다면 직장에서의 평가와 보상제도는 못한 사람과 잘한 사람을 무 자르듯 나누기보다 서로 격려하는 '나눔'의 장으로 변화할 수는 없는 것인가? 표준화된 제도, 원칙, 절차 대신 구성원들의 다양성을 인정하고 받아들이면서 이러한 다양성이 조직의 에너지로 승화할 수는 없는 것인가? 계획과 조정은 혼돈 속에서 질서를 찾아가는 활발하고 격의 없는 의사소통과정으로 바뀔 수는 없는 것인가? 이에 대한 대답을 찾아가 보도록 하자.

1 F. Trompenaars and P. Woolliams, *Business Across Cultures*, Capstone, 2003, p. 16.

2 제레미 리프킨(J. Rifkin), 『노동의 종말(The End of Work)』, 민음사, 1996, pp. 251~252.

3 버트런드 러셀(B. Russell), 서상복 옮김, 『서양철학사(History of Western Philosophy)』, 을유문화사, 2009, p. 731.

4 H. Braverman, *Labor and Monopoly Capital: The Degradation of Work in the Twentieth Century*, 1974, pp. 125~126.

5 한나 아렌트(H. Arendt), 이진우 옮김, 『인간의 조건(The Human Condition)』, 한길사, 1996, p. 145.

6 H. Braverman, *op. cit.*, p. 139.

7 Gareth Morgan, *Images of Organisation*, Beverly Hills: Sage, 1986.

8 테일러에게는 수치가 바로 계몽주의가 주장하는 이성에 해당할 것이다.

9 H. Arendt, *The Human Condition*, University of Chicago Press, 1958.

10 한보철강의 정태수 회장은 국회청문회에 증인으로 나와 직원들을 머슴이라고 칭한 적이 있다.

11 버트런드 러셀(B. Russell), 이순희 옮김, 『행복의 정복(Conquest of Happiness)』, 사회평론, 2011, p. 228.

12 5명은 아일랜드인과 폴란드인으로 구성된다.

13 C. Hampden-Turner and F. Trompenaars, *Building Cross-Cultural Competence*, John Wiley and Sons, 2000, p. 218.

14 F. Roethlisberger and W. Dickson, *Management and the Worker*, Cambridge, MA: Harvard University Press, 1939.

15 연구의 원래 목적은 회사가 직원들을 사려 깊게 생각하고 대우하는 것이 회사에 도움이 되는지를 파악하고자 하는 데 있었다. 단지 이들의 실수라면 이러한 요인들 하나하나와 성과 간의 개별적인 인과관계를 찾고자 한 것이다.

16 F. Roethlisberger and W. Dickson, *op. cit.*

17 매일경제, 1998. 5. 14.

18 김준범 · 최유식 외, 『위기를 극복한 세계의 경영인들 16』, 기린원, 1998, p. 22.

19 빅 데이터는 기온의 변화, 매출액의 변화 등 정형적인(structured) 데이터는 물론, 자동차 브레이크를 밟는 습관 등 비정형적인(unstructured) 데이터를 분석하고, 이를 토대로 필요한 정보를 만들어 내는 데 활용된다.

20 유필화 · 신재준, 『기업문화가 회사를 말한다』, 한언, 2002, p. 74.
21 유필화 · 신재준, 상게서, p. 76.
22 제레미 리프킨(J. Rifkin), 이경남 옮김, 『공감의 시대』, 민음사, 2010, p. 251.
23 C. Hampden-Turner, *Charting the Corporate Mind*, Oxford: Blackwell Publishers, 1994, pp. 103~107.
24 한나 아렌트(H. Arendt), 전게서, p. 251.
25 존 스튜어트 밀(J.S. Mill), 박홍규 옮김, 『자유론(On Liberty)』, 문예출판사, 2009, p. 67.
26 형민우, "성공함정에서 탈출하라," LG 주간경제, 2003. 11. 19, pp. 18~24.
27 90년대 말에 평생고용원칙이 무너지고, 주주자본주의가 전면화된 이후 실업자 100만, 비정규직 700만, 영세자영업자 600만이 생겨났으며, OECD 자살률 1위, 출산율 최하위, 최장 노동시간국가라는 불명예가 지속되고 있는 것은 자본주의가 갖는 역설이라 아니할 수 없다.
28 대민관계는 고객과의 관계, 민원실은 고객들의 불만을 상담하는 곳, 관내출타는 자신이 담당하는 영역으로 출장 가는 것을 의미하는 용어들인데, 민영화 이후에도 이러한 용어들이 정식으로 사용되고 있었다.
29 고재민, "신속하고 유연한 조직만들기," LG 주간경제, 2003. 6. 4, pp. 31~35.
30 F. Trompenaars and P. Woolliams, *op. cit.*, p. 16.
31 문희태, 『카오스와 비선형동역학』, 서울대학교출판부, 2001, p. 63.
32 당시 이러한 억압적 분위기에서 나눈 대화방식을 'Ford whisper'라 불렀다.
33 F. Trompenaars and C. Hampden-Turner, *Managing People across Cultures*, 2004, Capstone, pp. 6~7.
34 미국 CEO들과 노동자들의 평균 보수의 격차는 점차 확대되고 있다. 60~70년대 그 차이는 30~40 대 1 정도였는데, 90년대 초반에는 100 대 1, 2000년대엔 무려 300~400 대 1의 수준으로 벌어졌다.
35 F. Trompenaars and P. Woolliams, *op. cit.*, p. 20.
36 F. Trompenaars and C. Hampden-Turner, *op. cit.*, 2004, pp. 27~31.
37 F. Trompenaars and P. Woolliams, *op. cit.*, p. 18.
38 한보철강 정태수 회장은 1997년 국회청문회에서 직원들을 '머슴'으로 호칭했다.
39 F. Trompenaars and P. Woolliams, *op. cit.*, p. 143.

제2장

기업의 가치 찾기

와인을 좋아하는 친구와 술자리를 하게 되었다. 와인을 마실 줄 만 알았지 관련 지식이 별로 없는 필자는 친구에게 어떤 게 좋은 와인인지 물어보던 중, 친구로부터 와인에 대한 재미있는 이야기를 듣게 되었다.

> "미국 캘리포니아에서 자신들이 만든 와인 맛과 향기의 우수성을 알리고자 와인 애호가들을 모아놓고 시음회를 개최했다. 참가자들이 눈을 가리고 프랑스 와인과 캘리포니아 와인을 음미한 후 어느 게 더 좋은지 선택하는 블라인드 테스트(blind test)였다. 그런데 재미있는 현상이 벌어졌다. 캘리포니아산 와인이 좋다고 한 참가자들 중 일부가 자신의 와인 감별수준이 아직 미흡하다고 여기면서 와인에 대해 더 많이 공부해야겠다고 고민을 했다."

우리는 와인하면 프랑스라고 알고 있다. 와인애호가들 스스로 캘리포니아 와인 향이 좋다고 선택하고 나서, 와인을 평가하는 자신의 능력이 부족하다고 생각한 것은 프랑스 와인이 갖는 브랜드의 상징성, 즉 가치 때문이다.

2007년 컨설팅 회사인 언스트 앤 영(Earnst & Young)은 700여 개의 인수합병기업을 대상으로 보고서를 만들었다. 보고서에 따르면 기업들의 평균거래금액의 30%만이 유형자산의 가치이고, 나머지 70%는 브랜드, 고객관계, 기술 등 무형자산의 가치였다고 한다. 30여 년 전인 1985년 유형자산 투자가 무형자산 투자를 40% 이상 상회한 것에 비하면 엄청난 변화이다.[1] 애플사 역시 자신들의 가치를 아이폰이나 아이패드를 제조할 수 있는 생산설비가 아니라 이러한 것을 창안해 낼 수 있는 창의력에 있다고 자부한다.

이제 기업의 가치는 값싼 원재료를 구매하고 이를 효율적으로 제품화하는 데 있는 것이 아니라, 얼마나 창의적인 제품과 서비스를 만드느냐에 달려 있다. 기업의 경쟁력이 직원들의 창의력, 이를 지원하는 경영자의 스타일, 조직분위기 등 눈에 보이지 않는 요인들에 좌우되는 것이다. 특히 4차 산업혁명의 시대라는 작금의 시대에 이러한 요인들은 더더욱 중요해질 것이다. 그러면 이러한 무형의 가치를 지닌 요소들에는 어떤 것이 있을까? 기업마다 생각이 다르겠지만 한번 살펴보도록 하자.

무형의 기업가치

공정함 – 신뢰의 출발점

시장에서 사람과 사람 간의 관계는 계약에 기반한다. 기업 역시 계약을 통해 사람을 고용한다. 즉 기업은 개개인과 연봉을 토대로 관계를 맺는다. 이처럼 계약을 통해 임원이 임명되고, 직원이 고용되며, 이들 각자는 계약에 근거하여 자신에게 부여된 역할을 수행한다. 계약을 벗어나면 회사에서 맺어진 이들의 관계는 해체되고 자연인으로 돌아간다. 개인이 기업과 계약을 체결하는 이유는 인간생존의 필연성, 즉 먹고 사는 수단을 기업이 제공하기 때문이다. 따라서 원시사회의 구성원 간에는 계약이 필요 없었다. 채집이나 수렵을 통해 자연에 널려있는 먹을거리를 확보하면 되었기 때문이다.

그런데 개인이나 기업이나 계약을 맺을 때에는 서로에게 기대하는 바가 있다. 기업은 개인에게 조직이 원하는 성과물을 만들어 내기 원하며, 개인들의 경우 사람에 따라 차이는 있지만 기본적으로 자신의 생활수준을 유지, 향상시키길 바란다. 개인의 생활수준에는 회사 밖과 안에서의 것이 모두 포함된다. 회사 밖에서의 삶에는 가정생활, 취미생활 등이 있으며, 이런 생활에 가장 큰 영향을 주는 요인은 아무래도 금전적 수입이다.[2]

이와 달리 회사생활에 영향을 미치는 요인에는 금전 외에도 여러 가지가 있다. 아무리 연봉이 높다 하더라도 주위사람들과의 인간관계로 스트레스를 받는다거나, 개인의 미래발전이나 능력향상에 전혀 도움이 되지 않는 일만 한다면 직장생활에 만족하기 어렵다. 모든 사람이 인생에 목표가 있듯이 직장생활에서도 추구하는 바가 있기 때문이다. 인간이 추구하는 목적에 대한 아리스토텔레스(Aristotle)의 말을 들어보자.

> "인간의 모든 행위는 어떤 선(善, the good)을 지향하는데, 이러한 과정에서 인간이 그 자체 때문에 추구하는 것이 바로 행복이다. 인간의 모든 행위는 궁극적으로 행복을 목적으로 한다."

아리스토텔레스에 따르면 인간의 모든 행위는 선을 지향한다. 선이란 의학에서의 건강, 건축술에서의 집, 정치가의 명예나 지식인의 지성처럼 각각의 행위에 대한 목적(telos)에 해당한다. 사람들은 이러한 '좋은 것들(善)'을 그 자체가 좋아서 선택하기도 하지만, 행복하기 위해 선택하고 추구한다. 이에 비해 행복은 그 자체가 좋아서 선택한다.[3] 즉 인간행위의 궁극적 목적은 행복인 것이다. 굳이 아리스토텔레스의 말을 빌리지 않더라도 우리가 삶을 살아가며 추구하는 가장 기본적인 것이 행복임은 분명하다. 의학에서의 선이 건강인 것은 훌륭한 의술도 결국 인간의 건강을 위해 존재할 때 의미가 있으며, 건강은 인간이 행복해지는 기본적인 수단이기 때문이다.

그러면 직장생활에서의 선은 무엇인가? 혹시 돈 혹은 연봉일까? 허츠버그(Frederick Herzberg)는 직원들에게 금전적 보상을 아무리 많이 줘도 만족하지 않는다고 하면서 이를 위생요인(hygiene factor)으로 분류했다. 버트런드 러셀(Bertrand Russell)은 재산이란 조금 부족해야 즐거움이 있는데, 사람들은 막대한 재산으로 아무 노력 없이 살려고 하는 생각 때문에 행복의 본질을 잃어버린다고 했다.[4] 연봉이 비교적 괜찮은 직장에 다니더라도, 자신의 미래발전에 전혀 도움이 되지 않는 일을 하고 있다면 직장생활이 즐거울 리 없다. 이런 회사에 다니는 사람에게 "왜 회사를 다니느냐?"고 질문한다면, 아마도 "집에 있는 식구들 때문이지, 내가 좋아서 다니는 건 아니다"라고 대답할 것이다.

돈은 생활의 필수재이긴 하나, 분명히 직장생활에서 바라는 최고의 선은 아니다. 회사가 나를 고용할 때에는 나에게 바라는 역할이 있듯이, 나도 회사에 들어갈 때에는 그만한 이유와 목표가 있다. 그래서 현재 회사에서 일을 하는 동안, 지금의 회사를 그만두더라도 여기서 배운 지식과 경험을 바탕으로 더 좋은 직장으로 옮길 수 있도록 준비해야 한다. 직장생활에서 추구하는 최고의 선은 자신이 일하고 싶은 분야에서 능력을 쌓아 최고의 인재로 인정받는 일이기 때문이다.

행복의 그리스어 어원은 '유다이모니아(eudaimonia)'이다. 'eu'는 좋다(well)란 의미이며, 'daimon'은 신적인 존재란 뜻이다. 그리스인들은 '신적인 것이 잘 맞춰지고 있는 상태'를 행복이라 생각했다. 즉 행복이란 자신의 노력에 의해 얻어지는 것임에도 불구하고 불운이나 사고(事故)처럼 스스로 통제할 수 없는 외적인 요인에도 영향을 받기 때문에 신의 도움이 필요하다는 것이다.

개인은 기업과 계약을 통해 연봉을 받고 해야 할 역할을 부여받는다. 그리고 자신의 역할을 수행하는 과정에서 역량과 경험을 축적하면서 성장한다. 그러나 개인의 성장은 자기만 노력한다고 해서 이루어지는 것은 아니다. 좋은 상사, 동료 그리고 조직분위기가 모두 어우러져야 한다. 최근 언론에서 잊을 만하면 언급되듯이 자기 주머니에서 임금을 지불한다고 CEO가 직원들을 마음대로 부리고 갑질까지 일삼는다면, 직원들이 회사생활에 행복을 느끼고 자기개발의 기회를 얻기란 쉽지 않다. 옆의 동료가 상사와 같은 학교, 같은 지역 출신이라 능력에 상관없이 자기보다 좋은 대우를 받는다면 나의 미래는 능력에만 달려 있지 않을 것이다.

모든 기업은 계획과 목표를 세운다. 그리고 직원들이 목표를 달성할 수 있도록 당근과 채찍을 준비한다. 하지만 경영현장에서 일어나는 일들이 계획대로만 이루어지는 건 아니다. 현장에는 기업이 통제할 수 없는 변수들이 너무 많기 때문이다. 게다가 이러한 변수들이 보다 다양해지고 환경에 미치는 영향력의 정도가 커지면서 시장을 제대로 예측해서 계획을 세우는 일이 점점 어려워지고 있다. 하지만 어느 정도 시장을 예측할 수 있어야 예산도 세우고, 필요한 인력도 모집하고 시설투자도 한다. 직원들도 마찬가지다. 능력을 발휘하고 성과를 내더라도 자신에게 주어지는 보상이나 미래에 대해 예측할 수 없다면 혼란을 느끼게 된다. 현장을 우대하겠다면서 승진은 본사위주로 시킨다면 현장직원들은 혼란을 겪을 수밖에 없다. 기업은 이러한 혼란을 줄이면서 직원들의 역량을 하나로 결집시켜야 한다.

이처럼 직원들이 회사생활에서 느끼는 불확실성을 제거하고 예측가능성을 높이는 행위가 바로 '약속'이다. 약속은 신뢰를 바탕으로 차별 없이 공정하게 지켜질 때 비로소 힘을 발휘한다. 밀(J.S. Mill)은 그의 저서인 『공리주의(Utilitarianism)』에서 인간이 저지르는 잘못 중 가장 큰 것이 기대를 실망(disappointment of expectation)시키는 것으로 약속위반이 여기에 해당한다고 하였다. 그러면서 약속이행과 함께 반드시 필요한 것으로 '공정성(impartiality)'을 들었다.[5]

1960년대에 존 애덤스(John Stacey Adams)는 공정성이론(Equity Theory)을 내놓는다.[6] 이 이론에 따르면 직원들은 주관적인 지각을 통해 자기가 회사에 투입한 노력 대비 조직으로부터 받는 보상을 다른 사람이 받는 보상과 비교함으로써 공정한지 불공정한지 판단한다. 똑같이 일하고 동료보다 적은 보상을 받는다면 불공정하다고 생각하며, 비록 자신이 받은 보상이 동료보다 적더라도 동료가 보다 노력하고 성과를 냈다면 이를 정당하다고 받아들인다는 것이다. 그리고 자신이 불공정한 대우를 받는다면 이를 해결하기 위한 행동을 취한다. 즉 노력을 덜 한다든가, 고의로 성과를 떨어뜨린다든가, 공정한 대우를 주장하든가, 이도저도 아니면 조직을 떠나게 된다.[7]

공정함을 유지한다는 것은 예측불가능한 상황을 제거함으로써 누구나 자신의 위치에서 맡은 바 일에 최선을 다하도록 독려하는 최고의 수단이다. 아리스토텔레스의 말을 다시 빌리자면 공정성이란 조직구성원들이 행복에 이를 수 있도록 하는 최고선 중 하나이다. 하지만 이처럼 당연한 일이 우리나라 조직에서는 실천하기 어려운 과제처럼 여겨지고 있다. 똑같은 노력을 투입하고도 차별적인 보상을 받는 비정규직이 그렇고, 조직에 기여한 바 없이 낙하산식 인사로 높은 자리를 차지하던 과거 공기업 인사들이 그렇고, 자신들의 성과를 높이기 위해 중소하청업체의 노력을 무시하고 제품단가를 내려치는 일부 대기업이 그렇다. 결국 비정규직은 불안한 미래를 견디지 못해 "일한 만큼 보상하라"면서 투쟁에 내몰리고, 공공기관에서는 수십 년 노력해도 될까 말까 한 임원자리를 외부인사가 차지한다는 불만의 소리가 높았으며, 중소하청업체는 미래를 위한 기술투자에 주저할 수밖에 없다.

밀(J.S. Mill)은 최대행복의 원리(the Greatest Happiness Principle)를 얘기하면서 자신의 행복을 증진시키기 위해 다른 사람의 행복이 희생되어서는 안 된다고 강조한다. 그러면서 어떤 즐거움이 다른 즐거움보다 가치 있다는 것은 대부분의 사람이 경험에 근거하여 그렇게 인식하기 때문이다. 여기서 가치판단의 기준이 인간의 경험에 근거할 수 있음은 인간은 높은 이성을 지닌 존엄한 존재라는 믿음에 기인한다.[8] 즉, 인간의 행복이란 이러한 고귀한 인간의 판단을 통해서 얻을 수 있으며,[9] 바로 고귀한 인간의 판단기준 중 하나가 공정성이라는 사실이다. 똑같이 들인 노력에 대해서는 똑같이 보상받아야 하고, 자신의 이익을 위해 다른 사람의 몫을 희생하면 안 되는 이유는 이러한 행위들이 공정성에 위배되며, 따라서 인간의 이성에 위배되기 때문이다.

신뢰 – 눈에 보이지 않는 사회적 자본

영국 유학시절 지도교수가 읽어보라고 준 책 중 하나가 일본인 3세 후쿠야마 교수(Francis Fukuyama)가 쓴 'Trust(신뢰)'였다. 보수주의자였던 후쿠야마는 이 책을 통해 마르크스가 주장했던 이념의 시대는 종말을 고하고 자유주의 시대가 도래했는데, 자유주의가 발전하기 위해 지켜야 할 덕목으로 신뢰를 강조한다. 당시 소련과 동구권의 몰락으로 마르크스 이념은 흔들리고 있었으며, 따라서 여러 논란에도 불구하고 그의 저서는 엄청난 반향을 불러일으켰다.

그에 따르면 사회가 축적할 수 있는 자본엔 물적, 인적 자본 외에 사회적 자본이 있는데, 사회적 자본의 축적은 그 사회가 지닌 신뢰수준에 근거한다. 중국과 이탈리아(특히 중남부)는 가족주의를 벗어나지 못한 저신뢰사회이며, 독일, 일본, 미국은 친족관계에 기반하지 않은 고신뢰사회라면서, 우리나라는 혈연중심의 입양 등 가족중심주의로 중소기업만이 살아남을 수 있는 저신뢰사회였으나, 국가주도의 경제개발로 중화학공업을 육성하면서 대

기업의 성장이 가능했다는 것이다. 하지만 기업의 소유와 경영의 분리가 미흡하고, 여전히 중앙집권적 의사결정체제를 유지하고 있는 등 저신뢰사회의 요소가 강하다고 주장한다. 시대가 흐른 만큼 그의 주장이 100% 정확하다고 할 수 없으나, 신뢰를 사회적 자본의 하나로 구분한 것은 우리에게 시사하는 바가 크다.

유학시절 읽었던, 전세계 IBM 임직원을 대상으로 행한 연구에 다음과 같은 질문이 있었다.

> "당신은 친한 친구가 운전하는 차를 타고 있다. 그런데 친구는 제한속도가 시속 60킬로인 도로에서 90킬로 이상으로 달리다 사람을 치었다. 목격자는 아무도 없다. 변호사는 나에게 친구가 규정속도를 지켰으며 보행자 실수로 사고가 났다고 증언한다면 친구는 처벌받지 않을 것이라 한다. 당신은 친구의 편에서 증언을 할 것인가?"

다음 그래프를 보면 우리나라와 유고연방,[10] 러시아 등 동유럽 국가에서는 80% 이상이 친구를 위해 위증을 하겠다고 한 반면, 북유럽이나 북미 사람들은 사실대로 증언하겠다고 응답했다. 북유럽의 경우 그 비율은 무려 90%에 이른다. 우리나라 사람들 입장에서 보면 정말 '믿는 도끼에 발등 찍히는 꼴'이다. 더욱이 북미나 북유럽의 경우 보행자의 부상이 심각하면 심각할수록 사실대로 증언할 것이라 응답했다.

이러한 결과가 나온 이유는 북미나 북유럽에서는 원칙과 규정을 중요하게 생각하는 반면, 우리나라나 동유럽은 관계를 더 중

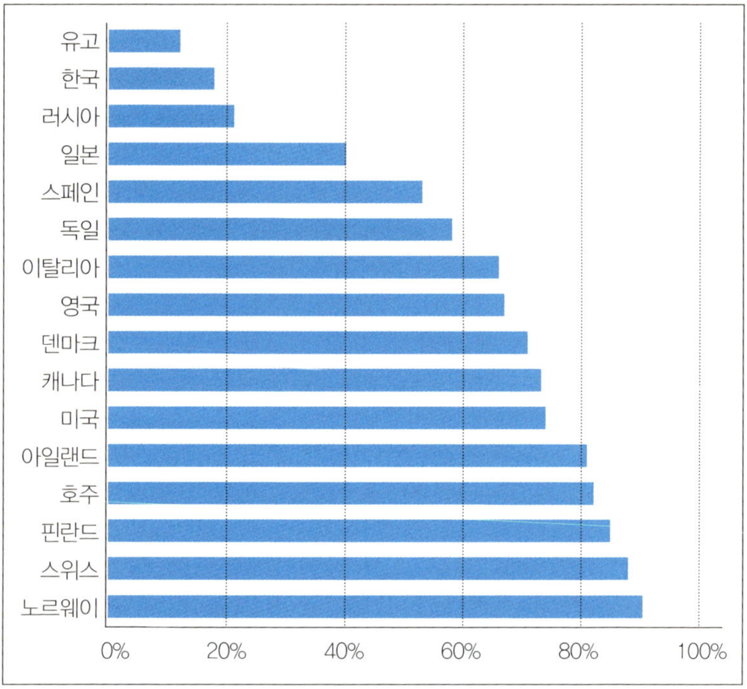

▶친구를 믿어도 되는가에 대한 각 나라의 차이는 다양하다. 그래프는 '진실대로 증언하겠다는 비율'을 보여준다.

요하게 생각하기 때문이다. 규정과 법, 원칙을 강조하는 문화권의 경우 오랜 세월에 걸쳐 민주주의와 사회보장제도를 정착시켜 왔으며, 구성원들은 사회가 제대로 돌아가려면 법과 규범을 철저하게 준수해야 한다고 믿는다. 사회보장제도만 해도 무임승차(free rider)하려는 사람이 많다면 운영 자체가 어려워지기 때문이다. 우리나라의 경우 의사들이 의료보험료를 과다 청구하다 덜미가 잡힌 뉴스를 심심치 않게 접한다. 의사라고 하면 지식인층이라 할 수 있는데, 이런 일은 서구유럽에서는 상상조차 하기 어렵다.

우리나라 국민들의 법에 대한 신뢰도는 어떠한가? '무전유죄 유전무죄'라는 말이 있듯이 그리 높지 않다. 국민권익위원회가 627개 공공기관을 대상으로 실시한 2012년 공공기관 청렴도 평가 결과, 법무부, 경찰, 검찰이 최하위 등급을 받은 것만 봐도 법과 법 집행에 대해 국민들이 느끼는 감정을 충분히 짐작할 수 있다. 상황이 이렇다 보니 해당질문이 던져졌을 때 법대로, 원칙대로 증언하기보다 가까운 친구의 입장을 먼저 고려할 수밖에 없다. 후쿠야마의 분류에 따르면 우리나라는 전형적인 저신뢰사회이다.

봉건시대는 속도가 빨라진 상거래를 따라잡지 못해 소멸했다. 시장경제 역시 신뢰가 바탕이 된 네트워크 경제의 도전을 받고 있다. 시장경제에서는 서로가 경쟁자이며 각각은 경쟁적 관계에 놓여있다. 내가 이기기 위해서는 상대방을 패배시켜야 한다. 해당분야에서 살아남으려면 최고의 기업 2위 내지 3위 안에 들어야 한다는 말을 한다. 이와 달리 네트워크 경제의 특징은 각각의 참여자가 전체이익을 최대화함으로써 자신의 이익을 극대화한다.[11] 이를 위해서는 자원과 리스크를 공유하는 것은 물론, 자신의 주권을 어느 정도 포기해야 한다.[12] 상대방의 이익을 높이면서 자신의 이익도 제고하려면 무엇보다 자기희생이 전제되어야 하며, 이러한 희생엔 서로간의 신뢰가 필수적이다.

10여 년 이상 택배요금은 조금씩 떨어졌다 — 최근 실로 오랜만에 택배요금이 쥐꼬리만큼 인상되었다는 기사를 읽은 기억이 난다. 이는 택배사업이 효율화되어서가 아니라, 치열한 경쟁의 결과이다. 여기에는 저가서비스를 선호하는 소비자들의 요구와 택배회사의 실속 챙기기도 한몫하고 있다. 택배 한 건에 택배기사에게 돌아가는 수익은 1,000원이 채 안 되며, 이는 택배부실로 연결된다. 고객불만이 쌓일 수밖에 없다. 택배기사, 택배회사, 고객은 적대적 모순관계가 아니다. 서로가 공생할 수밖에 없는 네트워크를 구성하고 있다. 양질의 서비스를 위해서라도 택배가격은 상향조정되어야 하며, 이때 고객들에겐 반드시 서비스 품질이 개선되리라는 신뢰를 주어야 한다.

우리나라 공단에는 많은 중소기업들이 입주해 있다. 이 중 몇몇 기업들은 어려움에도 불구하고 직원들이 보다 편안한 환경에서 일하도록 최선을 다한다. 하지만 어떤 기업들은 자신의 공장에서 일하는 노동자들을 대화의 상대로조차 생각지 않는다. 임금체불 등 부당한 대우를 바로잡기 위해 노동자들이 노동조합을 만들면, 새벽에 공장을 폐쇄하고 다른 공단으로 통째로 이전하는 회사도 있다. 애초부터 "노동자들이 모이면 무슨 요구를 할지 믿을 수 없다"는 생각 때문에 일어나는 현상이다.

신뢰는 기업에서 시장경쟁력을 제고하기 위한 중요 덕목 중 하나이다. HP(휴렛팩커드)는 오랫동안 'Open Door Policy(열린 문 정책)'를 실시해 왔다. 자재창고 문을 열어 놓고 누구나 필요한 것을 갖다 쓰게 하던 '신뢰'정책이었는데, 지금은 모든 사람들이 자신의 의견을 허심탄회하게 이야기하도록 함으로써 HP를 최고의 일터로 만들기 위한 방안으로 활용되고 있다. HP에선 직급이나 직위고하를 막론하고 자연스럽게 이슈를 제기하고 해결방안을 모색할 수 있다. 이를 통해 회사는 조직의 문제나 직원들의 요구사항은 물론, 시장변화를 파악할 수 있다. 이 제도가 오랫동안 지속될 수 있었던 이유는 조직구성원 서로간에 '내가 이 이야기를 해도 된다"는 믿음이 있었기 때문이다. HP 관계자의 말이다.

"우리 회사에선 열린 문 정책을 통해 누구나가 허심탄회하게 자기 의견을 말할 수 있다. 이는 직원 서로간의 신뢰와 존중의 문화가 있기에 가능하다. 이러한 문화는 부서와 조직의 벽을 뛰어넘어 서로간에 협력을 가능하게 하며, 회사의 성장과 성공을 이룩해온 원동력이다."

기업에서 신뢰가 형성되는 데는 몇 가지 원칙이 있다.

첫째, 조직문화가 개방적이며 정직해야 한다. 무노조로 유명한 회사가 있었다. 회사상황이 어려워지자 직원들은 임금삭감도 받아들일 각오가 되어 있었다. 그런데 회사가 일방적으로 임금삭감을 통보하자 직원들은 분개한 나머지 힘으로 맞서게 되었다. 노동쟁의가 일어난 회사를 들여다보면 노조측에선 "회사가 엄청난 수익을 올렸음에도 우리들을 해고하려 한다"고 주장하는 반면, 회사는 "적자라서 어쩔 수 없다"라고 항변한다. 회사정책이 투명하지 못해 서로간에 불신의 벽이 높아 생긴 현상이다. 투명성은 정보공유만이 아니라, 다른 사람의 기분, 신념, 행동에 대한 진정한 개방성을 의미한다. 투명성이야말로 직원간에 신뢰를 조성하고 위기의 순간에 힘을 합칠 수 있는 마력을 발휘한다.[13]

둘째, 기업에 신뢰문화가 형성되려면 리더들이 자기분야에서 능력을 갖추어야 한다. 상사의 권한은 능력과 전문성에서 나온다. 상사라면 비록 최신기술이나 세세한 사항에선 실무자보다 모를 수 있을지라도, 이들을 이끌어갈 수 있는 전반적인 지식과 경험, 그리고 전체를 볼 수 있는 시야를 갖춰야 한다. 그래야 직원들이 믿고 따르게 된다. A사는 사내의사소통을 활성화하기 위해 익명의 온라인 게시판을 운영한다. 게시판에는 회사에 대한 직원들의 불만도 자유롭게 올라온다. 최근에는 젊은 직원들과 고참직원들 사이에 연봉과 복리후생에 대한 논쟁이 있었다. 젊은 직원들이 자신들의 낮은 연봉과 대학생자녀 학비지원에 대해 불만을 토로한 것이다. 불만의 이유를 보니 "고참상사나 나나 같은 일을 하는데, 왜 내가 적은 임금을 받아야 하며, 그들은 학비지원까지 받느냐"는 것이다. 여기에는 고참상사들의 역량이 나보다 뛰어나지 못하다는 불신이 깔려있다.

셋째, 회사정책에 일관성이 있어야 한다. 정책이 좋고 나쁨을 떠나 방향이 수시로 틀어져서는 안 된다. 이는 개선이나 혁신과는 다른 차원이다. 예를 들어 거침없는 해고로 중성자탄이라는 별명을 지녔던 과거 GE의 전설적 CEO 잭 웰치가 자신의 정책을 흔들림 없이 추진할 수 있었던 이유는 '1등, 2등 사업이 아니면 퇴출'이라는 원칙을 확고하게 견지했기 때문이다.

기업이미지 – 지각되지 않는 것은 존재하지 않는다

많은 학자와 컨설팅 회사들은 기업의 무형자산 중 하나로 브랜드가치를 강조한다. 매년 글로벌 기업의 브랜드가치를 산정해서 발표하는 브랜드 컨설팅 업체인 인터브랜드(Interbrand)에 따르면 2018년 세계에서 브랜드가치가 가장 높은 기업은 애플이다.[14] 이 회사의 브랜드가치는 2,115억 달러로서 원화로 환산하면 200조원이 넘는다. 2위는 구글(1,555억 달러), 3위는 아마존(1,008억 달러), 4위는 마이크로소프트, 5위는 코카콜라가 차지하고 있다 — 정말 오랜 기간 1위를 차지했던 코카콜라가 이제는 5위에 자리하고 있다! 눈에 띄는 것은 삼성전자가 2011년 17위에서 2012년에 처음으로 10위권 내로 진입, 9위(328억 9,300만 달러)에 오른 후, 성장을 계속해 2018년에는 6위(599억 달러)에 자리하고 있다는 사실이다. 최근 각광받는 IT기업들이 10위권을 차지하고 있는 것이다.

인터브랜드는 브랜드가치를 산정할 때, OEM 등에 의한 매출을 제외하고 순수하게 자사 브랜드로 발생한 매출만을 근거로 브랜드 이익을 고려하여 산정한다. 여기에 브랜드 강도(Brand Strength)라 하여 고객들의 브랜드 인지도, 시장에서 오랫동안 살아남을 수 있는 브랜드의 내구성 등을 포함시킨다. 이러한 산식을 기준으로 할 경우 해당 브랜드 제품의 매출이 브랜드가치에서 차지하는 비중이 높을 수밖에 없다. 결국, 브랜드 관리란 매출관리라 볼 수 있다. 과거 제아무리 코카콜라 브랜드가치가 1위라 했더라도 소비자들의 건강에 대한 우려가 심각해져 탄산음료 매출이 떨어지면서 결국 브랜드가치는 자연적으로 하락할 수밖에 없었다. 하지만 앞에서도 언급한 캘리포니아 와인의 블라인드 테스트(blind test)나 몇 년 전 중고등학생들에게 모 아웃도어 회사의 김밥 닮은 검은 패딩이 인기를 끌었던 것처럼, 유명브랜드에 대한 고객의 소비는 때로는 비합리적이기까지 하다. 브랜드가 지닌 이런 속성을 고려한다면 브랜드 이미지는 기업에겐 중요한 무형자산 중 하나이다.

브랜드 외에 기업이미지 역시 기업에게는 소중한 무형자산이다. 나이키는 스포츠 스타에겐 천문학적 광고료를 지불하면서, 제3세계 미성년자들로부터는 저임금으로 노동착취를 자행한다고 소비자들의 지탄을 받은 적이 있다. 커피생산업체들 또한 지나치게 낮은 임금으로 아프리카 노동자들을 착취한다는 비난을 불러일으키며 소비자들의 '착한 소비'에 대한 의식을 일깨운 바 있다. 현대자동차를 비롯한 현대그룹은 '할 수 있다(can do spirit)'는 이미지를 갖고 있다. 현대그룹이 조선업과 관련된 설립자의 불도저식 경영방식을 기업이미지 광고로 활용했던 것은 '자신들은 무엇이든 할 수 있다'는 믿음을 주기 위한 차별화 전략이라 할 수 있다.

오래전 삼성에서 '2등은 아무도 기억하지 않는다'라는 기업이미지 광고를 낸 적이 있다. 이는 삼성의 1등주의와 일치한다. 그러다가 얼마 전에는 '또 하나의 가족'이라는 감성에 호소하는 이미지 광고로 전환했다. 지나치게 차가운 1등주의보다 따뜻한 이미지로 고객들에게 가까이 다가가기 위함이다. 하지만 이런 이미지는 하루아침에 구축되는 것이 아니다. 삼성전자는 반도체라인에서 근무하던 여성근로자들의 백혈병 사망으로 홍역을 치르고 있다. 회사 작업환경과 백혈병은 무관하다는 삼성전자의 주장과 달리, 서울행정법원에서는 이를 산업재해라고 인정했다. 최근엔 삼성전자에서 이러한 사태에 대해 공식적인 사과까지 했다. 이런 일련의 사태를 보면서 사람들은 삼성이 '또 하나의 가족'을 소중하게 여기는 회사라기보다 '1등주의에 집착하는 냉혈집단'은 아닌가라는 생각을 할지 모른다.

1982년 존슨앤존슨(Johnson & Johnson)사 제품인 타이레놀을 복용한 몇몇 환자들이 갑자기 사망한 사건이 발생했다. 이 사건이 터지자 존슨앤존슨사는 미국식품의약국(FDA)과 경찰의 조사결과가 나오기 전에 시중에서 판매되는 모든 타이레놀 제품을 철수시키기로 즉각 결정한다. 이후 조사결과에 의해 회사의 결백함이 밝혀졌으나 존슨앤존슨사는 제품을 새롭게 출시하는 데 1억 5,000만 달러를 투자해야 했다. 하지만 이 회사가 고객들로부터 얻은 신뢰의 이미지는 결코 돈으로 환산할 수 없는 커다란 자산이 되었다.[15] 따라서 자동차회사들이 자사 제품에서 결함이 발견될 때, 리콜을 실시하는 것은 지금 당장의 손해보다는 미래의 이익을 위한 이미지전략이라 할 수 있다.

18세기 영국출신의 성직자이자 철학자인 조지 버클리(George Berkeley)는 비물질론(immaterialism)을 주장했다. 그에 따르면 나무라는 물질은 외부대상(external object)이며, 외부대상이 지닌 이미지는 표상(representation)에 해당한다. 그런데 외부대상은 존재하지 않으며 나무의 이미지, 즉 표상만이 지각하는 사람의 마음속(mind of perceiver)에 존재한다. 존재하는 것은 지각되는 것이며(To be is to be perceived),[16] 지각될 때에만 존재하는 것이다. 플라톤은 이데아를 이야기하면서 가구장이가 만든 침대는 이데아에 존재하는 침대의 관념, 즉 이미지에 따라 모방된 것이며 침대의 진정한 이미지는 이데아에만 존재한다고 한다.[17]

우리는 TV나 영화에 나오는 스타들의 실제 모습은 모른다. 오로지 대중매체를 통해 지각되는 이미지에 따라 그들의 모습을 판단할 뿐이다. 우리들에게 스타들의 이미지는 지각되는 것만 존재한다. 영화배우가 전쟁영웅의 역할을 맡아 연기한다고 해서 그는 실제 전쟁영웅이 아니며, 이는 단지 모방에 불과하다. 플라톤의 말을 빌리자면 진짜 전쟁영웅의 이미지는 이데아 어딘가에 존재할 것이다. 사람들은 기업의 진짜 모습은 모른다. 단지 지각되는 이미지로 판단할 뿐이다. 존슨앤존슨사가 타이레놀을 리콜했다고 해서 이것이 진정으로 고객을 먼저 생각해서인지, 아니면 더 큰 이익을 위한 일보후퇴인지 알 수 없다. 진정한 기업의 이미지 역시 이데아에만 존재할지 모른다. 중요한 것은 소비자를 포함하여 사람들이 기업에 대해 갖게 되는 이미지이다. 이것이 긍정적이면 기업에게는 무형의 자산이 된다. 부정적이면 무형의 부채를 발생시킨다. 자산인지 부채인지는 이데아에만 존재할지 모른다. 진정한 기업의 이미지란 기업 스스로가 얼마나 노력하느냐에 달려 있다.

인재관리 – 기업 잠재력의 보고

기업이 제대로 운영되려면 잘 갖추어진 시스템이 필요하다. 사람에만 의존할 경우 이들의 역량이나 경험이 천차만별이기 때문에 이로 인해 발생할 수 있는 예측불가능성을 시스템을 통해 최소화해야 하기 때문이다. 하지만 기업을 실제로 움직이는 것은 시스템이 아니라 사람이다. 효율적인 시스템으로 투입한 비용 대비 1~2배 높은 성과를 낼 수 있다면, 인재를 제대로 활용할 경우 성과는 10배 이상이 될 수도 있다.

조직구성원의 역량은 기술, 경력과 경험, 그리고 전문성을 통해 발현된다. 하지만 기업이 어느 분야에서 활동하는가에 따라 요구하는 역량엔 차이가 있을 수 있다. 예를 들어 월마트나 이마

트처럼 저렴한 가격을 경쟁우위로 삼는 기업이라면 물품을 저가에 조달할 수 있는 유통망관리나 재고관리에 뛰어난 사람들이 필요하다 — 물론 이러한 관리가 가능한 시스템이 필수이기는 하다. 컨설팅회사나 보험회사라면 고객들과 우호적인 관계를 맺을 수 있는 인간성은 물론, 해당분야와 상품에 대해 전문지식을 갖추고 이를 고객들에게 쉽게 설명할 수 있는 능력을 지녀야 할 것이다. 물론 인재들을 보유했다고 해서 기업가치가 반드시 상승하리라고 단언할 수 없다. 어느 소프트웨어 개발회사 직원에게 들은 이야기이다.

> "퇴근시간만 되면 정확하게 퇴근하는 직원이 있었다. 우리 회사는 개발회사인 만큼 경우에 따라 야근할 일이 많아 직원들의 출퇴근에 자율성을 많이 부여한다. 그런데 언제부터인가 이 직원이 밤늦게까지 일을 하기 시작했다. 나중에 그 직원이 퇴사한 후 알고 보니 다른 곳에서 프로젝트를 받아 일을 했다고 한다. 회사에서 월급은 그대로 받으면서, 다른 프로젝트를 통해 수입을 올렸던 것이다."

이 직원이 우수하지 않았다면, 다른 데서 프로젝트를 부탁받지 않았을 것이다. 하지만 일정하게 나오는 월급은 그대로 받으면서, 근무시간에 다른 프로젝트를 진행하다 퇴사한 것이다. 이처럼 우수한 인재를 보유했다고 해서 회사의 성과가 높아지는 건 아니다. 이들을 어떻게 관리하느냐가 중요하다. 여기서 관리란 상의하달식의 일방적 지시가 아니다. 이들이 실력을 발휘하여 개발에 전념하고, 그럼으로써 우수한 제품을 만들어 내도록 해야 한다. 개발프로젝트가 성공하기란 쉽지 않다. 하지만 프로젝트를 제대로 관리하지 않는다면 성공확률은 더욱 낮아진다. 인재들도 마찬가지이다. 보유만 했다고 해서 회사가 좋아지지 않는다. 이들을 제대로 활용할 줄 알아야 한다.

인재들, 특히 회사성과에 중추적인 역할을 할 수 있는 핵심인재들에 대한 정의는 다양하다. 입사해서 3~10년 정도의 경력과 전문성을 갖춘 인력을 핵심인재라 하기도 하고, 경력을 갖춘 인력 중에서 스카우트했을 때, 1년 이내에 가시적인 성과를 낼 수 있는 사람을 핵심인력으로 분류하기도 한다. 핵심인력으로 성장하려면 자신의 역량도 중요하지만, 주변여건도 중요하다. 개인의 성장은 물론, 이들을 대표주자로 키워 시장에서 이들에 대한 인지도를 높여줄 수 있는 회사의 지원도 필요하다. 인재육성과 관련한 버트런드 러셀 경의 이야기는 새겨들을 만하다.

> "사람들은 재능 있는 인재들이란 박해를 받더라도 당연히 빛을 발할 것이라고 생각한다. 역경을 극복하고 성공한 인재들에 대한 역사적 사실 때문이다. 하지만 이는 터무니없는 말이다. 일부는 역경을 극복하고 성공했지만, 어린 시절 재능의 싹이 피기도 전에 사라져간 천재들은 이보다 훨씬 많을 것이다."

핵심인력은 되기가 어렵지, 한번 핵심인력으로 성장하면 회사에서 붙잡아두기 힘든 경우도 많다. 이들에겐 어딜 가도 명성과 소득이 보장되기 때문이다. 그래서 인재관리를 잘하는 글로벌 우수기업에서는 뛰어난 인재들을 '흐름(flow)'의 관점에서 관리한다고 한다. 우수인재는 잡아두려고 노력하면서 이들이 떠날 때를 항상 대비하는 것이다. 우수인재를 머물게 하는 가장 훌륭한 방법은 역시 공정한 보상이다. 그리고 이들이 자신의 생각과 능력을 마음껏 발휘하게 하는 열린 문화이다.

그런데 인재를 선발할 때 주의할 점은 자신의 성과를 잘 포장해서 스스로 핵심인력으로 보이도록 하는 사람도 적지 않다는 사실이다. 인재의 선발에는 신중을 기해야 한다. 외부에서 우수인력이라고 높은 연봉을 주면서 데리고 왔지만, 정작 기존 직원들과 별반 차이 없는 경우도 비일비재하다. 직원들이 역차별을 느낄 수밖에 없다. 오히려 조직의 사기만 저하시키는 꼴이다. 시스코(Cisco)는 이러한 사태를 방지하기 위해 업계 상위 10% 인력만 채용하려고 노력한다. 그리고 '진짜' 우수한 인재를 뽑기 위해 반드시 현업의 관리자 5명이 면접에 함께한다. 또한 우수인재를 확보하더라도 반드시 육성을 통해 성장시키는 획득개발(acquisition and development) 방식을 견지한다.

기업이 설립되고 나서 가장 먼저 하는 게 사람을 채용하는 일이다. 많은 회사들이 우수한 인재를 선별하고 육성하기 위해 나름의 제도를 운영하고 있다. 360도 평가, 쉘(Shell)의 HAIRL[18] 등이 여기에 해당한다. 우리나라는 물론 바다건너 미국 서점가에는 '일하기 좋은 직장'이라는 책이 끊임없이 발간되고 있다. 최근에는 GWP(Great Workplace)라는 개념이 다시 주목받고 있나 — 우리나라에서는 워라밸이라는 다소 참신한 단어로 불린다.

미국의 경우 좋은 직장의 개념은 점차 세분화되는 추세이다.

여성을 위한 최고의 직장, 게이나 흑인, 히스패닉처럼 소수자(minority)를 위한 최고의 직장으로 말이다.[19] 피터 드러커(Peter Drucker)가 얘기했듯이 지금은 인재전쟁(War for Talent)의 시대이다. 과거 인재전쟁은 경기가 활성화되었을 때에나 볼 수 있는 현상이었다. 한때 셀틱 타이거(Celtic Tiger)로 불리던 아일랜드는 최대 호황 때, "대학은 3년 만에 졸업이 가능하고, 졸업 후에는 일자리도 주겠다"며 우리나라에 스카우트 관계자들을 파견한 적이 있었다. 이제는 호황은 물론 불황의 시대에도 인재가 필요하다. 어려운 난관을 헤쳐나가는 데에 인재가 절대적인 역할을 하기 때문이다. 인재들만이 불황의 시대에도 고객의 마음을 읽고 시장을 리드할 수 있다.

기업 역시 고객을 유지하고 성과를 높이려면 직원의 성과와 영향력을 분석하고, 올바른 피드백을 통해 우수한 직원들의 사기를 북돋우며, 권한이양으로 각 분야에서 능력 있는 직원들 스스로가 결정권을 갖고 이를 행사할 수 있도록 해야 한다. 결국 훌륭한 고객을 유지하기 위한 방안이란 '월등한 직원관리'의 다른 표현인 것이다.[20] 인재는 기업활동의 출발점이다. 우수한 인재를 제대로 관리하고 있다면, 이는 기업에게 다른 어떤 역량보다도 최고의 힘임이 분명하다.

기업문화 – 조직의 공유된 힘

학자들에 따르면 기업문화란 특정시기에 특정조직에 적용되는 특정한 의미이며,[21] 해당조직이 환경적인 요인들을 극복하는 과정에서 습득하게 된 기본 가정(basic assumption)이다.[22] 간단히 말하자면 기업에서 구성원들이 행동하는 방식 그 자체라고 볼 수 있다.[23] 이처럼 기업문화에 대한 정의는 학자마다, 더 나아가 기업현장의 기업문화 담당자마다 천차만별이다.

하지만 이들이 갖고 있는 기업문화에 대한 생각은 모두 맞다. 이들의 생각을 포괄해 살펴보면 기업문화란 한 기업의 구성원들이 공유하는 가치관(value), 신념(belief), 이념(ideology), 관습(habit), 규범(norm)과 전통(tradition), 그리고 지식(knowledge)과 기술(skill)에 이르기까지 모든 것을 포함한 종합적 개념으로 구성원과 기업 전체의 행동에 영향을 미치는 요소라고 정의할 수 있다. 만일 어떤 기업이 창의성을 존중하는 기업문화를 갖추고 있다면 이는 신제품 개발에 대한 투자자들의 기대감을 높여주고, 나아가 해당기업이 시장에서 높은 평가를 받는 요인이 된다. 어떤 기업이 도덕성에 대해 높은 평가를 받고 있다면, 고객들은 이 회사 제품이라면 안심하고 사용할 수 있을 것이다.

물론 기업문화가 성과제고에 직접적인 영향을 미친다고 분명하게 얘기할 수는 없다. 그러나 잘나가는 기업을 들여다보면, 경쟁사와 차별화된, 바람직한 기업문화를 보유하고 있다. 1970년대 대형차만 선호하던 미국의 소비자들을 일본 자동차회사들이 소형차를 무기로 공략하기 시작했다. 그러자 미국 경영학계에선 일본 기업의 성공요인이 무언지 들여다보기 시작했다. 그 결과 일본기업의 연공서열제도, 가족적 분위기, 종신고용제 등 이들만이 지닌 문화적 특성이 미국시장에서 성공을 이룩한 요인 중 하나라고 결론지었다.

기업문화가 회사의 성공에 직접적인 영향을 미친다고 할 수 없다 할지라도, 성공한 기업의 뒤에는 현재 위치에 이르게끔 조직을 이끈 문화가 존재한다. 차분한 집안 분위기가 반드시 아이들의 학교성적을 높이진 못하지만, 학교성적이 좋은 아이들의 가정을 보면 분위기가 차분한 것처럼 말이다 — 물론 불행하게도 어머니의 극성과 뛰어난 개인교사의 역량이 점점 그 지위를 잠식해 가고 있지만.

레닌(Vladimir Lenin)은 혁명과 관련해서 문화의 중요성을 인정했다. 혁명이 성공하려면 대중의 의식과 문화가 우선임을 간파했다. 기업 역시 성공하려면, 인재가 필요하고 이들의 생각과 의식이 매우 중요하다. 영국 유학시절 지도교수에게 들은 이야기이다.

> "70년대 어느 미국 대학에서 공부하던 한국유학생이 있었다. 그는 정말 열심히 공부했다. 공부가 끝날 때쯤 그는 한국으로 돌아갈 준비를 했다. 학생의 지도교수는 그가 미국에 남아서 일하길 원했다. 그때 학생이 대답했다. 우리 아버지 세대가 단시간 내에 경제발전을 이룩한 것처럼 이제 내가 그 일을 담당할 차례다. 그래야 우리 자식세대들이 더욱 좋은 세상에서 살게 될 게 아닌가!"

"인생의 유일한 목적은 자신의 행복이지만 자기만의 행복이란 있을 수 없다. 설사 있다 하더라도 이는 한 동작 한 호흡마다 고통, 불행, 죽음을 향해 돌진하는 것과 같다"는 톨스토이의 명언을 굳이 언급하지 않더라도,24 우리나라의 경제발전을 이룩한 데엔 아들세대도 행복하게 살아야 한다는 아버지들의 의식과 마인드가 중요한 역할을 했다. 매클리랜드(David McClelland)는 직업별, 국적별로 성취욕구(need for achievement)를 측정했다. 그에 따르면 성취동기가 높은 사람은 자신의 노력이 성과에 영향을 미친다는 판단이 설 때 위험을 감수한다는 것이다.25 바꿔 말해 자신이 아무리 노력해도 성과에 영향을 미치지 못한다면, 위험을 감수하지 않는다고 할 수 있다. 조직이 새로운 분야에 도전하길 바란다면 직원들에게 위험을 감수하도록 격려하는 문화가 중요하다.

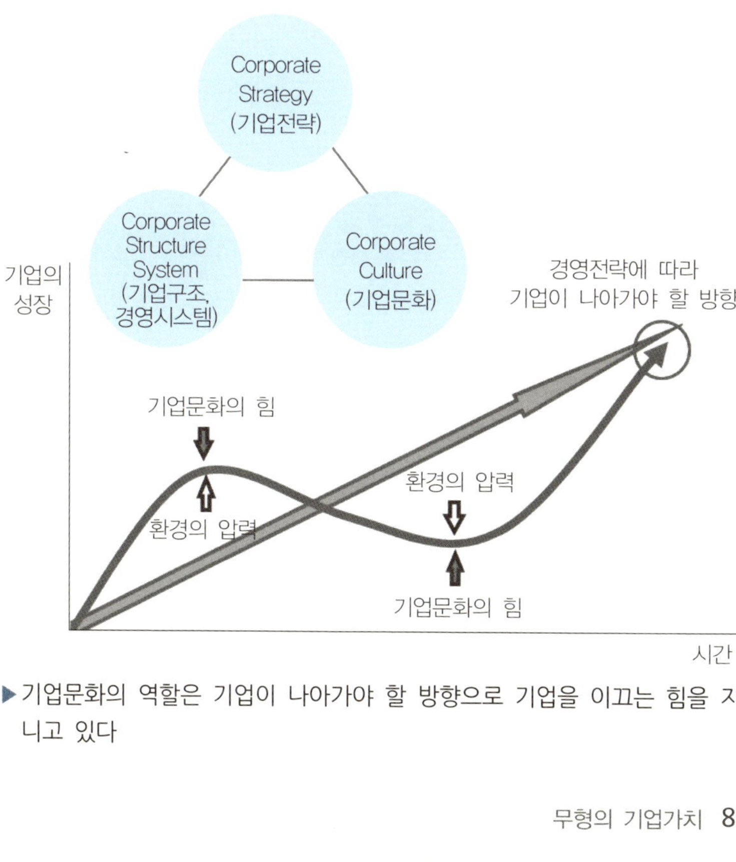

▶기업문화의 역할은 기업이 나아가야 할 방향으로 기업을 이끄는 힘을 지니고 있다

기업문화는 기업의 분위기를 형성한다. 즉 기업문화란 개인이 아닌 전체 구성원들의 생각과 태도에 스며있다. 한 부서의 행위는 다른 부서의 반작용을 일으키고, 또 이것이 연쇄작용이 되어 새로운 과정을 발생시킨다. 이러한 작용들은 서로간에 그물망처럼 연결되어 전체 분위기를 형성한다. 기업문화란 바위처럼 그냥 거기에 존재하는 것이 아니며, 조직구성원들 간의 상호작용에 의해 만들어진다. 그리고 이들에게 자신의 일을 수행하도록 격려한다.[26] 즉 기업문화는 조직구성원들이 조직의 목적을 달성하도록 함께 일할 수 있는 분위기를 조성하며, 이렇게 형성된 기업문화는 구성원들 마음속에 자리잡아 혹시 회사가 위기에 몰리더라도 파멸되지 않는 강력한 힘을 형성한다. 기업이 나아가야 할 방향으로 힘을 모으고 직원들을 이끄는 것이 바로 기업문화가 갖는 역할이다.

기업문화가 이렇게 중요함에도 불구하고 조직이나 기존의 경영방식을 개선(business process reengineering)하려는 시도들 중 많은 것이 기업문화를 고려하지 않아 실패로 끝을 맺는다. 때때로 고려한다 해도 '그저 그런 하나의 요인(one of them)'으로 간주하여 형식적으로 끼워 넣은 것에 불과하다. 기업문화에는 조직구성원의 믿음이나 가치관 등 기업의 운영이나 직원들의 행동방식에 커다란 영향을 미치는 요인들이 포함되어 해당기업만의 특수한 상황(context)을 형성한다. 따라서 기업문화란 변화를 추구할 때 간과해서 안 되는 필수요소이자, 변화와 개선을 이룩하는 기업의 중요한 무형자산이다.[27]

안정성 – 배가 든든해야 생각도 한다

회사생활과 관련하여 '안정적이다'라는 것은 두 가지로 구분지을 수 있다. 첫째가 재정적인 안정이며, 두 번째가 신분상의 안정이다. 재정적인 안정이라 함은 생활을 영위할 수 있는 월급이나 연봉, 복리후생에서 느끼는 안정감을 얘기하며, 신분상의 안정은 글자 그대로 회사에서 해고당하지 않고 일하는 것이다.

10여 년 전만 하더라도 우리나라와 일본은 "옮겨봤자 별거 없다. 한 직장에서 오래 다니는 게 최고다"라고 믿었으며, 일본은 여기서 한 발 더 나아가 종신고용시스템을 유지하고 있었다. 이와 달리 미국을 비롯한 서구사회는 자신의 역량을 바탕으로 더 많은 연봉이 보장되는 회사로 옮겨 다니는 게 경력관리에 도움이 되었다. 최근 경제가 극호황이라 일자리가 넘쳐난다고 하지만, 일본의 경우 장기불황으로 인해 종신고용제가 무너진 지 오래이다.

미국에서도 상당한 변화가 감지된다. 2009년 하반기 미국 직장인을 대상으로 실시한 조사에서 응답자들은 직업을 선택할 때, "상대적으로 높은 연봉", "자신의 기술과 능력을 빨리 개발할 수 있는 기회"보다 "고용보장과 안정성"을 가장 중시했던 것으로 나타났다. 능력을 갖춘 인재들은 어떨까? 크게 다르지 않다. 같은 조사에서 최고의 인재로 분류된 사람을 대상으로 했을 때, 이들 중 무려 37%가 직업의 안정성을 가장 우선적으로 고려한다고 응답했다.28 미국에서도 직장을 옮기기보다는 한군데서 오랫동안 일하기를 선호한 것이다. 그 이유는 일본이 장기불황으로 종신고용제를 포기한 것과 마찬가지로, 미국에서도 당시 글로벌 불황으로 인한 고용시장 불안이 지속되었기 때문이다.[29] 따라서 불황 속에서도 경제적인 안정을 유지하려면 무엇보다 일자리가 안정되어야 한다는 인식이 확대되는 건 당연하다.

우리나라도 크게 다르지 않다. 20대에서는 88만원 세대라 불리면서 구직을 포기하는 사람들이 늘고 있다. 비정규직들은 일은 하지만 저임금과 신분불안에 시달린다. 중장년층들의 경우 평균수명은 늘었는데, 언제 회사를 그만두어야 할지 몰라 미래에 대한 불안에 휩싸여 있다. 은퇴 후 노후를 안락하게 보내려 했던 이들 중 적지 않은 수가 빈곤층으로 전락할지 모르는 잠재군을 형성하고 있다. 이런 이유로 젊은이들 중엔 도전적인 직업보다 공무원을 선호하는 사람이 늘고 있다. 평생 안정적 직장이 보장되기 때문이다. 사실, 경험 없는 젊은이들이 창업해서 성공하기란 쉽지 않을뿐더러, 우리나라가 실패를 용인하지 않는 사회이다 보니 한 번 실패하면 회복하기가 거의 불가능하다.

상황이 이렇게 된 건 우리나라 기업들이 세계시장에서 글로벌 기업들과 치열한 경쟁을 통해 살아남아야 하는데도 이유가 있다. 생산비를 낮추기 위해 해외로 공장을 이전하거나 기술개발과 생산효율화를 통해 고용인력 자체를 줄이려 하기 때문이다. 그 결과 고용 없는 성장(jobless recovery)이 계속되고 있으며, 기업이 일자리를 창출하지 못하다 보니 안정적인 일자리는 점점 줄어들고 있다. 이럴수록 사람들은 보다 안정적인 것을 선호할 수밖에 없다.

문제는 이러한 현상이 단시일 내에 개선되지 않으리라는 점이다. 결국 키는 기업들이 쥐고 있다. 기업들이 일자리를 만들어야 한다. 지나친 안정성은 '신의 직장'이라 불리면서 직원들의 현실안주를 조장할 수 있지만, 자신의 위치가 불안정하면 직원들은 안정성을 추구하려는 생각에 도전적이고 창의적인 사고를 하기 어렵다. 안정적이면 현실에 안주하고, 불안정해야 도전하는 게 아니다. 어느 정도 신분이 안정되어야 도전정신도 생긴다. 불안하면 이를 안정적으로 유지하려는 데 자신의 여력을 투입할 수밖에 없다. 아무래도 조직과 상사의 눈치를 볼 수밖에 없다. 고대 그리스가 노예들에게 가사노동을 전담토록 한 것은 시민들이 의식주를 해결하고 평안한 상태에서 정치발전을 도모하도록 하려 함이었다. 만약에 회사가 어려운 상황에 있다면 사실을 투명하고 분명하게 알려야 한다. 그리고 같이 고민해야 한다. 회사가 직원들에게 솔직하다면 직원들 역시 비용을 절감하고 매출을 올리기 위해 노력할 것이다. 행복을 느끼는 요소 중의 하나가 확실성,[30] 즉 안정성이다. 배가 든든해야 미래를 도모할 수 있는 것이다. 이처럼 안정성은 회사의 발전과 떼어놓고 생각할 수 없는 기업의 무형자산이다.

지금까지 설명한 것 외에도 특허, 지적재산권, 제품개발역량, 탁월한 경영시스템 등 기업이 처한 특수한 상황에 따라 다양한 무형자산이 존재한다. 글로벌 우수기업들은 해당분야에서 쌓아올린 경험과 지식으로 대표되는 무형자산을 진작부터 기업의 핵심경쟁력으로 간주하고 있다. 한 예로 2005년 1월 P&G는 무형자산의 가치를 반영하여 장부가치가 28억 달러에 불과한 질레트(Gillette)를 570억 달러에 인수했다. 또한 투자의 귀재 워런 버핏(Warren Buffett)이 이끄는 버크셔 해서웨이(Berkshire Hathaway)의 기업평가능력은 그 가치가 무려 100조원을 넘는다고 한다.

이에 비해 아직 우리나라는 해외기업들처럼 무형자산의 가치를 비중 있게 생각하는 것 같지 않다. 삼성경제연구소 보고서에 따르면 우리나라 기업들의 경우 무형자산 중에 특히 취약한 분야가 기업이미지이다.[31] 국내 대표기업인 삼성이 '2012년 퍼블릭 아이 어워드(Public Eye Award)'가 선정한 나쁜 기업 3위에 올랐다는 게 대표적인 예이다. 삼성이 이처럼 희화화된 이유는 반도체 공장 생산노동자들의 백혈병 사망에 대해 솔직하게 대처하지 못했기 때문이다. 만약 이러한 일련의 재해에 대해 솔직하게 인정하고 의료계와 함께 그 원인을 밝혀내려 했다면, 산업재해의 감소는 물론 인류건강에 도움이 될 만한 새로운 사실도 찾아내지 않았을까?

무형자산은 무형자산끼리도 시너지를 낼 수 있다. 도덕적이고 투명한 기업문화는 기업이미지에 긍정적이며, 회사와 직원들 간에 탄탄하게 구축된 신뢰문화는 인재들의 역량을 최대로 발휘하게 하는 원동력이다. 무형자산이 당장 회사의 성과에 지대한 영향을 미칠 수는 없다. 회사가 도덕적으로 탁월하다고 해서 발 빠르게 시장변화에 야합하는 경쟁자보다 당장의 성과는 좋지 않을 것이다. 하지만 무형자산의 가치는 시간의 흐름과 함께 축적되면서 기업경쟁력이 되고, 직원들에겐 보람 있는 일터를 제공하는 저력임이 분명하다.

일의 가치

노동의 의미

우리는 '노동은 숭고하다'고 배워왔으며, '일하지 않는 자는 먹지도 말라'는 성경의 말씀을 당연하게 여긴다. 하지만 인간생존과 불가분의 관계에 있는 노동이 처음부터 고귀하게 여겨진 것은 아니다.

노동에 대한 인류의 관점은 언어에서도 잘 드러난다. 노동의 어근을 살펴보면 주로 고통과 수고, 궁핍이란 뜻을 지니고 있듯이 인류에게 노동은 늘 고통스러우며 가난하고 핍박받는 자들이 취한 행위에 불과했다. 영어로 노동을 'labour'라고 한다. 이는 '짐을 지고 비틀거린다'는 뜻의 라틴어 'labare'에서 왔다. 또 labour에는 고통 중에 가장 심한 고통인 산고(産苦), 즉 애기를 낳는 고통이란 뜻도 있다. 프랑스어로 노동을 'travail'이라 하는데, 이 역시 영어로는 고통 또는 산고에 해당한다. 그리스어 'ponos'와 독일어 'Arbeit'는 가난(penia, Armut)과 동일한 어근을 갖는다.[32]

민주주의 발상지 고대 그리스에서 노동은 인류생존을 위해 노예들이 도맡아 해야 하는 업무였다. 노예가 노동을 해야 주인들은 자유시민으로서 아크로폴리스에서 정치를 논할 수 있었기 때문이다. 당시 자유란 폴리스에서 행하는 정치영역 내에만 존재하는 것으로, 이를 실현하려면 노예들의 노동이 필수적이었다. 따라서 노예들에게 일을 강제하고 폭력을 행사하는 것은 자유인의 정당한 행위였다.[33] 고대 그리스 자유인들의 행복한 삶(eudaimonia)

은 노예노동 없이는 불가능했다.

우리는 직장에서 일하는 사람을 노동자(勞動者), 또는 근로자(勤勞者)라고 부른다. 글자 그대로 직역하면 노동자란 무거운 짐을 온 힘을 들여 애써서 움직이는 사람이며, 근로자는 부지런하게 열심히 일하는 사람이다. 그래서인지 육체노동자라는 말은 써도 육체근로자라는 말은 안 쓴다. 근로자나 노동자라는 단어에는 생각하는 사람이란 의미는 전혀 들어 있지 않다. 인간은 사고하고 판단함으로써 가치 있는 존재인데 노동과 근로에는 이런 의미가 없다. 두 단어에는 인간의 사고과정이 제거되고 단순반복적으로 부지런하게 일해야 한다는 의미만 들어 있다. 이처럼 노동하는 인간을 기계적으로 다루는 것은 근대의 전형적인 태도이다.

테일러(Frederick W. Taylor)는 인간을 기계적으로 다루기 위해 인간의 노동을 관찰하고 실험했으며, 이를 과학이라 불렀다. 그런데 이러한 노동의 개념은 지금도 유효한 것 같다. 상사의 눈치 때문에 야근뿐만 아니라, 휴일까지 반납하고 출근해야 한다면 이는 고통에 해당하고, 아무리 열심히 일해도 생활이 나아지지 않는 비정규직 근로자들의 노동은 궁핍에 해당하기 때문이다.

일의 분류와 특징

사람들은 회사를 비롯하여 다양한 형태의 직장에서 일을 하고 그에 대한 대가를 받는다. 어떤 사람은 기획을 담당하고, 어떤 사람은 생산을 담당하고, 어떤 사람은 서류작업을 담당하며, 또 어떤 사람은 청소를 담당한다. 이처럼 사람들이 회사에서 하는 일은 특성에 따라 몇 가지로 분류가능하다.

첫째, 깊은 사고과정이 필요 없이 단순반복적으로 수행하는 육체적인 업무가 있다. 이러한 업무를 노동이라고 한다. 물론 노동에도 건설노동자처럼 힘을 많이 써야 하는 부류가 있는 반면, 커피심부름이나 복사, 서류정리처럼 별로 힘을 들이지 않는 노동도 있다. 노동이 어떤 특색을 지니든지 공통적인 현상은 지식보다는 단순반복적인 업무를 맡아 한다는 사실이다.

유대인 철학자 한나 아렌트(Hannah Arendt)에 따르면 노동이란 생명의 조건에 부합하려는 인간의 기초적 활동이며, 여기에는 동물적 욕망의 충족도 포함된다. 따라서 인간신체의 생물학적 과정에 상응하는 활동인 신체의 성장, 신진대사, 부패, 그리고 동물적 욕구충족 활동에 속하는 성욕, 식욕 등이 노동에 의해 생산되어 삶의 과정에 투입된다는 것이다.[34] 다시 말해 노동이란 인간생존에 필요한 기본적 활동이다. 조직에서도 노동은 조직이 존재하기 위해 필요로 하는 가장 기초적인 활동이다.

앞에서 살펴보았듯이 단순반복적인 공장근로자들의 업무는 예나 지금이나 노동에 속한다. 지금의 노동이 과거와 다른 것은 더욱 자동화되었다는 사실이다. 이는 노동의 마지막 단계가 노동을 수행하는 노동자들에게 단순하며, 자동적인 기능만을 요구하기 때문이다.[35] 자동화의 필수요소는 도구화와 기계화이다. 앞서 보았듯이 포드사의 컨베이어 벨트(conveyor belt)를 활용한 일관작업방식이 대표적 사례라 할 수 있다. 기계화의 효과는 노동자들에게 육체노동에서 오는 고통과 수고를 경감한다는 데 있다. 그러나 정확히 말해, 기계와 도구는 노동의 고통과 수고를 은폐하는 역할을 했다. 결국 기계화는 노동의 수고를 덜겠다는 기계화 애초의 목적은 전도되고 인간은 자신이 만든 기계의 노예가 되어 기계의 요구, 즉 기계의 속도와 작동방식에 적응해야 하는 존재로 전락하게 만들었다.36

자동화와 함께 노동을 더욱 단순화시키는 것이 분업이다. 분업으로 나누어진 단일노동은 더 이상 어떤 전문적 기술도 필요로 하지 않는다. 분업화된 노동을 수행하는 노동자들은 자기의 업무가 어떤 목적을 갖고 있는지 알 필요가 없다. 단순히 기계적으로 주어진 업무만 처리하면 된다. 분업은 순전히 양적 방식으로 더해진 노동력의 총계만을 나타내며, 노동자들의 노동은 이러한 총계를 이루는 부분에 불과하다. 따라서 노동에서 개별적인 창의력은 중요하지 않으며, 노동을 수행하는 노동자들의 개체성은 철저히 무시된다. 노동자들은 개인의 역량이 아닌, 노동력만을 팔며, 이러한 노동력은 언제든지 대체가능하다. 노동자들은 개체가 없는데다 대체가능한 노동력밖에 팔 수 없으니 자신의 일에서 행복을 느끼기란 어렵다. 오히려 언제 대체될지 모르기 때문에 불안하다.

이렇게 되면 노동자들은 살기 위해 노동을 한다. 여기에는 가족의 부양도 포함된다. 회사 일이 아무 생각 없이 시키는 대로 하면 되는 단순노동으로만 이루어졌다고 가정해 보자. 어느 누구도 회사생활에 긍지와 만족을 느끼지 못할 것이다. 그래서 도요타는 제조공정에 유연생산방식(lean production)을 도입했다. 불량품이 발견되면 언제든지 노동자들 스스로의 판단 하에 공정을 멈출 수 있게 한 것이다. 그 결과 불량률은 낮아지고 생산성은 높아졌다. 문제는 이러한 생산성의 증가로 목표치는 더 높아지고 업무는 보다 과중해졌다는 사실이다. 불행하게도 과로사는 항상 열심히 일하는 사람들에게 찾아온다.

둘째, 도구를 사용하여 산출물을 만드는 '작업'이라는 활동이 있다. 작업이 노동과 다른 것은 산출물을 만들기 전에 작업자는 산출물의 형태를 미리 머릿속에 그린다는 점이다.[37] 전자제품을 디자인할 때, 가구를 만들 때, 집을 지을 때, 머릿속에 자기가 만들 최종 이미지를 구상한다. 이는 일반적으로 작업자가 제조과정 전반에 관여하면서 작업을 통제할 수 있다는 의미이다. 산업혁명 이전 장인들은 산출물을 미리 구상하고 도제와 직인을 거느리면서 작업을 통제할 수 있었다. 그러나 산업혁명 이후 대량생산체제가 들어서고 작업이 자동화되면서 이러한 작업들은 다수의 의미 없는 작업들로 파편화되었으며, 작업과정을 지배하고 통제하는 역할은 작업자에서 생산과정으로 넘어갔다. 다시 말해 제작에 쓰이는 도구들을 이전처럼 작업자가 통제하는 것이 아니라, 작업자들은 오히려 생산과정에 투입된 기계의 속도에 작업을 맞추도록 강요받았다. 도구가 작업을 통제하고 작업자의 리듬을 결정하게 된 것이다. 결국 많은 작업이 노동으로 전락했다.

어렸을 때 기억으로 친척 중에 음악을 좋아하는 사람이 있었다. 그의 집엔 LP 음반을 듣기 위한 오디오 시스템이 구비되어 있었는데, 스피커, 턴테이블, 앰프(amplifier)가 모두 다른 회사 제품이었다. 회사마다 성능이 제각각이어서 각 부분별로 최상의 제품으로 시스템을 갖추었던 것이다. 이는 그 당시 음악을 좋아하는 사람에게는 일상적인 일이었다. 하지만 지금은 홈 오디오를 구비할 때, 한 회사제품으로 통일하는 것 같다. 음악을 좋아하는 사람 얘기에 따르면, 대부분의 오디오 제품에 동일한 회사의 반도체 부품이 들어가는 경우가 많아 회사마다 제품의 차이가 크지 않기 때문이라고 한다.

1970년대 명동에는 신사복전문점이 많았다. 솜씨가 뛰어난 양복 장인은 제자들을 거느리면서 양복점을 크게 운영하기도 했다. 하지만 명동의 양복점들은 대기업이 양복을 대량생산하면서 하나 둘 사라져갔다. 기계와 기술의 발전이 뒷받침한 대량생산시스템의 도입으로 장인들의 작업은 노동으로 전락할 수밖에 없었다. 양복 장인들은 시장에서 사라지거나, 아니면 대기업의 피고용인으로 신분의 변화를 겪어야 했다.

셋째, 행위가 있다. '노동'이 생존과 기본적인 욕구충족을 위해 행하는 육체의 동작이라면, '작업'은 자신의 축적된 재능을 발휘해서 일의 재미는 물론 명장과 같은 칭호처럼 명예도 얻을 수 있는 제작활동에 해당한다. 이에 반해, '행위'는 개인의 욕망과 필요를 넘어 공동체 속에서 대의를 위한 행동을 지칭한다. 한나 아렌트(Hannah Arendt)에 의하면 행위는 지금까지 무엇을 행했고, 앞으로 무엇을 행할 것인지 알려주는 말을 통해서 적절한 것으로 간주된다면서, 말과 행위는 사람들 사이에 놓여있어 이들을 서로 관련시키고 묶어주는 작용을 한다.38

의사가 추구해야 하는 것은 돈이 아니라 건강이며, 의사가 베푸는 것은 기술이 아니라 인술이다. 그럼에도 불구하고 오로지 돈을 벌기 위해 아침에 출근해서 아무 생각 없이 매일 똑같은 환자들만 보다가 퇴근한다면 이는 노동일 것이다. 실력이 뛰어난 성형외과 전문의가 있다. 워낙 실력이 출중해서 유명연예인들도 많이 찾아올 뿐만 아니라, 의사 본인도 자신을 거쳐 간 여배우가 드라마나 영화에서 열연하는 걸 보고 자신의 기술에 자부심을 갖는다. 물론 자신의 기술로 돈을 버는 능력 또한 탁월하다. 그렇다면 성형외과 의사에게 그의 일은 작업에 해당한다. 또 다른 성형외과 전문의가 있다. 그는 자신의 의술을 가난한 안면기형환자들에게 바치기로 결심한다. 그에게 있어 의술은 기술이 아닌 인술 그 자체이다. 그뿐만이 아니다. 기형환자들에게 인술을 몸소 실천하는 것은 물론, 저소득가정의 기형아들이 무료 의료혜택을 받도록 자신의 뜻을 알리고, 자선재단을 만들기 위해 노력한다. 이 의사에게 의료란 세상에서 가장 고귀한 행위이다.

내가 직장에 다니는 이유는 봉급을 받는 데 있다. 아침에 출근해서 별 생각 없이 주어진 일만 하다가 시간되면 퇴근한다. 평소에는 일보다 살아남기 위해 연줄을 찾는 데 노력한다. 회사는 생존의 수단이기 때문이다. 이쯤 되면 나에게 회사 일은 노동에 불과하다.

나는 내가 기획하고 추진하는 일에 보람을 느낀다. 그리고 내가 맡은 일을 하면서 경험과 지식도 쌓았다. 후배직원들도 이 분야에 대해서는 나를 전문가라 인정하고 조언을 구하려 찾아온다. 나는 때때로 외부에 나가서 나의 경험과 지식을 강의하고 돈도 번다. 이 경우 나의 일은 작업에 해당한다.

나는 우리 회사에 애정을 갖고 있다. 후배들이 우리 회사에서 경영인으로서의 소양과 역량을 쌓아 보다 큰 물에서 실력을 발휘하기를 희망하면서, 회사제도와 시스템을 이에 맞도록 개선하려 노력한다. 회사에서 산업재해가 발생하면 사실을 감추려 하지 않고 원인을 찾아내어 더 이상 똑같은 불행이 반복되지 않도록 한다. 내게 우리 회사는 비록 돈을 벌기 위한 수단이지만, 그래도 함께 살아가는 공동체임이 분명하다. 이렇다면 나에게 회사일은 공동체 발전을 위한 행위에 속한다.

우리가 회사생활을 하면서 하는 일은 이처럼 몇 가지로 분류 가능하다. 회사들 중에는 명장제도를 도입해 작업의 가치를 인정하고, 회사의 도덕성을 행위의 원칙으로 삼는 곳도 많지만, 안타깝게도 어떤 회사들은 직원들의 일을 노동으로 전락시키고 있다. 약 30년간 우리나라 섬유유연제시장에서 1위 자리를 지켜온 A사는 2011년 직원 폭행으로 물의로 빚더니, 취임 후 매출을 두 배 이상 끌어올린 전문사장에게마저 청부폭행을 행사했다. 회장일가가 사용한 비용을 영수증 없이 처리한 데 대해 시정을 요구한 게 이유라고 한다. 매출은 급감했으며, 이후 회장일가는 공금유용으로 물의를 빚었다.[39] A사는 경영정상화를 위해 전문경영인을 뽑고 싶어도 오려고 하는 사람이 없었다고 한다. 상황이 이렇다면 직원들이 회사의 재기를 위해 힘써주는 것은 기대할 수 없으리라. 아마도 직원들은 단지 먹고 살아야 하니까 회사에 출근하고 있는지 모른다. 그렇다면 이들의 일은 이미 생계를 위한 노동으로 전락했다. A사도 한때는 시장점유율 1위를 차지하던 기업이다. 회사가 성공가도를 달릴 때에는 이런 일이 없었을 것이다. 직원들에게 폭력을 행사하고, 직원들의 일을 노동으로 전락시키는 회사가 업계 선두를 유지하는 것은 불가능하기 때문이다.

이처럼 역사는 동료들의 협력을 더 큰 힘으로 확대할 줄 모르는 강하고 우월한 자들의 무능을 보여주는 사례로 가득하다. 그래도 강자는 실패가 자신의 탓이 아니라 다른 사람들의 무능 때문이라고 주장한다. 짐 콜린스(Jim Collins)는 역설적으로 보이는 개인적인 '겸양'과 직업적 '의지'를 융합할 때 리더는 최고의 실적을 낼 수 있다고 한다.[40] 비판하기 전에 해부하고, 호통치기 전에 경청하고, 내가 답을 하기 전에 질문을 먼저 하고, 주장하기 전에 받아들일 줄 아는 리더만이 조직이라는 공동체를 이끄는 데 필요한 직원들의 '행위'를 발현시킬 수 있다.

행위가 가능케 하라!

그리스어로 '행위하다'에는 시작하다, 지도하다, 지배하다라는 뜻의 'archein'과, 달성하다, 이루다라는 의미의 'prattein'이라는 두 개의 동사가 있다. 이는 그리스인들이 행위란 한 사람이 시작한 것을 다수가 참여해서 실행하고 완성하는 것으로 믿었기 때문이다. 그러나 세월이 흐르면서 archein은 '지배하다'와 '지도하다'를 의미하게 되었고, prattein만이 행위일반을 가리키게 되었다고 한다.[41] 행위에는 실행한다는 뜻만이 남게 된 것이다.

공동체에는 목적이 있다. 그리고 구성원들은 목적을 달성하기 위해 노력한다. 즉, 자신이 지닌 능력을 바탕으로 목적달성을 위해 최선을 다하며, 그러는 과정에서 행복을 느낀다. 행복한 삶이란 자신의 탁월함을 바탕으로 최선을 실천하는 삶이기 때문이다. 회사 역시 공동체이다. 단지 여타조직과 다른 점은 존속하기 위해 스스로 이익을 만들어 내야 한다는 점이다. 이익을 만들어

내고 이를 유지, 확산하려면 노동만으로는 부족하다. 직원들 각자가 탁월함을 발휘할 수 있어야 한다. 적재적소에서 능력을 발휘해야 한다. 역량이 축적된 작업을 통해 좋은 제품을 넘어 훌륭한 제품을 만들어 내야 한다. 다음과 같은 회사가 있다.

> "우리 회사는 단지 물건만 파는 회사가 아니라, 제품을 통해 사회문화의 진보와 기술발전에 이바지하는 회사이다. 우리 회사에서 제품을 만드는 것은 세상의 발전을 위한 의미 있는 행위이다. 여기서 그치지 않는다. 우리 회사는 기업이익의 일부를 사회로 환원하기 위한 활동(행위)들을 끊임없이 추구한다. 우리 회사 제품을 생산하는 저개발국가 직원들은 그 나라 평균임금 이상을 받고 있으며 노동환경도 위생적이다. 게다가 미래고객인 그 나라 어린이들을 위해 학교는 물론, 병원도 세우고 있다."

이 회사는 작업을 노동으로 전락시키는 회사와 달리, 고귀한 행위로 승화시키고 있다. 뿐만 아니라, 고객의 개념을 넘어 인류 공동체를 위한 행위를 실천하고 있다. 회사가 이렇다면 직원들은 회사는 물론 자기 일에 자부심을 갖고 자신의 능력을 최대한 발휘하려 할 것이다. 그리고 자신이 하는 일과 직장생활에 행복을 느끼지 않을 수 없다.

단순한 노동을 행위로 승화시키는 데 탁월한 회사 중 하나가 디즈니(Disney)사이다. 디즈니랜드에선 청소부들이 청소할 때조차도 고객들을 즐겁게 하기 위해 노력한다. 예를 들면 미키 마우스 탈을 쓰고 빗질하는 와중에도 어린이들을 비롯해 관람객들을 유쾌하게 해주려고 마귀할멈처럼 빗자루를 타고 날아가는 시늉을 하는 것이다. 이런 것들은 디즈니사가 디즈니랜드를 '세계에서 가장 행복한 장소(The Happiest Place on Earth)'로 만들겠다는 자신들의 생각을 실천하고 있기 때문에 가능하다. 그런 이유로 디즈니사는 청소부들을 단순히 청소만 하는 사람들이 아니라 디즈니랜드에서 공연을 하는 중요한 배우로 인정한다. 디즈니사는 말한다.

> "디즈니랜드에서 빗자루를 들고 있는 청소부가 고객을 가장 전면에서 대하는 대표입니다."[42]

물론 디즈니랜드에서 일하는 청소부가 고객에게 탄성이 나올 만큼의 즐거움을 전달할 수는 없다. 하지만 2009년 디즈니 캘리포니아 어드벤처 파크에서 일하는 한 청소부의 모습에 감동을 받아 자신의 블로그에 그 내용을 올린 고객의 글을 보면, 청소부가 자신의 일을 고객을 즐겁게 하기 위한 고귀한 행위로 생각하고 있음을 느낄 수 있다. 이러한 행위는 청소를 청소로만 취급하는 고용주 밑에서는 절대로 나올 수 없다. 그 고용주에게 청소란 고귀한 행위가 아니라, 힘들고 더러운 노동에 불과하기 때문이다.[43]

> "그는 마치 미켈란젤로처럼 허리춤에 필요한 도구들을 매달고, 스프레이를 뿌리며 바닥에 딱 달라붙어버린 껌과 얼룩을 제거하고 있었다. 그는 일을 하면서도 자신의 태도에 신경을 썼고, 사람들 사이를 오가며 걸레질을 하면서 누구에게도 방해가 되지 않도록 편안하게 맡은 바 일을 성실하게 처리했다. 나는 그

의 작업을 한동안 지켜보면서 그는 자신이 어떻게 일을 해야 하는지 그 내용뿐만 아니라, 태도와 방법까지 너무나 잘 알고 있었다."

직원들이 탁월함을 발휘하려면 무엇보다 '열린' 분위기가 갖추어져야 한다. 자유롭게 사고하고, 말하고, 행위할 수 있어야 한다. 그러려면 무엇보다 사람이 우선이라고 여겨져야 한다. 즉, 기업가정신(entrepreneurship)을 잃지 않으면서 사람중심의 분위기가 넘치도록 해야 한다. 사람을 존중하는 것이 탁월함을 발휘하도록 하는 핵심요소이기 때문이다.[44]

사람중심의 요소 중 가장 첫 번째가 신뢰이다. 신뢰는 동료간, 상하간에 구축되는 것으로 신뢰의 다른 이름은 자유와 자율이다.[45] 자유가 방임으로 흐르지 못하도록 하는 게 자율이며, 자유를 억압하는 통제가 지나치게 힘을 얻지 못하도록 하는 것도 자율이다. 신뢰는 자율을 가능하게 하며 직원들이 탁월함을 발휘하도록 한다.

탁월함을 발휘하게 하는 또 다른 요인으로는 생각의 공유를 들 수 있다. 생각의 공유는 회사의 비전을 공유하는 것을 의미한다. 비전은 미래의 꿈이다. 즉 회사가 지향하는 미래모습일 뿐만 아니라, 직장생활을 통해 내가 어떻게 성장하겠다는 자화상이다. 우리나라 20대의 자살률이 높다고 한다. 88만원세대로서 미래비전을 갖지 못해 오는 현상은 아닐는지? 만약 이들이 회사에서 자신의 비전을 찾지 못했다면 회사를 옮기면 되겠지만, 사회에서 비전을 찾지 못하기 때문에 갈 곳 없는 이들이 안타까운 선택을 한 건 아닐까? 또한 비전은 사람들에게 활력을 불러일으키고 그들이 갖고 있는 기술, 재능, 자원을 활용하여 미래로 도약하게 하는 생명이다.46 과학자들이 연구실에서 며칠 밤을 새우는 것도 신제품이나 새로운 물질을 개발할 수 있다는 꿈이 있기 때문이다. 마이크로소프트의 빌 게이츠는 자기와 비슷한 비전과 생각을 가진 사람을 사원으로 선발한다. 이들 중엔 아무런 지침 없이 일주일에 60시간 이상씩 일하는 도전적인 사람들이 많기 때문이다.

비전은 기업이 지향하는 가치(Value)에도 영향을 준다. 우리 회사 비전이 '업계 1위 온라인 광고회사'라면, 우리 회사가 지향하는 가치는 도전정신이나 고객제일주의가 될 수 있다. 따라서 비전을 실현하기 위한 가치들은 그 회사의 핵심가치로 간주된다. 때로는 환경변화 등에 따라 우연히 발생하게 된 일시적 가치를 핵심가치와 혼동하는 경우가 있다. 고객제일주의가 핵심가치인데 관료적인 의사결정 시스템으로 인해 시장변화에 탄력적으로 대응하지 못한다면 신속한 의사결정이 회사의 가치로 등장할 수 있다. 하지만 이때 고객이라는 핵심가치를 망각한다면 신속한 의사결정은 고객의 가치를 높이는 의사결정이 아니라, 빠른 의사결정에만 집중할지 모른다.

탁월함을 발휘하도록 하는 원동력엔 도전정신이 있다. 히말라야 안나푸르나 남벽에서 새로운 루트 개척 도중 사망한 산악인 박영석 대장은 "세상은 도전하는 사람의 몫이다"라고 했다. 그런데 도전정신에는 실패에 대한 관대함도 포함된다. 실패 없는 도전은 없고, 도전은 실패를 통해 성공의 가능성을 축적하기 때문이다. 도전정신에 대해서는 제4장에서 자세히 설명한다.

자부심 역시 탁월함을 발휘하는 힘이다. 신뢰가 사람간의 믿음이라면, 자부심은 일과 조직에 대한 믿음이다. 회사제품에 대한 자부심, 우리 회사의 비전에 대한 자부심, 내가 맡은 일에 대한 자부심 등이 여기에 속한다. 자부심은 때로는 자존심과도 연계된다. 자존심은 원칙에 따라, 내 능력에 따라, 그리고 내가 올린 성과에 따라 공정하게 보상받고 그 이상을 원하지 않는 성향이며, 이는 자신의 일은 물론 성과에 대한 긍지에서 연유한다.

자부심은 행위에 대한 결과이기도 하다. 행위는 공동체를 구성하는 인간과의 관계에서 발생한다. 즉, 기업활동을 통한 사회공헌 등이 행위에 해당하며, 직원들은 이를 통해 우리 회사와 내가 사회에 이바지하고 있다는 자부심을 느낀다. 애플사 직원들은 제품만 만드는 게 아니라 제품을 통해 인류문화와 기술발전을 선도하고 있다는 자부심을 갖고 있다고 한다.

직장생활에서 자신의 역량을 마음껏 발휘할 수 있을 때, 그리고 역량을 발휘하여 성과를 내고 인정받을 때 가장 큰 보람을 느끼게 된다. 학연이나 지연이 아닌, 능력이 우선시된다는 것은 직원들 스스로 무엇을 해야 하는지 명확히 알고 있으며, 회사 역시 직원들을 공정하고 예측가능하게 대우한다는 것이다. 회사는 직원의 능력을 신뢰하고, 직원은 회사가 공정한 기회를 준다고 믿는다.

인생의 목적은 행복추구에 있다. 공자는 '인생이란 인간을 행복하게 하기 위해 하늘이 인간 안에 내리는 빛의 확산'이라 했으며, 중세 스토아학파는 '인생이란 인간에게 행복을 주는 이성에 따르는 활동'이라 정의했다. 이제 기업들도 효율성의 장벽을 깨고 '직원들이 맡은 바 일을 성실하게 수행하고 이를 통해 보람과 행복을 느낄 수 있는지'를 기업활동의 척도로 삼아야 할 때가 왔다.

---

1 최병헌, "보이는 자산보다 중요해진 무형자산, 훼손 리스크도 커졌다," LG Business Insight, 2012. 9. 19.

2 한나 아렌트는 "인간이란 재산을 소유함으로써 생존을 위해 필수적인 것으로부터 자유로울 수 있으며, 이때 비로소 자신만의 삶을 초월하여 모든 사람이 공통적으로 참여하는 세계에 들어갈 수 있다"고 하였다. 즉, 개인소유는 다양한 사회생활을 영위하는 데 반드시 필요한 수단인 것이다. H. Arendt, *Human Condition*, University of Chicago Press, 1958.

3 아리스토텔레스, 강상진 옮김, 『니코마코스 윤리학(Ethica Nicomachea)』, 도서출판 길, 2011, pp. 23~26.

4 버트런드 러셀(B. Russell), 이순희 옮김, 『행복의 정복(Conquest of Happiness)』, 사회평론, 2011, p. 32.

5 J.S. Mill, *Utilitarianism*, A Digireads.Com Book, pp. 80~81.

6 J.S. Adams, "Towards an Understanding of inequality," *Journal of Abnormal and Normal Social Psychology*, 1963, 67, pp. 422~436.

7 당시 많은 학자들이 이 이론을 비판하였는데, 그 근거는 직원들의 출신배경에 따라 공정성을 인식하는 주관적인 기준이 다르며, 해당연구가 경영현장이 아닌, 실험실에서 행해졌기 때문에 현장에 바로 적용할 수 없다는 것이었다. R.C. Huseman, J.D. Hatfield, and E.W. Miles, "A New Perspective on Equity Theory: The Equity Sensitivity Construct," *The Academy of Management Review*, 1987, 12:2, pp. 222~234.

8 J.S. Mill, *op. cit.*, pp. 12~17.

9 아리스토텔레스에 따르면 모든 존재자는 존재목적을 가지는데, 인간의 존재목적은 행복이며 인간의 존재목적을 잘 이룩하려면 인간에게 주어진 기능에 주목해야 한다고 하면서, 인간에게 주어진 기능이란 이성적으로 사유하는 것이며 인간이 잘 존재한다는 것은 이성적 사유기능을 탁월하게 발휘하는 것이라 하였다. 이성적 사유기능이 인간행복에 이르는 출발점이라는 점에서 아리스토텔레스와 밀은 일치한다.

10 이 당시는 유고가 각각의 독립국가로 완전하게 분리되기 전이었으며, 내전문제

로 골치를 앓던 시기였다.

11 필자는 네트워크 경제를 비적대적 모순관계로 본다. 인간과 자연의 관계가 대표적인 비적대적 모순관계에 해당한다. 자연재해는 인간에게 엄청난 타격을 주지만, 인간 역시 마음만 먹으면 자연을 파괴할 수 있다. 핵폭탄 몇 개면 지구를 날려버릴 수 있다. 하지만 자연과 인간은 적대적이지 않다. 자연은 인간에게 혜택을 주고 인간은 자연을 개발할 때 충분히 자연친화적인 방법을 쓸 수 있기 때문이다.

12 제레미 리프킨(J. Rifkin), 이원기 옮김, 『유러피언 드림(European Dream)』, 민음사, 2004, p. 241.

13 제레미 리프킨(J. Rifkin), 『공감의 시대(The Empathic Civilisation)』, 2009, 민음사, p. 675.

14 www.Interbrand.com.

15 윤언철, "윤리경영에 관한 몇 가지 오해," LG 주간경제, 2004. 9. 8.

16 버트런드 러셀(Bertrand Russell), 서상복 옮김, 『서양철학사(History of Western Philosophy)』, 을유문화사, 2009, p. 824.

17 플라톤(Plato), 이환 번역, 『국가론(The Republic)』, 돋을새김, 2006, pp. 263~265.

18 Helicopter, Analysis, Imagination, Realism, Leadership system의 약자이다.

19 F. Trompenaars and C. Hampden-Turner, *Managing People across Culture*, Capstone, 2004, pp. 49~50.

20 로리 바시(Laurie Bassi), 퓨처디자이너스 옮김, 『굿 컴퍼니(Good Company)』, 틔움, 2012, p. 47.

21 H. Trice and J. Beyer, "Studying Organisational Cultures through Rites and Ceremonies," *Academy of Management Review*, 1984, 9(4), pp. 653~669.

22 E.H. Schein, "Culture: the Missing Concept in Organisation Studies," *Administrative Science Quarterly*, 1996, pp. 229~240.

23 T. Deal and A. Kennedy, *Corporate Cultures: the Rights and Rituals of Corporate Life*, Addison-Wesley, 1982.

24 톨스톨이(Lev Tolstoy), 박병덕 옮김, 『인생론(On Life)』, 육문사, 2012, p. 41.

25 David C. McClelland, "Methods of Measuring Human Motivation," in John W. Atkinson(ed.), *The Achieving Society*, Princeton, N.J.: D. Van Nostrand, 1961, pp. 41~43.

26 F. Trompenaars and P. Woolliams, *Business across Cultures*, Capstone, 2004, pp. 101~103.

27 F. Trompenaars and P. Woolliams, *ibid.*, p. 103.

28 Towers Watson, "2010 Global Workforce Study: Supporting Exhibits from the US Research," http://www.towerswatson.com.

29 로리 바시(Laurie Bassi), 전게서, p. 51.

30 D. Gilbert, "What You Don't Know Makes You Nervous," New York Times, May 20, 2009.

31 삼성경제연구소, "무형자산과 기업경쟁력," CEO Information, 655, 2008. 5. 21.

32 한나 아렌트(H. Arendt), 이진우 옮김, 『인간의 조건(The Human Condition)』, 한길사, 1996, p. 101.

33 한나 아렌트(H. Arendt), 상게서, p. 83.

34 한나 아렌트(H. Arendt), 상게서, p. 55.

35 한나 아렌트(H. Arendt), 상게서, p. 391.

36 한나 아렌트(H. Arendt), 상게서, p. 203.

37 칼 마르크스(Karl Marx), 김수행 역, 『자본론(Das Kapital)』, 비봉출판사, 2005.

38 한나 아렌트(H. Arendt), 전게서, pp. 239~243.

39 이투데이, 2011. 9. 7. http://www.etoday.co.kr/news/section/newsview.php?TM=news&SM=0799&idxno=477458.

40 짐 콜린스(Jim Collins), 이무열 옮김, 『좋은 기업을 넘어 위대한 기업으로(Good to Great)』, 김영사, 2002, pp. 43~57.

41 한나 아렌트(H. Arendt), 전게서, p. 251.

42 J.W. Boudreau and P.M. Ramstad, *Beyond HR: The New Science of Human Capital*, Boston: Harvard Business School Publishing Corporation, 2007, p. 54.

43 J. Harrington, "MLK, Michelangelo, Street-Sweepers and You," *Photo Business News & Forum*, August 6, 2009. http://photobusinessforum.blogspot.com.

44 J. Pfeffer and J.F. Veiga, "Putting People First for Organisational Success," *Academy of Management Executive*, 1999, 13(2), pp. 37~48.

45 임성훈, "몰입과 열정의 원천, 인본주의 경영," SERI 경영노트, 삼성경제연구소, 2010. 9. 30.

46 버트 나누스(Burt Nanus), 박종백 · 이상욱 옮김, 『리더는 비전을 이렇게 만든다』, 21세기북스, 1997, p. 33; Burt Nanus, *Visionary Leadership*, Jossey-Bass Inc., 1992.

제3장

기업문화, 좋은 기업과 나쁜 기업

행복과 문화

미국의 온라인 과학전문 뉴스 사이트인 라이브 사이언스(Live Science)[1]는 유전자에서 성격에 이르기까지 인간의 행복에 영향을 미치는 여러 요소들에 대한 연구를 싣고 있다. 여기 실린 연구들에 따르면 몇몇 과학자들은 행복이란 유전자, 건강, 그리고 인간이 통제할 수 없는 여타 요소들에 의해 결정된다고 주장한다. 하지만 최근 연구들을 살펴보면 자신의 행복에 책임 있는 사람은 바로 자신으로, 사람들은 특정한 행동을 통해 행복의 수준을 높일 수 있다는 것이다. 캘리포니아대학(University of California, Riverside)의 심리학 교수인 류보미르스키(Sonja Lyubomirsky) 역시 이에 동의한다.[2]

> "행복이란 일정부분 유전적으로 결정되며, 또 우리가 처한 삶의 상황이 행복에 미치는 영향력은 생각보다 적다. 그럼에도 불구하고 우리가 행복하냐 아니냐는 변화하려는 우리의 힘과 의지에 달려 있다."

우리가 통제할 수 없는 여러 요소들이 행복에 영향을 미치는 것은 사실이지만, 그래도 우리가 행복해지는 데는 우리의 의지도 중요하다는 것이다. 그러면서 류보미르스키는 2009년 51개에 이르는 행복에 대한 연구서를 검토하고 긍정적인 사고에 바탕을 둔 몇 가지 행동들이 행복을 증가시키는 데 중요한 역할을 한다는 걸 발견한다.[3]

첫째가 감사하는 자세이다. 사람들에게 자신을 도와준 사람의 이름을 생각하고 감사편지를 쓰라고 했다. 그랬더니 감사편지를 쓴 사람들의 경우 몇 주 동안, 어떤 사람들은 무려 몇 달 동안 행복의 수준이 증가되었다. 더욱 놀라운 사실은 수신자에게 편지를 부치지 않더라도, 단지 감사의 마음을 갖고 편지를 쓴 것만으로도 행복이 증가했다는 사실이다.

둘째, 낙관적인 사고이다. 이번에는 사람들에게 자기가 이상적으로 생각하는 미래(ideal future)를 그려보라고 했다. 예를 들어 사랑하는 사람과 산다든지, 하고 싶던 일을 한다든지 말이다. 자신의 이상적인 미래를 그린 사람들은 이후 몇 주 동안 행복의 수준이 증가하였다. 죽기 전에 하고 싶은 일에 대한 리스트(bucket list)를 작성해보는 사람들이 있다. 이들은 아마 리스트를 작성하는 것만으로도 행복의 수준이 증가할 것이다.

셋째, 사람들에게 매주 그들에게 일어난 좋은 일을 세 가지씩 기록하게 했다. 그랬더니 이들이 느끼는 행복의 수준이 증가했다. 긍정적인 사실에 정신을 집중하는 것만으로도 사람들은 기쁨을 느끼게 된다.

넷째, 자신의 강점을 활용하라. 다른 연구에서는 사람들에게 자신이 지닌 강점을 정의하고 이를 새로운 방식으로 활용하도록 주문했다. 예를 들어 유머감각이 뛰어난 사람이라면 회사 미팅 때 가벼운 농담으로 분위기를 띄운다든가, 유머를 통해 기분이 우울한 친구를 미소 짓게 하도록 한 것이다. 이때에도 행복의 수준이 증가했다.

다섯째, 친절을 베풀어라. 한 연구에 따르면 다른 사람을 돕는 것이 바로 자기를 돕는 것이라고 한다. 자선단체에 일정액을 기부한다거나, 일정기간 봉사활동을 하는 사람들, 아니면 진정 도움이 필요한 사람을 돕는 이들이 느끼는 행복의 수준은 그렇지 않은 사람들에 비해 높다.

행복바이러스라는 말이 있다. 행복은 바이러스처럼 주변사람들에게 전파된다. 신체적 접촉이 병을 옮기듯이 가까운 사람끼리는 습관도 닮아간다. 로마의 철학자이자 네로 황제의 스승이었던 세네카(Lucius Annaeus Seneca)는 화와 미덕을 비교하였는데, 미덕은 서로에게 전파되면서 자기 궤도 내의 모든 것을 부드럽게 만든다는 것이다.[4] 행복도 마찬가지다. 인간이라는 존재는 자신의 눈에 보이는 대로 사물을 보며, 따라서 자신의 외부에 존재하는 생명을 정의할 때 자기 내부에 존재하는 생명을 기준으로 삼을 수밖에 없다. 여기서 자기 내부에 존재하는 생명의 기준이란 행복하게 되려는 욕구이다. 그러므로 다른 사람이나 다른 생명(개나 고양이 등을 포함)을 볼 때, 이들의 욕구도 행복하려는 데 있다고 정의한다.[5] 결국 인간의 이성은 인간 상호간의 행복을 탐구하는 일에 주력하게 되고 이를 통해 인류는 진보한다.[6]

행복이 전파되는 것처럼 화(anger)나 폭력도 전파된다. 폭력적인 아이들을 보면 부모가 폭력적인 경우가 많다. 부장에게 폭언을 들은 과장은 대리에게 폭언을 하게 되고, 대리는 신입사원에게, 그리고 하소연 할 곳 없는 신입사원은 집에 가서 부모님이나 배우자에게 화풀이를 한다.

행복의 추구가 인류의 진보를 도모한다면, 화는 인류의 파멸을 몰고 왔다. 20세기에 이르러 얼마나 많은 사람들이 분노로 인해 피해를 봤는가? 단지 피부색이 다르다는 이유로, 그리고 생각하는 방식, 종교, 믿음, 민족이 다르다는 이유로 서로간에 오해를 낳고 분노를 불러일으킨 나머지 인종청소마저 유발하지 않았던가? 터키 변방에 살고 있던 아르메니아인에 대한 터키 군대의 대학살, 중일전쟁 당시 일본군에 의해 저질러진 중국인의 난징(南京) 대학살, 나치 독일의 유대인 대학살(the Holocaust), 유고연방을 이루던 세르비아계의 코소보 학살, 그리고 아프리카 르완다 대학살에 이르기까지 20세기에만 학살을 통해 죽은 사람의 수가 6천만 명이 넘는다고 하니, 분노로 인해 대한민국 인구보다 많은 수의 사람들이 죽임을 당한 것이다. 이처럼 분노가 커지면 엄청난 재앙을 몰고 온다. 특히 권력자의 화는 전쟁 등을 통해 한 나라의 몰락을 자초하기도 한다. 행복이란 낯선 사람에게까지 도움을 주고자 하는 의지를 갖고 있는 반면, 화는 가장 가까운 사람에게도 공격을 퍼붓기 때문이다.[7]

행복이나 미덕, 분노는 주변으로 확산되면서 자기만의 분위기를 형성한다. 만약 이러한 일이 회사에서 일어난다면 어떻겠는가? 행복과 미덕이 넘치는 회사에서는 동료들간에, 구성원 상하간에 강한 신뢰로 뭉쳐있어, 회사에 어려울 일이 닥쳤을 때 엄청난 응집력을 보여줄 것이다. 반면에 분노가 지배하는 회사에서는 칭찬보다는 질책이, 신뢰보다는 서로를 고발하기 위한 투서가 난무할 것이다. 여기서 보듯이 행복이나 미덕이나 분노와 같은 감정은 구성원들의 행동양식을 결정짓는다. 다시 말해 기업의 독특한 분위기, 즉 기업문화를 형성한다. 그러면 기업문화란 무엇인가? 그리고 기업문화는 어떻게 구성되고, 왜 중요한지 살펴보도록 하자.

기업문화란 무엇인가?

기업문화의 구성

문화를 연구하는 가장 대표적인 학문이 문화인류학이다. 초기의 문화인류학은 "무엇이 사람을 인간답게 만드는가?"라는 질문에서 출발했다. 즉, 인간과 동물을 구분하려는 데서 연구가 시작되었으며, 이를 통해 모든 인간이 공통적으로 갖고 있는 특징을 발견하려 했다.[8] 영국출신의 문화인류학자 타일러(E.B. Tylor)는 아래와 같이 문화를 정의한다.[9]

> "문화란 사회구성원으로서 인간이 획득한 지식, 신조, 도덕, 관습, 습관 따위로 이루어진 복잡한 덩어리다."

문화인류학자들은 진화의 개념을 문화에까지 확대 적용했다. 문화를 통해 인간의 발전단계를 설명할 수 있다고 믿었던 것이다. 즉, 문화를 기준으로 다양한 집단과 사회를 원시적인 것에서 근대적인 것까지 일직선상에 배열했으며, 원시사회보다 근대사회가 문화적으로 진화했다고 가정했다. 그리고 이에 대한 해답을 얻기 위해 원시사회를 연구하기 시작했다. 하지만 원시사회가 지닌 문화가 근대사회의 문화보다 열등하다고 믿을 근거는 어디에도 없었다. 이후 학자들은 문화간 차이를 통해 인간의 본질을 파악하고자 특정집단을 대상으로 연구를 시작한다. 이것이 조직문화 연구의 시초이다. 허허벌판이나 깊은 산속에 사는 어느 부족이나 민족을 연구하던 문화인류학이라는 학문이 조직이라는 틀 속으로 들어오게 된 것이다.

네덜란드 출신 경영학자인 트롬페나르(Fons Trompenaars)는[10] 기업문화를 3개의 층으로 이루어진 양파에 비유한다. 양파의 가장 바깥쪽에는 조직에서 운영하는 제도와 같이 얼른 눈에 띄는 것들(explicit products)이 있다. 다른 회사 사람이나 신입사원이 갓 입사해서 먼저 접하고 느끼게 되는 회사의 모습이 여기에 해당한다. 그 안쪽에는 기업의 가치와 규범(values and norms), 비전 따위가 있다. 마지막으로 양파의 가장 안쪽에는 평소엔 잘 드러나지 않지만 기업에 면면히 흐르는 '기본적인 생각(basic and implicit assumption)'이 자리잡고 있다. 기본적 생각이란 해당조직에 속한 사람들이라면 당연하다고 믿는 부분으로, 보이지 않는 문화적 핵심이라 할 수 있다.

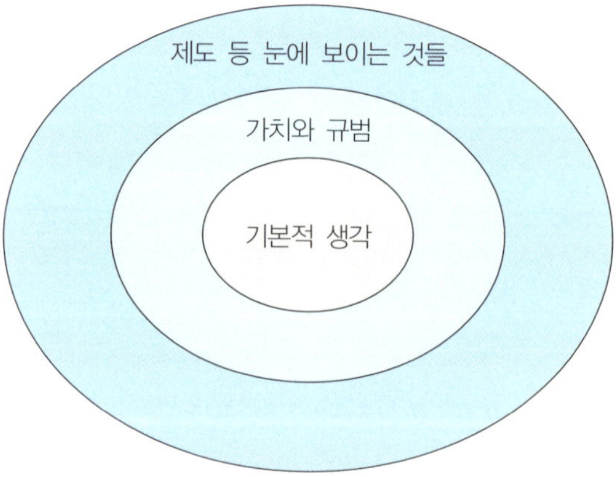

▶기업문화에 대한 트롬페나르의 생각
Source: F. Trompenaars, *Riding the Waves of Culture*, Nicholas Brealey Publishing, 1993, p. 23.

예를 들어 A라는 회사의 직원들은 승진도 잘되고 일하기 편한 부서를 마다하고, 팀워크를 이뤄 제품을 개발하고 판매하는 일에 몰린다. 이럴 경우 이 회사를 구성하고 있는 직원들의 기본적 생각은 "일이란 혼자 하는 게 아니며 함께하는 것, 그리고 일이란 직접 뛰어들어 만들고 파는 것, 그리고 회사에서 승진보다는 자신의 분야에서 최고가 되는 것"이라고 짐작할 수 있다. 그런데 이러한 기본적 생각과 여기서 파생되는 행동들은 조직을 처음 접하는 사람에겐 쉽게 드러나지 않는다. 하지만 이러한 생각들은 회사의 가치와 규범은 물론, 회사를 운영하는 제도와 시스템에 투영되어 나타난다. 양파의 가장 안쪽에 자리잡은 성질이 양파 겉껍질의 특성을 결정짓는 것이다.

이처럼 기업문화란 기업저변에 자리잡고 있는 기본적인 의식에서 비롯한다. 그런데 기본적인 생각, 즉 의식적이든 무의식적이든 구성원이 조직생활을 통해 인정하고 공유하는 가치관은 쉽게 바뀌지 않는다. 이는 기업문화를 변화시키는 일이 절대 쉬운 일이 아니란 걸 시사한다. 규범이나 제도를 바꾸어도, 처음에 원하던 대로 쉽사리 운영되지 않는 이유가 바로 여기에 있다. 연공서열의 문화가 정착된 조직에서 단기간에 성과중심의 제도를 뿌리내리기란 쉽지 않다. 층층이 의사결정단계가 많은 관료적 조직을 수평조직으로 바꿨다고 해서 당장 효과가 날 수 없다. 만약 이런 특징을 염두에 두지 않고 변화를 추진한다면 효과도 미미할뿐더러, 변화에 참여하는 직원들은 피로감을 느낄 수밖에 없다. 변화나 혁신은 성취이자, 기회이자, 회사발전을 위한 전진이라고 여겨져야 한다. 변화가 피로의 대상이자, 심지어 구조조정을 위한 전초전이라고 받아들여져서는 안 된다. 변화가 피로감만 유발한다면 직원들에게 변화란 '전반적인 전진에 뒤처져, 힘없이 체념한 채로 일종의 침체상태에 빠지게 되는 함정'[11]이 될 수밖에 없다.

기업문화 혁신, 그리고 피로감

기업마다 추구하는 목적이 있다. 그리고 이러한 목적을 달성하려면 우선 다른 기업과의 경쟁에서 살아남아야 한다. 그러려면 기업은 시장상황에 따라 변신을 거듭해야 한다. 변신 없이는 살아남기 힘들기 때문이다. 그런데 기업이 변화하려면 제도나 시스템이 변화해야 하고, 제도나 시스템이 바뀌려면 기업의 생각과 문화가 함께 바뀌어야 한다. 성과급을 도입해도 구성원의 성과를 연공에 따라 평가한다면 제도변화란 별 의미가 없지 않은가!

하지만 앞에서도 언급했듯이 이러한 생각과 문화를 바꾸기란 쉽지 않다. 그래서 혁신을 추진하는 기업들에게 흔히 나타나는 증상 중 하나가 혁신피로감이다. 직원들의 생각, 즉 기업문화의 저변을 바꾸기 위해 혁신을 추진하지만 결과는 직원들에게 피로감만 남겨주게 된다. 이 증상의 특징은 직원들이 "혁신하자!"는 말을 들을 때, "저러다 말겠지?", "CEO가 바뀌면 그만두겠지?"라는 반응을 보인다는 점이다. 왜 이런 현상이 발생하는가?

첫째, 기존의 생각과 전통을 부정하기 때문이다. 모든 제도와 시스템은 그 나름의 장점과 단점을 지니고 있다. 예를 들어 관료제는 관료제로서, 수평적 조직은 수평적 조직으로서의 장점과 단점이 있으며, 연공서열제도와 성과중심주의 역시 그 나름의 장단점이 있다. 수직적인 관료제도의 경우 책임소재가 명확한 대신 의사결정이 느리다는 단점이 있다. 수평조직은 창의적이고 틀을 깨는 생각을 자유롭게 토의할 수 있는 데 반해, 지나칠 경우 자유방임으로 흐를 우려가 있다. 연공서열제도의 경우 직원들이 자신의 미래에 대해 어느 정도 안정을 느끼면서 세월의 흐름에 따라 축적된 역량을 인정받는다는 믿음을 가질 수 있다. 하지만 지나칠 경우 직원들이 현실에 안주하려는 문제점도 갖고 있다. 성과중심주의 역시 조직과 개인의 성과를 높일 수 있는 반면, 성과가 제대로 평가되지 않을 경우 도입하지 않은 것만 못하다.

회사가 혁신을 도모할 때 직원들은 변화에 대한 긴장감을 느낀다. 만약 혁신이 기존의 문화마저 무시하고 진행된다면 이러한 현상은 더욱 심해진다. 사람은 긴장하면 심박수가 빨라진다. 게다가 내게 위기가 다가오고 있다고 느끼면 피부에 흐르는 전기량이 증가하고, 혹시라도 있을지 모르는 심장발작을 방지하기 위해 호흡수가 가파르게 늘어나면서 체내에 다량의 산소가 공급된다. 동시에 우리 몸은 긴장의 윤활작용을 위해 땀을 배출한다. 이때 사람들은 변화에 대해 일단 거부감부터 느끼기 시작한다. 이러한 과정은 긴장감을 어떻게 해소해야 할지 모르기 때문에 생기는 생리적 현상이다.

만약 회사가 추진하는 혁신으로 인해 이런 일이 발생한다면 직원들은 혁신을 받아들이려 하지 않을 것이다. 이 세상 모든 사물에는 관성이 있다. 기업 역시 마찬가지다. 따라서 방향을 갑자기 트는 것은 바람직하지 않다. 온고지신(溫故知新)이라 하지 않았던가! 옛것을 익히고 받아들이면서 새것을 도입해야 한다. 이것이

혁신을 추구할 때 명심할 기본적 사항이다.

둘째, 혁신을 처음부터 전사적으로 강력하게 추진하기 때문이다. 혁신은 우선 관련부서부터 진행하면서 학습과정을 거치는 게 바람직하다. 조직간에는 이해관계가 상충하는 경우가 많기 때문이다. 예를 들어 혁신을 추진하는 조직은 혁신의 성과를 높이기 위해 우수한 인재를 모집하려 하는데, 각 조직에서 우수한 인재를 내어줄 리 만무하다. 게다가 혁신은 어느 특정부문의 프로세스를 대상으로 한다고 해도, 여러 조직이 긴밀하게 연결될 수밖에 없다. 따라서 혁신을 제대로 추진하려면 부서나 조직 상호간의 협조가 절대적으로 필요하다. 만약 이를 무시한다면 혁신은 혼란만 초래하거나, 혁신의 성과는 보고서상에만 성공으로 기록될지 모른다.

사람들은 자신이 쌓아온 노력과 역량이 한꺼번에 부정당할 수 있다는 우려 때문에 아무리 좋은 개혁이라도 부정적일 수밖에 없다. 상황이 이럴진대 전사적으로 급격하게 혁신을 추진한다면 조직원들은 문화충격(culture shock)을 받게 된다. 문화충격이란 새로운 문화를 접할 때 받는 거부감 내지 심적 동요를 뜻하는 용어이다. 새로운 문화를 접했다고 해서 즉시 문화충격이 발생하진 않는다. 어느 정도 밀월기간(honeymoon period)이 존재하기 때문이다.

예를 들어 A라는 사람이 지금까지와는 생활방식이 전혀 다른 나라에서 직장을 얻었다고 가정해 보자. 이 경우 해당회사 직원들과 A는 서로에 대해 호기심을 갖고 상대방을 받아들이기 위해 노력한다. 문화충격은 이러한 밀월기간이 끝나고 나서 발생한다. 즉 일정기간이 지난 후 새로운 문화를 받아들일 것인지, 아니면 거부할 것인지 결정하게 된다. 클라이드 서전트(Clyde Sergeant)는 이 기간을 식초에 재어둔 양배추란 의미의 '사워크라우트(Sauerkraut)'라 불렀다. 먹어야 할지, 아니면 너무 시어서 버려야 할지 결정해야 하는 시기란 의미이다. 이 시기에 기존 직원들은 더 이상 A에게 호의를 보일 필요가 없다고 판단한다. 그러자 A 역시 이들과는 함께하기 어렵다고 결론을 내린다. 이럴 경우 A는 부적응에 따른 각종 증상을 나타낸다.[12] 매사에 짜증을 내거나, 많이 먹거나, 회사에 지각을 한다. 사태가 이렇다면 A는 당장 귀국하는 게 정답이다. 마찬가지로 혁신이 전사적으로 추진될 때, 직원들이 느끼는 긴장과 걱정은 A와 같다. 이러한 현상이 더욱 두드러지게 나타나는 경우가 두 회사 간에 합병이 이루어질 때이다. 이때에는 합병을 당하는 회사의 직원들이 보다 심한 문화충격을 받는다.

회사가 혁신을 추진할 때 직원들도 처음에는 혁신과 밀월기간을 가질 것이다. 혁신을 추진할 때 해가 된다고 주장하는 CEO는 없기 때문이다. 그러나 혁신이 자신들의 신분에 악영향을 미칠 것이라는 생각이 든다면 직원들은 기존의 방식을 고수하려 할 것이며, 노조는 저항을 시작할 것이다. 결국 혁신은 실패하고 직원들에게 남는 건 피로감뿐이다. 다음에 비슷한 혁신이 다시 추진된다 하더라도, 직원들은 이미 내공이 쌓여있어 어떻게 대처할지 잘 알고 있다.

셋째, 혁신을 제대로 추진하기 어려운 부서에서 혁신을 담당하기 때문이다. 혁신의 기본 목적은 기업문화 개선이나 제도변화

등을 통해 회사경쟁력을 갖추자는 데 있다. 따라서 혁신은 이러한 변화와 개혁을 추진할 수 있는 조직에서 직접 담당해야 한다. 혁신을 홍보실에서 담당한다고 생각해 보자. 홍보실은 자신들이 보유한 사내커뮤니케이션 수단을 활용하거나, 각종 홍보자료를 만들어 배포함으로써 개선의 취지를 조직구성원들에게 알리는 데는 적합할지 모른다. 하지만 제도변화를 통한 실질적 개선을 이루어 내기에는 한계가 있다. 해결책을 세우고 추진하기가 어렵기 때문이다. 실지로 기업에서 혁신과 관련하여 — 여기에는 기업문화 개선 등 모든 개선활동이 포함된다 — 홍보책자나 포스터 등의 홍보물을 만드는 경우를 많이 본다. 하지만 이러한 홍보물에 눈을 돌리는 직원은 별로 없다. 어찌 보면 이런 것들은 해당부서에서 "우리는 이러한 일을 하고 있다"는 걸 증명하는 것 외에는 쓸모없을지 모른다.

어느 회사든지 지금 추진하고 있는 혁신과제와 비슷하게 변화의 필요성을 역설하는 보고서는 몇 년 전에도 있었을 것이다. 내용을 들여다보면 지금의 상황과 바뀐 게 없다. 그때나 지금이나 원인은 알지만 혁신을 행동으로 옮기지 못해 생기는 현상이다. 결국 혁신이 조직의 경쟁력을 제고하는 게 아니라, 경영자원의 낭비와 직원들의 냉소주의만 초래한다. 혁신은 혁신을 주도적으로 추진할 수 있는 주요부서가 담당해야 한다.[13] 생산방식에 문제가 있으면 생산관련부서가 주도해서 생산방식을 개선해야 한다. 경쟁사가 획기적 디자인의 새로운 제품으로 시장을 잠식하고 있다면, 우리도 관련조직에서 경쟁력 있는 제품을 만들어 낼 수 있게 해야 한다. 제도가 발목을 잡고 있다면 제도를 고쳐야 한다.

직원들의 사기가 떨어졌다면 그 원인을 찾아내어 해결해야 한다. 사기가 떨어졌다고 '멍청한' 칭찬상자나 만들어 한 달에 한 번 우수사원을 선정한다 해서 사기가 올라가지 않는다.

넷째, 대상이나 직급에 따라 적용되는 혁신의 기준이 다르기 때문이다. 이러한 현상은 혁신의 목적이 왜곡되어 생기는 현상이기도 하다. 21세기는 착한 회사가 주목받는 시대이다. 회사들은 착해지기 위해 윤리경영을 선언한다. 하지만 그 실체를 들여다보면 회사를 윤리적으로 경영하기보다 윤리적이지 못한 실체를 숨기기 위한 경우도 있다.

A기업은 직원들에게 협력업체로부터 식사대접도 받지 못하게 한다. 협력업체와 골프라도 치면 징계사유가 된다. 그동안 왜곡되어 온 협력업체와의 관계를 개선하기 위한 좋은 원칙임이 분명하다. 하지만 A기업의 임원들은 낙하산으로 내려온다. 그리고 자신의 자리를 지키기 위해 정치권에 줄을 대려 노력한다. 직원들은 협력업체와의 관계개선을 위한 회사의 노력에 냉소적일 수밖에 없다.

B사는 사내 커뮤니케이션을 활성화하기 위한 혁신프로젝트를 도입한다. CEO는 상대방의 말에 항상 귀를 열어두어야 한다고 강조한다. 엘리베이터 내부 모니터에는 이런 취지의 글이 매일 뜬다. 그런데 이 회사는 임원진에 대한 루머가 심심치 않게 돈다. 그리고 회사정책에 대한 직원들의 불만도 많다. 회사는 성실한 해명 대신 루머에 현혹되는 직원에게 불이익이 있을 것이라고 공포분위기를 조성한다. 직원들은 사내 커뮤니케이션 활성화의 진정한 목적이 무엇인지 의아할 뿐이다.

C사는 매출이 정체된 상태이다. 직원들에겐 회사가 어려우니 허리띠를 졸라매야 한다면서 '비용절감 혁신프로젝트'를 도입한다. 하지만 임원들은 자신들의 연봉을 올리며 보너스 잔치를 벌인다. 직원들은 왜 비용을 절감해야 하는지, 과연 누구를 위한 비용절감인지 혼돈스럽다. 골드만 삭스는 2009년만 해도 포춘(Fortune)지가 선정한 미국에서 가장 일하기 좋은 10개 회사 중 하나였다. 그러나 정부로부터 금융사기에 대한 조사를 받으면서 이러한 명성은 거짓임이 드러났다. 2009년 많은 사람들이 직장을 잃고 경제적으로 어려움을 겪는 동안에 미국정부로부터 긴급대출을 받은 자금으로 자신들의 은행 빚을 상환하는 데 사용함으로써 배고픈 서민의 분노를 샀다. 금융위기를 초래한 잘못을 반성하고 개혁하겠다는 취지로 정부로부터 지원을 받았지만 자신들에게는 다른 원칙을 적용한 것이다. 만약 여러분의 회사가 혁신을 추진한다면 직급이나 지위에 상관없이 원칙을 동일하게 적용해야 한다. CEO라고 예외가 되어선 안 된다. 그래야 사내 의사소통도 활성화되고, 윤리경영도 정착되고, 직원들은 자발적으로 허리띠를 졸라매고 비용절감에 매진하게 된다.

기업문화, 왜 중요한가?

야구경기에서 응원하는 팀의 선수가 좋은 득점기회를 앞에 두고 삼진으로 물러나게 될 때 우리는 안타까움을 느낀다. 축구에서 응원하는 팀이 절대절명의 득점기회를 맞고도 공격수가 공을 허공으로 차버리면 허탈한 탄식마저 새어 나온다. 이는 팀과 관객

간에 감정의 공유로 인해 생기는 현상이다. 원숭이들이 상대방의 털을 골라주는 것도 서로간에 감정을 공유하기 위한 행동이다.

인간 역시 공감의 동물이다. 비록 바쁜 현대생활로 인해 원숭이들처럼 털을 골라주는 식의 행동은 하기 어려워도, 휴대전화나 스마트 폰을 통한 수다와 문자전송으로 공감의 욕구를 대체하고 있다.[14] 이러한 인간의 속성에 비춰볼 때, 회사에서 기업문화가 차지하는 비중은 결코 적지 않다. 아마 앞으로 더욱 증대될 것이다.

인류발전사를 한번 들여다보자. 미개인이나 원시인은 문명인에 비해 개인적인 자아에 대한 인식이 훨씬 미비했다. 이들은 철저하게 집단중심으로 움직였는데, 이는 비전이나 목표에 의해서라기보다 본능에 따른 것이었다. 이들 집단은 구성원 각자의 다양한 기능이나 능력을 요구할 필요도 없었고 그런 기회를 제공하지도 않았다.

개인이 자아에 대해 인식하기 시작한 것은 근대사회에 들어서면서부터이다. 사회가 복잡해지면서 욕구가 다양해지고, 욕구가 다양해지면서 이를 실현하기 위해 직업이 다양해졌다. 그 결과 사회는 이에 적합한 개인의 능력을 필요로 했다. 사회와 개인이 서로의 발전에 필요조건이 된 것이다. 복잡하고 발달한 사회란 개인간, 그리고 사회와 개인 간 상호의존도가 진보된 사회를 말한다. 진보된 사회일수록 본능이 아니라, 비전과 목표에 의해 통합되고 발전한다. 우리나라를 보더라도 소득수준이 전반적으로 낮았던 시대에 사람들은 우선 아무 데나 취직하여 기본욕구부터 충족시키려 했다. 그러다가 생활수준과 의식수준이 차츰 올라가면서 좀더 안정된 직장을 찾게 되고, 물리적 · 심리적인 면에서도 좋은 직장분위기를 가진 회사를 선호하게 되었다. 이 단계를 넘어서면 사람들은 자아실현을 직장생활의 목적으로 하게 되며, 이를 가능하게 하는 기업문화를 가진 회사를 강력히 선호한다.

최근에는 개인과 사회의 발전관계를 넘어 기업과 사회의 발전관계에 주목하기 시작하는 사람들이 늘고 있다. 굳이 선진국에 눈을 돌리지 않더라도 이러한 현상은 우리나라에서도 일어나고 있다. LG경제연구원이 6대 광역시 거주자 1,800명을 대상으로 한 '소비자 라이프스타일 조사'에 의하면 '좋은 물건도 부도덕하거나 불공정한 방식으로 판매하는 기업의 제품이라면 사지 않겠다'고 답한 비율이 50.8%에 이르렀다고 한다.[15] 물론 실제 구매행위에서는 어떤 현상이 벌어질지 모른다. 사람들은 한때, 대기업이 중소상인의 영역을 침범한다면서 '통큰 치킨'을 비판하지만, 실제 판매가 이루어질 때 기나긴 줄이 늘어서는 것과 같은 이치이다. 생각과 행동에 있어서는 모순이 존재하지만, 어쨌든 우리나라에서도 소비자들이 착한 회사에 대한 개념에 눈뜨기 시작한 것은 분명하다.

전세계적으로 이러한 소비자들은 개발도상국의 노동력을 착취하는 회사보다 이들의 노동을 정당하게 대우하는 회사의 제품을 선호한다. 환경을 오염시키는 회사보다는 다소 비싸더라도 환경을 우선시하는 회사의 제품을 선택한다. 이는 기업이 어떠한 자세와 문화를 갖고 있는가가 기업을 선택하는 데 중요한 요인이 되고 있음을 보여준다. 앞으로 사회가 보다 진보할수록 이러한 기준은 기업을 선택하는 데 있어 더욱 중요한 잣대가 되리라는 것은 자명하다. 갑질의 대명사였던 모 치킨회사의 경우 매출이 급감하지 않았던가? 물론 그 피해를 대리점주들이 보게 되어 안타까움이 있었지만 말이다.

기업문화가 중요해지는 또 다른 이유는 조직의 변화이다. 앞으로의 조직은 지금보다 점점 더 편평해질(flat) 것이다. 프리드만(Thomas Friedman)은 이러한 변화가 전통적인 경영방식을 약화시키고 있다고 말한다. 세계를 편평하게 만드는 인터넷 등 글로벌 커뮤니케이션의 결합이 경기의 규칙을 기존의 상하(top down)운동에서 수평(side to side)운동으로 바꾸고 있으며, 이러한 변화가 자연스럽게 비즈니스의 관행을 조성하고 있다. 따라서 명령과 통제는 줄어드는 대신, 상호간의 연결과 이에 따른 수평적 협력은 늘어날 것이다.[16] 요즘 젊은 층을 봐도 회사에서 높은 승진사다리를 오르는 수직운동보다, 자신의 위치에서 폭넓은 지식을 쌓아 전문가가 되는 데 높은 가치를 부여하는 사람들이 늘고 있다. 직장에서보다는 직종에서 최고가 되길 원하기 때문이다. 요즘 유튜버(Youtuber)가 선호직업이 된 것도 '직종에서의 최고가 되자'는 추세와 어느 정도 관련이 있다. 경력에 있어서도 수직운동보다 수평운동이 중요해지고 있는 것이다.

그런데 조직이 편평해질수록 통제의 폭은 늘어난다. 그러나 한 사람이 관리할 수 있는 최대인원엔 한계가 있으며, 그 한계를 넘어설 때 관리란 일방적인 감시와 감독의 형태가 될 수밖에 없다. 따라서 통제에 의한 관리보다는 기업문화에 의한 관리가 필요하게 된다. 그런데 기업문화에 의한 관리는 조직의 명확하고도 근본적인 가치관이 전제될 때에만 가능하다. 즉 직원들 스스로 판단하고 구체적인 의사결정을 내릴 수 있도록 자율과 신뢰의 문화가 저변에 깔려있어야 한다. 다시 말해 고신뢰조직이 아니고서는 어렵다. 고신뢰조직이 되려면 상사는 직원들을 신뢰하고, 직원들은 조직의 가치관, 자신에게 주어진 의무와 목표에 대해 충분히 공감하고 잘 알고 있어야 한다. 조직이 편평하고 분권화될수록 조직에서 기본적인 사고를 형성하는 기업문화는 그래서 더욱 중요해질 수밖에 없다.

기업문화가 중요한 또 다른 이유는 세대의 변화 때문이다. 주로 1982년에서 2000년 사이에 태어난 사람들을 밀레니얼(millennials) 세대라고 하는데, 이들은 행동만 다른 것이 아니라, 스스로 기성세대와 가치관도 다르다고 생각한다.[17] 이들 밀레니얼 세대는 전체적으로 자신감에 차있고(confident), 진보적이면서, 인터넷을 비롯한 통신네트워크에 연결되어 있으며(connected), 자기표현이 강하고, 변화에 긍정적(open to change)이다.[18] 밀레니얼 세대의 특징을 살펴보도록 하자.

이들 세대는 '항상' 통신네트워크에 연결(always on)되어 있다. 인터넷을 거쳐 성장해 왔고 전세계와 SNS를 통해 실시간으로 소식을 주고받는 등 첨단정보통신기술을 자유자재로 사용한다. 비록 밀레니얼 세대가 미국의 이야기이지만, 우리나라 젊은이들도 페이스북이나 트위터 등을 통해 사건과 이슈를 전세계와 공유하고 있다는 점에서는 큰 차이가 없다.

이들은 진보적이면서 변화에 긍정적이다. 이들은 게이 커플, 미혼모의 자녀양육, 다른 인종과의 결혼 등에 대해서도 개의치 않는다. 다양성을 인정하면서 관대한 가치를 보다 중요하게 여기기 때문이다. 이는 직장을 구할 때에도 중요한 요소이다. 포용과 관용의 기업문화를 선호하며, 인종과 문화적 다양성을 존중하는 기업에 강한 매력을 느낀다.[19] 환경에 대해서도 기존 세대보다 높은 관심을 갖고 있다. 지구는 앞으로 자신들이 살아갈 삶의 터전이기 때문이다. 이러한 추세는 좋은 기업이 되려면, 그래서 우수한 미래의 인재들을 확보하려면 기업문화가 얼마나 중요한지 시사한다.

좋은 기업과 나쁜 기업

포춘(Fortune)지에서는 매년 글로벌 500대 기업을 선정한다. 포춘지 말고도 여러 단체나 기관, 전문지 등에서 다양한 기준에 따라 좋은 기업을 선정하고 있다. 이와는 달리 퍼블릭 아이 어워드(Public Eye Award, www.publiceye.ch)에서는 세계에서 가장 나쁜 기업을 선정하는데, 여기에 우리나라 기업이 올라 화제가 된 적도 있다.

우리나라만 해도 여러 단체에서 좋은 기업을 선정한다. 하지만 실제로 해당기업에서 일하는 직원들은 "우리가 정말 그런 기업이었어?" 하고 느끼는 경우가 적지 않다. 단지 설문을 통해, 그리고 기업이 만든 회사 자료를 통해 대상을 선정하다 보니 생기는 현상이다. 반대로 나쁜 기업으로 선정된 회사들을 보면 진짜로 나쁜 기업이 많다. 나쁜 건 제대로 선정되는데, 좋은 기업은 정확하게 선정하기가 어려운 것 같다. 도대체 어떤 기업이 좋은 기업이길래 이런 것인가?

좋은 기업의 기준은 매우 다양하다. 예를 들어 지배구조측면에서 보면 주식이 집중되지 않고 잘 분산되어 있어야 한다. 직장생활의 질이라는 관점에서 보면 직원들이 직장에서 안정감을 느끼고 자기 일에 매진할 수 있으며, 직장에서의 삶과 가정에서의 삶이 조화(QWL, quality of work life)를 이루어야 한다.

하지만 좋은 기업의 개념은 이러한 미시적 관점에만 한정되지 않는다. 선진국 소비자들은 지구환경을 보존하기 위해 노력하는 기업, 불필요하게 동물실험을 하지 않는 기업, 지역사회에 투자하는 기업 등 좋은 기업의 개념을 인간사회로 확장하고 있다. 기업이 시민사회, 지역사회와 함께 공생, 발전하기를 원하기 때문이다.

대표적인 공생의 예가 핀란드의 노키아(Nokia)이다. 핀란드에서는 한때, 노키아를 생각하지 않는 경제정책이란 머리에 떠올릴 수 없었다. 핀란드 경제에서 노키아가 차지하는 역할이 무시하지 못할 수준이었기 때문이다. 하지만 우리나라에서 대기업 위주의 경제정책을 수립한다면 국민들의 비판에 직면한다. 대기업이 중소기업의 영역까지 무차별 침공하는 등 지역사회와 함께한다는 모습을 보여주지 못하기 때문이다. 지금도!

그런데 노키아는 스마트폰 시장의 성장을 제대로 평가하지 못해 글로벌시장에서 위상이 흔들리면서 핀란드 경제 전반에 여파를 미쳤다. 가장 먼저 핀란드 국민과 모바일 관련 중소기업들이 피해를 보기 시작했다. 노키아 휴대전화 제조공장이 있는 살로(Salo)시는 인구절반이 노키아에서 일한다는 말이 있을 정도인

데, 살로공장은 지난 2009년 글로벌 휴대전화 수요가 감소하면서 인력을 감축했다. 이는 장기적으로 복지혜택에도 부정적인 영향을 미칠 수밖에 없다. 노키아의 성장과 위축 사례를 보면 기업과 지역사회는 상호 도움을 주면서 발전해야 한다. 다행히 핀란드는 탄탄한 교육시스템 덕에 산업변화에 적합한 인재들을 양성하고 그 충격을 최소화했다. 우리가 잘 아는 앵그리 버드(Angry Bird) 등 적지 않은 모바일게임이 핀란드산(産)이다.

우리는 지금까지 좋은 기업에 대해 살펴봤다. 그리고 21세기에는 좋은 기업의 개념이 단순히 기업의 울타리에 한정되는 것이 아니라, 지역사회, 보다 넓게는 지구촌으로 확대되고 있는 걸 이야기했다. 그러면 좋은 기업이 지닌 특징은 무엇인가? 그 요소들을 알아보도록 하자.

좋은 기업에는 있고 나쁜 기업에는 없는 것

상호주의 – 착취가 아닌 경작의 공유문화

그리스 철학자 헤라클레이토스(Heraclitus)는 헤겔의 변증법적 사고에 영향을 미친 대립물 이론으로 유명하다. "배고픔이 있어 배부름을 느낀다", "낮과 밤은 하나다", "차가운 것은 따뜻해지고 따뜻한 것은 차가워진다"고 이야기하면서 대립물들은 서로 비교되는 한에서 존재하고, 교대를 통해 상대방의 모습으로 변화하는데, 본질적으로 이들 대립물은 보이지 않는 조화를 통해 하나의

전체를 이룬다는 것이다.[20]

그의 이론을 기업에 적용해 보자. 기업에는 근로자가 있어 고용주가 있다. 일과 휴식은 하나다. 판매자는 소비자가 되고 소비자는 판매자가 된다. 다시 말해 고용주는 근로자 없이 존재할 수 없으며, 일에는 반드시 휴식이 뒤따라야 하고, 소비자 없는 판매자란 상상할 수 없다. 그리고 이들은 교대를 통해 상대방의 모습으로 변화한다. 근로자도 언젠가는 한 회사의 사장이 될 것이며, 우리 회사 판매왕 김부장은 슈퍼마켓에 가면 소비자가 된다. 결국 이들은 각자 별개가 아니라 하나의 전체를 이룬다. 근로자와 고용주는 함께 기업을 이끌어 가는 두 개의 바퀴이며, 일과 휴식 모두는 근로자의 정당한 근로행위이다.

로리 바시(Laurie Bassi)에[21] 의하면 상호주의란 착취의 구조에서 벗어나 서로간의 작용을 통해 참여자들의 이익을 추구하는 '경작구조'로 변화하는 것을 말한다. 우리 조상들에겐 농번기 때 돌아가면서 농사일을 도와주는 두레라는 것이 있었다. 조상들에게 농사란 근본적으로 내가 남보다 수확량을 많이 내야 하는 제로섬 게임이 아니라, 모두가 힘을 합쳐 전체생산을 높이기 위한 협력의 작업이었다. 서비스 가입은 인터넷으로 쉽게 할 수 있는데 반해, 해지할 땐 반드시 서비스센터를 찾아가야 한다면 이는 상호주의에 어긋난다. 대기업이 경영효율화를 통해 얻은 이익으로 보너스 잔치를 펼치는데, 실은 납품업체 단가를 인하해서 얻은 것이라면 이 또한 상호주의에 어긋난다.

상호주의는 서로가 함께 존재하면서 조화를 통해 전체를 이루는 것이다. 그러기 위해서는 공평한 교환과 공평한 공유가 전제되어야 한다. 여기에는 수익의 공유는 물론, 두레와 같은 노동의 공유, 판매자와 소비자 간에 편리함의 공유도 포함된다.

좋은 회사에는 상호주의가 넘쳐난다. 회사가 어려울 때 노조가 나서서 회사를 살리는 예는 평소에 노사간 공유를 통해 얻은 상호주의의 결과이다. 1998년 유한킴벌리는 기존의 4조 3교대 대신 4조 2교대를 도입하면서 직원들이 자기개발에 보다 많은 시간을 투자할 수 있도록 했다. 일과 교육은 하나이며, 고용주와 근로자가 서로에 대한 믿음으로 하나의 전체가 된 상호주의가 만들어낸 시스템이라 할 수 있다.

상호주의를 통해 우리는 1+1=2 이상의 효과를 얻을 수 있다. 그리고 이러한 효과에는 단지 생산성뿐만 아니라, 믿음, 사기(morale) 등 화폐가치로 환산할 수 없는 무형의 자산들도 포함된다.

균형 – 다양한 가치들의 조화수단

헤라클레이토스 이전의 그리스 철학자 중 한 사람인 아낙시만드로스(Anaximander) 역시 대립물에 대한 생각을 피력한다. 건조함, 습함, 차가움, 따뜻함과 같은 대립물들은 지속적 투쟁을 하면서 한쪽의 힘이 다른 쪽을 지배하게 되는데, 이때 둘 중 강력한 힘이 속성을 드러낸다는 것이다. 예를 들어 차가움이 따뜻함을 지배하면 차가움이 나타난다. 하지만 어느 한쪽이 다른 한쪽을 지배하면 반드시 오만(hubris)이 생기며, 따라서 지배하는 쪽은 필히 죄를 지을 수밖에 없다.[22]

그의 말을 되새겨 보면 균형상태가 최적의 상태이다. 기업도 마찬가지이다. 기업에는 직원, 고객, 투자자 등 다양한 이해관계자(stakeholders)가 존재한다. 이해관계자들의 생각은 이들의 얼굴 생김새만큼이나 다양하다. 그래서 이들의 이해관계를 잘 조정하려면 기업활동에 있어 균형감각이 반드시 필요하다. 예를 들어 단기적인 이익과 장기적 목표 간에 균형을 잃지 말아야 한다. "매출이냐 이익이냐?"의 문제에 직면할 때에도 적절한 균형점을 찾아야 한다. 직장생활의 질을 높이기 위해 일과 휴식 사이에 균형도 이루어야 한다. 기업의 목적은 이윤추구이다. 이윤은 기업이 시장에서 존속하기 위한 필요조건이다. 하지만 이윤추구가 기업의 유일한 목적은 아니다.

화장품으로 유명한 A사가 있다. 이 회사는 응집력 있고 가족적인 문화가 특징이다. 이 회사는 1980년 이후, 이윤확대를 위해 대기업 스타일의 문어발 경영방식을 도입했다.

> "기존 화장품에 증권, 생명 등 빠르게 다각화를 시도했다. 하지만 수익을 내기 위해 만들어진 이들 회사와 강한 가족적 응집력을 가진 기존 회사는 달라도 너무 달랐다. 응집력이 강한 기존의 모기업이 여러 회사를 거느리다 보니 당연히 관리를 위해서라도 응집력은 전체주의 체제로 변질되었다. 결국 총파업이 발생했다. 회사는 우리가 진정으로 해야 할 일이 무엇인지 찾는 작업을 시작했고, '아름다움'이 최선의 가치라는 걸 찾아냈다. 1990년 이후 주력사업인 화장품을 제외하고 구조조정을 단행했으며, 이후 회사는 더욱 결속된 힘으로 부활할 수 있었다."[23]

이윤이라는 목표도 다른 가치들이 균형을 이루고 조화될 때 그 힘을 발휘한다. 조직 내 의사소통을 원활히 하기 위해 그동안 운영되어 오던 직급체계를 무시하고 조직을 수평화시키면, 원활한 의사소통은 고사하고 조직의 질서가 무너질 수 있다. 수직적인 직급체계는 악(惡)이 아니며, 조직이 수평적이라고 선(善)이 아니다. 지나치게 수직적인 옥상옥(屋上屋) 직급체계가 문제이며, 자유방임수준의 지나친 수평적 조직이 문제이다.

조직은 거친 바다를 항해하는 배와 같다. 뒤에서는 태풍이 불고, 옆에서는 삼각파도가 밀려올 때, 선장과 선원들은 배의 균형을 유지하고 안전하게 항구까지 귀항해야 한다. 다양한 이해관계자의 이해관계를 조정해서 최고의 시너지효과를 내는 데 균형감각만큼 중요한 것은 없다.

연결성 – 소통을 통한 사회적 관계의 실현

노키아 번성기 때, 이 회사 홈페이지에 들어가면 '세계적인 변화 지향 회사(Global Change Company)'라는 표현이 눈에 들었다. 당시 이 회사 슬로건은 '사람을 연결합니다(Connecting People)'였다. 통신단말기를 만드는 회사다운 표현이다. 코닥(Kodak)이 한창 잘 나갈 때 슬로건은 '소중한 순간을 함께합니다(Share the moment)'였다. 이 역시 사진을 통해 과거의 추억과 현재, 그리고 사람과 사람을 연결한다는 느낌을 주는 훌륭한 표현이었다. 통신회사가 추구하는 방향은 '고객들이 항상 연결된 상태가 되도록 하자(Always On)'이다. 이는 고객들이 다른 회사로 옮겨가지 못하도록 붙들어 두는(lock in) 효과가 있을 뿐만 아니라, 굳이 단말기를 껐다 켜지 않아도 언제든지 통화하거나 문자를 보낼 수 있어 통화가 연결되지 않을 확률을 떨어뜨려 매출을 높일 수 있기 때문이다.

인간은 사회적 동물이다. 누군가와 연결되어야 하며, 자신의 존재감이 인식되지 못하면 불안해진다. 아이들이 뛰어놀던 골목이 사라지고 대부분의 거주지가 아파트화하면서 이웃간의 관계가 없어지자, 사람들은 다른 곳에서 연결의 욕구를 찾고 있다. 스마트폰이 대표적인 예이다. 24시간 편의점도 이러한 인간의 연결되고 싶은 욕구를 파고든 사례이다. 그래서 언제든지 내가 필요할 때 이용할 수 있는 편의점은 가격이 다소 비싸더라도 불평의 대상이 되지 않는다.

인간의 존재는 타인의 존재를 전제로 한다. 인간은 독자적으로 생활할 수 없다. 직장도 마찬가지이다. 직장에서 연결의 욕구는 바로 커뮤니케이션을 통해 실현된다. 이는 단순히 회사의 정책이나 연말에 승진결과를 알려주는 데서 그치지 않는다. 서로간의 마음과 진심을 전달할 수 있는 차원으로 승화되어야 한다. 오래전 같이 일하고 싶은 상사의 유형과 관련하여 인터뷰를 한 적이 있다. 막 회사를 입사한 직원의 이야기이다.

> "우리 지점장님은 아침에 일찍 출근하면 직원들 자리를 돌아다니면서 간단한 대화를 나눈다. 그리고 현장에서 일하는 직원들을 위해 먹을 걸 사 들고 직접 찾아가서 애로사항을 듣는다. 비록 문제가 해결되지 않아도 들어주는 것만으로 직원들은 큰 위

로를 받는다. 어느 날 회식 때 지점장님이 내게로 왔다. 나는 입사한 지 얼마 되지 않아 조금 긴장했다. 지점장님이 내 어깨에 손을 얹고 애로사항이 뭔지, 앞으로 가장하고 싶은 건 뭐냐고 물었다. 나는 야간대학에 합격을 했는데, 야간근무와 수업시간이 겹쳐 수업에 자주 빠지게 된다고 말했다. 다음날 지점장님은 근무시간을 조정해 주셨다."

위 사례를 보면 소통, 즉 커뮤니케이션이란 말만 잘해서 되는 것은 아니다. 진심과 공감의 자세가 필요하다. 꼭 문제를 발굴하고 해결하기 위해서가 아니라, 직원들의 애로사항이 무엇인지 듣기만 했는데도 직원들과 공감대를 형성할 수 있다. 직원들은 자신의 미래에 대해 조언하고 고민해 주는 상사를 좋아한다고 한다. 지점장은 갓 입사한 신입사원의 미래를 위해 근무시간을 조정해 주었으며, 직원은 지점장의 배려에 마음 깊은 곳에서 감사를 느꼈다.

외국계 보험회사에서 생활설계사로 근무하던 친구가 있었다. 매년 최고 실적을 올려 부부동반으로 수차례 해외여행을 다녀오기도 했다. 이 친구가 한 번은 지인의 소개로 중요한 고객을 만나러 가게 되었다. 만나자마자 고객은 자신의 얘기를 쉬지 않고 했다. 친구는 그저 마주 앉아 고객 얘기를 주의 깊게 들으면서 가끔 맞장구만 쳤다. 그런데 나중에 지인을 통해 들은 얘기는 "그 친구 정말 얘기를 잘한다"는 칭찬이었다. 상대방은 친구가 자신의 얘기를 성의껏 들어주니 친구가 말을 잘한다고 느꼈던 것이다. 물론 친구는 거액의 보험계약을 따낼 수 있었다.

기원전 6세기 그리스 철학자 크세노파네스(Xenophanes)는 올바른 것이란 함께 사는 너를 지속적이고 이타적으로 돌보는 것이라 하였다.[24] 이를 위해서는 서로간의 소통이 전제된다. 하지만 현대사회는 '나'라는 폐쇄성에 지배되고 있다. 어린이들도 마당과 골목에서 서로간의 소통을 통한 놀이보다는 방에 혼자 틀어박혀 컴퓨터 게임에 빠져든다. 이러한 폐쇄성은 상호간의 몰이해를 낳고 국가간의 전쟁, 다른 인종에 대한 차별 등 공동체를 무시한 행위를 불러일으킨다.

소비자들도 자신들의 생활과 관련된 기업과 더 나은 방법으로 연결되기를 바란다. 그래서 블로그를 통해, SNS를 통해, 유튜브를 통해 기업제품에 대한 정보도 나누고 때로는 쓴 소리도 마다하지 않는다. 고객들은 기업이 자신들의 이야기를 진심을 갖고 들어주는 것만으로도 만족한다. 그래서 좋은 기업들은 보험회사를 다니던 내 친구처럼 고객들의 얘기를 진지하게 경청한다.

하지만 나쁜 회사는 고객들에게 자신의 입장을 설명하려고만 한다. 때로는 드러내어 개선해야 할 사항마저 숨기고 없었던 일처럼 꾸민다. 나는 자동차 기술의 대명사인 독일의 A자동차회사가 기술만큼 고객소통도 훌륭한 줄 알았다. 그러나 우리나라에서 리콜(recall)을 외면하는 걸 보고 크게 실망했다.

사기 – 조직의 힘을 하나로 모을 수 있는 원동력

영국의 보수일간지인 타임스(Times)지의 일요일판 '선데이 타임스(Sunday Times)'가 선정한 2002년 일하기 좋은 100대 영국기업에 미국 월마트(Wal-Mart)의 자회사인 아스다(Asda)가 1위로 선정되었다. 아스다는 영국의 대표적인 유통업체 테스코(Tesco)와 경쟁하는 회사이다.[25] 눈에 띄는 점은 아스다 직원의 초임급여가 전체 2위로 선정된 마이크로소프트(MS) 영국법인의 20%에 불과했다는 사실이다. 직원들이 일하기 좋다고 생각하는 직장은 결코 임금수준으로만 결정되지 않는다. 일에 대한 재미는 물론 자부심 등 직원들의 사기가 충만한 기업이 일하기 좋은 회사이다.

직원들의 사기(morale)를 얘기할 때 단골로 등장하는 회사가 사우스웨스트 에어라인(Southwest Airlines)이다. SA는 직원들이 자기 아이디어대로 창의적으로 일할 수 있도록 분위기를 조성하는 걸로 유명하다. 예를 들어 기내에서 승객의 생일을 축하하기 위한 깜짝 쇼도 직원들의 톡톡 튀는 아이디어에서 나온다.

오래전 TV에서 SA의 문화를 여실히 보여주는 프로그램을 본 적이 있다. 스튜어디스가 기내 식사를 나르는 도중, 일손이 부족하다면서 손님에게 도움을 요청한다. 스튜어디스는 손님과 함께 기내식을 승객들에게 나눠주면서 도와주는 손님을 대상으로 재미있는 농담도 한다. 승객들도 박장대소하면서 즐거워하는 모습이 역력하다. 이 프로그램을 보면서 SA를 한번쯤 이용해 보고 싶다는 생각이 절로 들었다.

SA에도 직급에 따른 위계질서와 계층은 존재한다. 하지만 이는 어느 조직에나 있는 명령체계에 불과하다. 각자가 맡은 직무 간에는 귀천이나 차별이 아예 없다고 봐도 무방하다. 이보다 건강한 직업윤리가 있을 수 있겠는가! 기장은 물론, 스튜어디스, 객실청소부, 정비사들은 모두 SA의 소중한 인력들이다. 이들은 각자 자신의 직무에 대해 최고의 자부심으로 뭉쳐있다. 이처럼 드높은 사기는 다른 어느 항공사보다 SA의 항공기들이 정시에 출발하는 것을 가능케 하고 있다.

직원들의 사기는 어디서 나오는가? 서로 존중하는 조직분위기에서 나온다. 앞의 예에서 보여준 신입사원에 대한 지점장의 배려는 직원들 개개인에 대해 존중하는 마음에서 나온 것이라 할 수 있다. 손자병법은 조직의 경쟁력을 높이는 방안으로 오사칠계(五事七計)를 제시한다. 이 중 첫 번째가 도(道)인데 '도'란 군주와 백성의 뜻이 하나됨을 의미한다. 회사로 치면 CEO와 임원, 그리고 직원들이 하나의 비전과 가치를 갖는 것이다. 모두가 하나가 되는 회사의 직원들은 사기가 충만하다. 회사와 일에 대한 자부심으로 뭉쳐있다.

높은 사기의 반대편에는 냉소주의가 자리한다. 조직냉소주의(organisational cynicism)란 직원들이 사기저하, 소외감, 무기력감을 느끼는 상황을 말한다. "너나 해라. 나는 월급받은 만큼만 일한다." "아무리 개선사항을 얘기하면 뭘 하는데? 듣지도 않는데." 냉소주의가 심해지면 직원들의 행동은 이처럼 부정적으로 표출된다.[26] 게다가 무슨 일을 하려고 해도 직원들은 몸만 움직일 뿐, 생각은 딴 데 가있다. 직원들의 사기가 행동에 미치는 영향을 알아보기 위해 A사의 젊은 직원을 인터뷰한 적이 있다.

"현장직원들은 회사가 무슨 말을 해도 믿지 않는다. 특히 젊은 직원들은 고객과 마케팅기법에 대해 배우고 싶어도 그런 여건이 조성되어 있지 않다. 도대체 이 회사에는 마케팅이라는 게 있는지 모르겠다. 힘들게 일하면서 전문성을 쌓지 못할 거면 왜 여기서 일하겠는가? 나는 커피에 관심이 많다. 그래서 지금 바리스타 학원에 다니고 있다. 일을 통해서가 아니라, 따로 경력개발을 해야 하는 내 자신이 슬프다. 모든 젊은 직원들이 나와 같은 생각일 것이다."

자원의 포트폴리오가 잘 갖추어진 회사는 하나를 투입해서 다섯을 만들어 낼 수 있다. 하지만 직원들의 사기마저 높다면 하나를 투입해서 열을 만들어 낸다. 긍정적 마인드로 무장한 직원들은 못해낼 게 없다. 회사는 직원들이 자신의 업무에 대해 자부심을 갖고 최선을 다하도록 이들의 사기를 높여야 한다.

겸허한 리더
– 중용과 절제의 미덕, 그리고 프로의식을 갖춘 사람

로마의 정치가이자 웅변가인 키케로(Marcus Tullius Cicero)는 인간의 본성이 동물보다 우월한 것은 말과 행동에 질서가 있고, 예의 바른 신사의 태도와 함께 중용과 절제의 미덕이 있기 때문이라면서, 이를 디코럼(decorum)이라 불렀다. 영어적 의미로도 'decorum'은 사회생활에 적합한 예의 바르고 겸손한 태도를 지칭한다.[27]

짐 콜린스(Jim Collins)의 베스트셀러인 『좋은 기업을 넘어 위대한 기업으로(Good to Great)』라는 책에는 리더의 미덕에 대한 이야기가 나온다. 회사의 도약을 이룩한 리더들 중에 자신의 이야기를 삼가는 겸손한 사람들이 많다는 것이다.[28] 그러면서 크라이슬러(Chrysler)사의 아이아코카(Lee Iacocca)를 사례로 든다. 아이아코카는 CEO로 재직하는 도중에 자신의 유명세를 위한 언론플레이에 능했고, 그의 자서전을 보면 자화자찬하는 모습이 너무 드러난다면서, 결국 크라이슬러는 아이아코카가 떠난 이후 벤츠에 넘어갔다는 것이다.

짐 콜린스에 따르면 단계 4의 리더들은 저항할 수 없는 분명한 비전에 대한 책임의식을 촉구하고 그것을 정력적으로 추구하면서 높은 성취기준을 자극하는 반면, 단계 5의 리더들은 여기서 한발 더 나아가 개인적인 겸양과 직업적 의지를 역설적으로 융합하여 지속적인 큰 성과를 일구어 낸다. 즉 이들의 특징은 의지가 굳으면서도 무척 겸손하다는 것이다.[29] 이는 키케로가 이야기한 디코럼의 자세와도 일치한다.

물론 리더의 성격만으로 기업이 성공의 위치에 올랐다고 이야기하는 것은 옳지 않다. 이는 마치 "신의 은총으로 여러분들이 하는 일이 다 잘될 겁니다"라고 말하는 운명론적인 위험성을 내포하고 있다. 하지만 훌륭한 조직에는 훌륭한 리더가 있으며, 훌륭한 리더는 훌륭한 직원들을 거느리고 조직을 잘 이끌어 간다는 데 이의를 달 사람은 없다.

겸허한 사람은 자기 자신에게 엄격하다. 하지만 리더들 중엔 직원들에게 적용하는 기준과 자기 자신에게 적용하는 기준이 다른 사람이 있다. 직원들에겐 엄격한 도덕적 원칙을 적용하면서도, 자기가 행하는 비윤리적인 일은 경영활동의 일부라고 생각한다.

또 겸허한 리더는 스스로를 억누를 줄 안다. 억누른다는 것은 자랑하고 싶은 공명심을 억제하는 것은 물론, 화를 내고 싶을 때 이를 잘 다스릴 줄 안다는 걸 의미한다. 이들은 자신의 성과를 다른 사람의 업적으로 돌리며 자신은 단지 힘을 보탠 것에 불과하다든가 운이 좋았을 뿐이라고 말한다.

로마시대 네로 황제의 스승으로 금욕을 원칙으로 삼은 스토아 학파의 한 사람인 세네카는 자신의 저서 『화(De ira, On anger)』에서 부유한 자나 유명인물처럼 사람들은 누리는 행운이 늘어갈수록 화도 커진다고 했다. 이는 권력을 지닌 사람 옆에는 "당신의 명성이라면 응당 누려야 할 것들인데, 누가 당신 뒤에서 험담을 하고 다닌다"는 식으로 이들의 왜곡된 우월감을 부추기는 사람들이 꼭 있기 때문이다.[30]

많은 사람들이 자신의 권력이 커질수록 겸허함을 잊고 조그만 실수에도 화를 억누르지 못하는 경우가 많다. 그런데 겸손한 리더들은 화가 날 때 먼 산을 바라본다든가, 시간의 여유를 두고 스스로 진정되었을 때를 기다려 대화를 통해 일을 풀어간다. 내가 함께 일했던 상사 중에 직원들에게 한 번도 화를 내지 않은 겸손한 이가 있었다. 그렇다고 그가 추진력이 없거나 무능했던 것은 아니다. 이 상사는 비록 화가 나더라도 직원들의 이야기를 끝까지 듣는다. 그리고 자신의 차례가 되었을 때 화이트 보드에 자기 생각을 설명하면서 직원들을 끝까지 이해시키려 노력한다. 내 기억으론 웃음을 잃지 않으면서 직원들과 대화를 이끌어 나가는 데 무척 탁월했으며, 그에 견줄 만큼의 훌륭한 인내심을 지녔었다.

소크라테스는 영예에 이르는 가장 가까운 길은 자기 자신이 남에게 어떻게 보여지길 원하는지 스스로 알아내어 그리 되도록 노력하는 것이라 하였다. 당신이 한 조직의 리더라면 신입사원

시절로 돌아가라. 그래서 그 당시 아무것도 몰라 우왕좌왕하며 이것저것 배우려던 때를 떠올려 봐라. 그때 당신의 마음이 얼마나 순수하고 겸손했으며, 누군가 당신이 모르는 것을 친절하게 가르쳐 줄 때 그에게서 얼마나 큰 고마움을 느꼈는지를!

투명성 – 동반자관계에 근거한 정보와 도덕성의 공유

좋은 기업은 일처리가 투명하다. 투명하다는 것은 예측가능하다는 것을 의미한다. 직원들은 회사가 어떻게 돌아가는지 잘 알고 있으며, 따라서 예상치 못한 갑작스러운 변화로 우왕좌왕하면서 에너지를 낭비할 필요가 없다. 회사가 어렵다는 이유로 구조조정을 시도하려 할 때, 노조는 "회사가 이익을 냈는데 무슨 구조조정이냐?"면서 파업을 불사하는 경우를 종종 본다. 회사가 숨기는 게 많아, 노사간에 불신이 싹튼 결과이다.

미국계 컨설팅 회사 부즈알렌해밀턴(Booz Allen Hamilton)은 1990년대 후반, 회사가 발전하기 위한 방안의 하나로 NPP(New People Partnership)를 주장했다. 우리나라 말로 하면 '새로운 동반자관계'쯤으로 해석할 수 있겠다.[31] 동반자란 평등한 입장에서 함께 가는 관계를 말한다. 즉 NPP란 호혜평등의 원칙에서 노사가 알 건 알면서, 서로간에 현실적인 요구조건을 충족하자는 것이라 볼 수 있다.

부즈알렌해밀턴은 NPP를 제대로 실현한 기업 중 하나로 인텔(Intel)을 든다. 인텔은 1985년 반도체 D램 생산을 중단하면서 8개 공장에서 30% 인력을 감축하게 된다. 이후 구조조정의 부작용을 너무나 잘 알게 된 인텔 경영진은 직원들 스스로 경력을 갖춰나갈 수 있는 프로그램 제공과 함께 회사의 투명성을 제고하기 위한 방안을 마련한다. 인텔 직원이라면 누구나 재무제표를 포함한 회사경영에 관련된 최신 정보를 얻을 수 있도록 한 것이다.

인텔은 여기서 그치지 않았다. 재무상태에 대한 설명을 비디오로 촬영해서 직원들이 흥미를 갖고 쉽게 이해할 수 있도록 했으며, 재무상태에 대해 CEO와 임직원들이 허심탄회하게 토론하도록 했다. 인텔 직원은 누구나 회사의 이익이 얼마인지, 그리고 현재 회사가 얼마나 곤란한 상황에 처해 있는지 속속들이 알게 되었다.

그렇다고 인텔은 회사가 어렵다고 직원들은 곧바로 해고하지 않았다. 정보를 알려주고 해고한다면, 이는 투명경영이 해고수단으로 악용될 수 있기 때문이다. 인텔은 즉각적인 해고 대신 경력개발 프로그램에 따라 직원들이 재배치 교육을 받도록 했다. 이때에도 직원들의 의견이 최우선으로 반영되었다. 이러한 인텔의 투명경영은 당시 인텔이 반도체 부분에서 최고의 경쟁력을 유지하는 데 적지 않은 역할을 했음이 분명하다.

1982년에 발생한 존슨앤존슨(Johnson & Johnson)의 타이레놀 독극물사건을 해결하는 과정은 투명경영의 대표적 사례이다.[32] 이 사건은 시카고 근교에서 타이레놀을 복용한 7명이 사망하면서 시작된다. 타이레놀은 뛰어난 약효를 지닌 제품으로, 사건이 터지자 사회적 파급효과는 대단했다. 무려 미국인의 70% 이상이 이 사건을 알고 있을 정도였으니 말이다.

사태가 발생하자 회사는 적극적으로 대처한다. 자사의 제조

과정을 공개했으며, 시장에 출시된 모든 제품을 수거했다. 여기에는 2억 4,000만 달러의 추가비용이 들었는데, 타이레놀의 검사, 처리, 회수에만 10억 달러 이상이 들었다는 말도 있다.

이후 소매과정에서 누군가가 청산가리를 투입했다는 게 밝혀지자, 존슨앤존슨은 책임에서 벗어났지만, 회사는 미디어와의 협조를 통해 소비자들에게 '약을 회수하고 절대 복용하지 않도록' 지속적인 홍보활동을 전개한다. 게다가 범인의 검거에 10만 달러의 현상금도 걸었다. 결국 범인은 검거되고 사건은 일단락되었으나, 존슨앤존슨은 사건초기에 구성했던 위기관리위원회를 존속시키면서 캡슐의 3중 봉합이 가능케 하는 등 신뢰회복 노력을 그치지 않는다. 결국 소비자들은 존슨앤존슨의 이러한 투명한 노력에 많은 점수를 주게 되고, 회사는 신뢰를 유지할 수 있었다.

두 회사에서 보여준 노력은 기업내부에 축적된 투명경영에 대한 신념 없이는 불가능하다. 존슨앤존슨 역시 1943년 '우리의 신조(Credo Values)'를 제정하고 기업의 책임을 강조해왔다.

이에 비해 21세기 우리의 현실은 어떠한가? 최근 자동차 작동의 디지털화로 인한 급발진이 문제가 되고 있다. 하지만 이와 관련해서 제대로 된 제조회사의 설명이나, 이를 해결하기 위한 노력은 잘 보이지 않는다. 가습기에 사용된 살균제로 인해 피해를 받은 사람들이 생겼는데도 속 시원한 사과나 보상보다는 오랜 세월에 걸친 지루한 법정투쟁으로 기업에 대한 신뢰는 회복불가능의 나락으로 떨어졌다. 내가 과일농장을 운영하고 있다고 가정해 보자. 생산되는 과일의 품질도 좋고, 게다가 농약을 쓰지 않은 유기농 제품이라 판매망이 탄탄하게 구축되어 있다. 그런데 어느 날 내가 생산한 과일을 먹고 내 식구가 사망했다. 과연 여러분은 과일의 판매와 소비자들의 신뢰를 유지하기 위해 이 사실을 덮어둘 것인가? 아니면 씨앗구매부터 판매까지 온 과정을 샅샅이 뒤지면서 왜 이런 불행한 사태가 생겼는지 밝히고 말 것인가?

용기 – 당장의 이익을 희생할 수 있는 미래를 향한 전진

용기란 옳다고 믿는 바를 추진하는 힘이자 의지이다. 예를 들어 OX문제가 주어졌을 때, 맞는 문제에 O를 치면 되는 식이다. 말은 아주 쉬운데 현실에서 용기를 내기란 쉽지 않다.

키케로는 "용기란 현명하지 않은 사람에게서도 열렬하게 나타나므로 용기보다는 덕이 중요하다"고 했다. 하지만 용기는 옳은 바를 추진하는 것이고, 옳지 않은 일을 추진하는 걸 용기라고 할 수 없기 때문에, 키케로의 생각은 덕을 갖추고 옳고 그름을 분명하게 인식하는 사람들이 옳은 일을 추구할 때 필요한 덕목을 용기라 생각했다고 해석하는 게 맞을 듯하다.

옳은 걸 흔들리지 않고 추진하는 게 용기라면, 용기에는 객관적 시각과 주관적 의지가 필요하다. 상식적으로 옳다고 믿는 바(객관적 시각)를 흔들리지 않고 밀고 나가야 하는 의지(주관적 의지)가 요구된다. 용기를 내려면 자신의 현실에서 오는 제한을 넘어 미래비전을 투사할 수 있어야 한다. 즉, 자신의 안목이 전적으로 눈앞의 자기이익에 국한되지 않고 전체의 이익을 확대할 수 있도록 해야 한다.

그래서인지 직장인들이 회사생활과 관련해 용기를 내기란 쉽지 않다. 회사생활에 자신과 가족들 생계가 달려 있다는 눈앞의 현실을 무시할 수 없기 때문이다. 그래서 2007년 A그룹의 K변호사가 자신의 이익을 내려놓고 A그룹의 비자금에 대해 양심선언을 한 것은 여러 사람들의 평가를 뒤로하고라도 용기 있는 일임이 분명하다.[33]

존슨앤존슨의 타이레놀 독극물 사건을 해결하기 위한 조치들이 회사이익을 위한 고도의 전술이었다고 이야기할 수 있다. 하지만 이 또한 용기 있는 결단임이 분명하다. 숨기고 축소하는 게 유리하다고 생각해 존슨앤존슨처럼 행동하는 회사가 많지 않을뿐더러, 만약 회사의 잘못을 공개적으로 인정한다 하더라도 문제를 들춰내는 과정에서 어떠한 돌발변수가 생길지 모르기 때문이다.

이러한 이유로 기업이 단기적인 손해가 예상되더라도 이를 감내하고 용기 있게 경영활동을 펼쳐나가려면, 이를 뒷받침하는 회사의 가치와 문화가 존재해야 한다. 경영진들이 솔선하여 용기 있게 가치를 실천하고, 이를 직원들에게 보여주어 이들이 거리낌 없이 따라올 수 있도록 해야 한다. 단기적 이익을 희생하려는 의사결정을 할 때, 미래결과는 어느 누구도 확신할 수 없다. 하지만 그 결과가 어떻게 되든 용기 있는 결정들과 이러한 결정을 하려는 절차들이 모여 회사의 일하는 방식을 만들고, 이러한 방식은 기업문화로 굳어진다.[34]

누군가 나 대신 양치질을 해주고 화장실에 갈 수 없는 것처럼, 기업의 용기 있는 행동은 컨설팅이나 아웃소싱을 통해 얻어지는 게 아니다. 그렇게 해야 한다는 당연함, 그리고 실천하려는 의지와 이를 행동에 옮기는 추진력이 중요하다. 그래서 좋은 기업이 되려면, 다시 말해 조직 내 다양한 가치들의 균형을 이루고, 주변의 이해관계자와 진심을 갖고 의사소통하고, 착취가 아닌 상호주의에 입각하여 지역사회와 공동의 이익을 추구하고, 혹시라도 잘못된 판단으로 소비자들에게 예상치 못한 해를 끼쳤을 때엔 진심으로 사과하고 바로잡으려면 회사는 용기가 필요하다. 용기는 좋은 회사가 되기 위한 마지막 덕목에 해당한다.

이번 장에서는 기업문화란 무엇이며, 좋은 기업이 지닌 문화적 속성으로는 어떤 것이 있는지 살펴보았다. 하지만 기업문화에 대해서는 학자마다 정의가 다르고, 좋은 기업문화에 속하는 요인이 여기에 기술한 것만 있을 수는 없다. 게다가 좋은 기업이라도 항상 좋은 문화적 요소만 지닌 것은 아니다. 예를 들어 직원들의 사기는 높지만, 기업의 사회적 책임에 대해서는 중요하게 생각하지 않는 회사가 있을 수 있다. 조직의 힘을 하나로 모을 수 있는 가치는 존재하지만, 기업이 추구하는 가치관과 다른 생각에 대해서는 관대하지 않은 회사가 있을 수 있다. 고객과의 소통을 강조하고 고객서비스에는 어떤 경쟁사보다 적극적이지만, 막상 직원들과의 의사소통은 '불통'인 회사도 있을 수 있다. 이처럼 기업에는 좋은 문화적 요인과 그렇지 않은 요인들이 상존하며, 기업들의 노력여하에 따라서 좋은 속성들은 더욱 발전시키고 그렇지 않은 속성들은 충분히 개선할 수 있다.

하지만 반대로 좋은 기업문화적 속성이 나쁜 요인들에 의해 타락하는 경우도 있다. 자동차부품을 만드는 A사는 CEO를 비롯한 임원진과 직원들 간의 관계가 상당히 좋았다. CEO는 노조에 우호적이어서 노조가 요청하는 사항은 대부분 들어줬다고 한다. 구내식당에서 일하는 직원들도 CEO가 내려와 식사를 하면 친아버지처럼 대했다. 하지만 노조를 적대적 관계로 보는 노무관리담당이 입사하면서 노조에 대한 회사의 입장은 180도 바뀐다. 노조의 요청을 들어주는 것보다 약간의 희생을 치르더라도 노조를 제거하는 것이 장기적 차원에서 유리하다고 생각한 것이다. 결국 노조는 파업을 감행했고 사측에서는 직장폐쇄로 대응한다. 하지만 극한적 대치가 회사에도 도움이 되지 않았는지 CEO는 노동자들에게 폭력을 행사하면서 노조를 파괴하려 했던 것을 사과하고 직장폐쇄로 쫓겨났던 노동자들을 다시 받아들였다. 59일 만에 사태는 해결되었지만 노사 모두에게 남겨진 마음의 상처와 무너진 신뢰를 회복하려면 상당한 시간이 걸릴 것임에 틀림없다. 적은 것을 탐하다 많은 것을 잃은 꼴이다.[35]

기업활동은 일차방정식이 아니다. 선형적인 방향으로 절대 움직이지 않는다. 노조의 요구를 들어주지 않으면 비용이 줄어들고, 직원들의 임금을 올려준다고 생산성이 그만큼 늘어나는 게 아니다. 조직의 어느 한 부분의 관리자가 어떤 행동을 취했을 때 다른 조직의 관리자가 반응을 하고, 이러한 반응은 또 다른 연쇄반응을 일으킨다. 조직은 서로간의 이해관계가 얽히고설킨 거미줄과 같다. 마치 혼란한 것 같은 분위기 속에서도 안정이 있고, 안정된 것 같지만 어떤 위기가 닥칠지 모른다. 관료조직에 종사하는 사람이 벤처기업 종사자들의 격렬한 자기주장으로 시끄러운 회의를 본다면, "저러다 회사가 쪼개지겠다"고 생각할지 모른다. 하지만 격렬한 토의 끝에 내린 결론은 서로가 인정할 수 있고,

따라서 일방적 지시보다 훨씬 더 일사불란하게 추진될 수 있다. 사측과 밀월관계를 맺고 있는 어용노조가 있다. 어용노조는 자신들의 지위유지를 위해 오히려 근로자들을 교묘하게 통제한다. 사측도 노조가 자기편이니 두려울 게 없다. 회사 분위기는 안정적인 것처럼 보인다. 하지만 언제 터질지 모르는 시한폭탄과 같다.

지금의 기업환경은 변화하는 속도도 빠르지만 변화의 폭과 정도 역시 과거와 비교할 때 차원이 다르다. 기업을 둘러싸고 있는 이해관계자도 많아지고 이들의 요구도 보다 다양해지고 있다. 고객들의 경우 제품의 가격에만 관심을 갖는 게 아니라, 기업의 사회적 활동을 포함한 윤리경영에까지 관심을 갖고 있다. 그래서 인지 페이겔스(Pagels)는 21세기에 혼돈이론(Chaos theory)을 모르는 국가는 경제, 문화, 정치적으로 강대국이 될 수 없다고 했다. 기업 역시 마찬가지이다.

다음 장에서는 혼돈이론이 무엇인지 기업의 사례를 들어가며 살펴보도록 하겠다. 그리고 지금까지 기업경영에서 당연하다고 믿어왔던 것들이 지닌 역설은 무엇인지 알아보도록 하자.

---

1 www.livescience.com에서 happiness를 치면, 행복에 대한 많은 정보가 나온다.

2 http://www.livescience.com/9824-5-happier.html.

3 http://www.livescience.com/5065-5-keys-happiness.html.

4 세네카(Lucius Annaeus Seneca), 김경숙 옮김, 『화에 대하여(De Ira, On Anger)』, 2013, 사이출판사, p. 147.

5 톨스토이(Lev Tolstoy), 박병덕 옮김, 『인생론(On life)』, 육문사, 2012, p. 351.

6 톨스토이(Lev Tolstoy), 상게서, p. 42.

7 세네카(Lucius Annaeus Seneca), 전게서, p. 24.

8 M.J. Hatch, *Organisation Theory: Modern, Symbolic, and Post-modern Perspectives*, Oxford: Oxford University Press, 1997, p. 203.

9 E.B. Tylor, *Primitive Culture: Researches into the Development of Mythology, Philosophy, Religion, Art, and Custom*, Gloucester, Mass.: Smith, 1958. 문화에 대한 타일러의 정의 원문은 다음과 같다. "The complex whole which includes knowledge, belief, art, morals, law, custom, and any other capabilities and habits acquired by man as a member of society."

10 F. Trompenaars, *Riding the Waves of Culture*, London: Nicholas Brealey Publishing, 1993, p. 23.

11 E.H. 카, 박종국 옮김, 『역사란 무엇인가』, 육문사, 2007, p. 236.

12 F. Trompenaars and C. Hampden-Turner, *Managing People across Cultures*, Capstone, 2004, p. 329.

13 혁신담당조직을 만들고 처음에는 힘을 실어주는 듯하지만, 시간이 지날수록 관심에서 멀어져 혁신조직에서 아무것도 할 수 없게 되는 경우가 적지 않다.

14 리프킨(J. Rifkin), 『공감의 시대(The Empathic Civilisation)』, 2009, 민음사, p. 127.

15 정지혜, "정의가 화두가 된 시대 기업의 가치기준은?" LG Business Insight, 2011. 6. 5.

16 Thomas Friedman, *The World is Flat: A Brief History of the Twenty First Century*, New York: Farrar, Straus & Giroux, 2005, pp. 178~179.

17 Pew Research Centre, "The Millennials: Confident, Connected, Open to Change," Feb. 24, 2010, accessed http://www.pewresearch.org, 로리 바시(Laurie Bassi), 퓨처디자이너스 옮김, 『굿 컴퍼니(Good Company)』에서 재인용, 틔움출판, 2012, p. 89.

18 *Ibid.*

19 Ron Alsop, *The Trophy Kids Grow up*, San Francisco: Jossey-Bass, 2008, p. 16.

20 밤바카스(C.J. Vamvacas), 이재영 옮김, 『철학의 탄생(Die Geburt der Philosopie)』, 알마, 2008, pp. 226~227.

21 로리 바시(Laurie Bassi), 전게서, p. 171.

22 밤바카스(C.J. Vamvacas), 전게서, pp. 99~100.

23 김순천, 『대한민국 나쁜 기업 보고서』, 오월의 봄, 2013, pp. 334~335.

24 밤바카스(C.J. Vamvacas), 전게서, p. 209.

25 테스코는 우리나라에서 삼성물산과 함께 홈플러스를 설립했다.

26 김현기, “조직 냉소주의를 타파하라,” CEO Report, LG주간경제, 2003. 9. 3.

27 키케로(Marcus Tullius Cicero), 허승일 옮김, 『의무론(Liber Primvs)』, 서광사, 1989, pp. 76~77.

28 짐 콜린스(J. Collins), 이무열 옮김, 『좋은 기업을 넘어 위대한 기업으로(Good to Great)』, 김영사, 2002, p. 52.

29 짐 콜린스(J. Collins), 상게서, pp. 56~57.

30 세네카(Lucius Annaeus Seneca), 전게서, p. 119.

31 매일경제, 1997. 8. 11.

32 http://blog.naver.com/sjlee9408?Redirect=Log&logNo=90005122988.

33 주진우, 『주진우의 정통시사활극, 주기자』, 푸른숲, 2012, p. 96.

34 로리 바시(Laurie Bassi), 전게서, p. 202.

35 김순천, 전게서, pp. 134~153.

제4장

새로운 질서, 혼돈의 확보

역설 하나를 들어보자.

> "지나친 통제행위는 가능성을 소멸시키지만, 적절한 혼돈은 새로운 질서를 창조한다."

기획된 통제 하에서 일사불란하게 움직이며 일을 처리하던 시대는 지났다. 오히려 새로운 아이디어들은 어딘지 모르게 정리되지 않은 듯한 상태에서 탄생한다. 기업들은 성과를 높이기 위한 방안으로 규제와 통제를 선호한다. 그러나 기업이 영속적 존재로서 이익을 내며 시장에서 살아남으려면 조직 내 혼돈을 허락해야 한다. 한때 게임산업을 주도했던 일본의 모 업체는 신입사원을 채용할 때 명문대학을 졸업한 우등생이 아닌, 학창시절 만화에 심취했던 사람, 자신의 취미활동에 몰입하여 대학에 낙방한 아웃사이더 등을 뽑은 적이 있다. 정해진 틀에서는 결코 나올 수 없는 참신한 아이디어가 무질서한 듯이 보이는 이들의 삶에서 튀어나온다고 믿었기 때문이다.

기업의 성장은 규제된 질서가 아니라 적절한 혼돈에서 온다. 21세기는 모든 환경이 예측불가능하게 변화하고 있다. 따라서 이러한 변화를 이해하기 위한 다양한 노력도 등장하고 있다. 언제부터인가 정형적인 데이터(structured data) 외에 자동차 브레이크를 밟는 습관이라든지, 쇼핑할 때 눈동자의 움직임과 같은 비정형적인 데이터(unstructured data)를 수집, 분석하는 빅 데이터(big data) 분야가 산업의 중요한 자리를 꿰차게 된 것도 바로 이러한 이유에서이다.

혼돈이론

선형적 문제해결방식의 한계 – 환원주의의 오류

글라이크(Gleick)는 그의 저서에서 지금까지의 선형적 사고방식으로는 우리가 당면한 복잡한 문제를 절대 풀 수 없다고 단언한다.[1]

> "세상에 혼돈이 시작되면, 고전과학은 소멸할 것이다."

원인에 따른 결과를 1차원적으로 탐색하는 고전적 문제해결방식으로는 단속적이며 비선형적이고 돌발적인 21세기 환경변화를 이해하기 어렵다는 말이다. 1차 방정식 $1+X=3$의 답은 2 하나만 존재하는데, 우리가 살아가는 세상에서 이렇게 똑 떨어지는 답을 구하기란 쉽지 않다. 지나치게 문제를 단순화할 경우 오히려 환원주의(reductionism) 오류에 빠지게 된다. 환원주의란 복잡한 현상을 이해하기 위해 현상을 구성하고 있는 요소를 몇 가지로 나누고 이들 요소간의 관계를 설명하려 한다. 때로는 구성요소들을 보다 근본적인 몇 가지로 더욱 단순화시키며, 세상이 제 아무리 복잡하다고 해봐야 이러한 요소들의 단순 합에 불과하다고 가정한다.

아이를 키워보지 않은 사람은 "애기가 울면 배가 고픈 것이니 젖을 줘야 한다"고 쉽게 생각할 수 있다. 하지만 애기가 울면 배가 고픈 것일 수도 있고, 엄마가 보고 싶은 것일 수도 있고, 아픈 것일 수도 있다. 아니면 옆에 있는 아기가 울어서 그냥 따라

우는 것일지도 모른다. 원인과 결과란 생각하는 것만큼 그 관계가 단순하지는 않다. 같은 분야에서 경쟁하고 있는 기업이라 하더라도 동일하게 적용될 원칙이란 어디에도 없다. A라는 전자부품제조회사에서 성과를 제고하기 위한 방안으로 식스 시그마를 도입해 성공했다고 치자. 그렇다고 B라는 전자부품제조회사에서도 식스 시그마를 도입하면 똑같이 성공한다는 보장이 있는가?

기업현장이나 학교에서는 경영과 관련한 문제를 단순화시켜 해결책을 구하려는 경우가 적지 않다. 한 가지 예를 들어보자. 흔히 하는 방식 중 하나가 문제점을 나열하고 이 문제점들의 원인을 열거한다. 그러고 나서 문제나 원인을 유사한 부류로 묶는다. 그러고는 각 부류를 대표하는 문제를 찾고 해당 문제집단에 대한 해결책을 제시한다. 아마도 이는 혁신을 추구하는 회사의 직원이라면 한 번쯤 시도해 본 방법일 것이다. 하지만 이런 식으로 문제해결에 적합한 '최고의 한 가지 방안(one best way)'을 찾다 보면 오히려 문제의 본질을 흐릴 수 있다. 여기에 최고의사결정자의 의도가 포함된다면 이러한 상황은 더욱 악화된다. 회식 때마다 음식의 종류를 결정하는 상사와 일하던 한 직원이 술자리에서 한 이야기이다.

> "우리 조직의 팀장님은 회식이 예정되어 있으면, 직원들의 의견을 수렴한다고 먹고 싶은 게 무엇인지 얘기하라고 한다. 젊은 직원들은 이탈리안 음식이나 퓨전음식을 제안한다. 그러나 항상 가는 곳은 팀장님이 좋아하는 버섯탕 집이다."

혼돈 속의 질서

창세기(Genesis)에 '땅은 혼돈하며 공허하다'는 말이 나온다. 땅이 혼돈하다는 것은 아직 아무 생명이 없다는 뜻이다. 혼돈된 땅의 가치는 생명이 있을 때 비로소 생겨난다. 고대유물론자인 아낙시만드로스(Anaximandros)는 세계는 무한정한 것으로부터 분리되어 나오면서 구성되었다고 주장한다.[2] 텅 빈 허공에서 잘려 나온 온갖 물체들이 거대 덩어리를 이루고 나서 이들이 모여 하나의 회오리를 형성하며, 마치 체로 걸러내듯 비슷한 것끼리 뭉쳐 지수화풍을 형성한다. 혼돈 속에서 세상이 생겨나는 것이다.

그에 따르면 실체라는 것은 무한하며 이러한 실체가 지배권을 확장해서 다른 하나를 압도하면 물이나 불처럼 우리 눈에 보이게 된다. 그리고 이러한 실체들이 균형을 이룰 때 이를 '정의'라고 한다. 혼돈에서 비롯된 물체들이 과하지도 덜하지도 않은 상태를 이루는 게 최선이라는 뜻이다. 이처럼 혼돈은 질서를 낳고 질서는 혼돈에서 생긴다.

자연이나 사회라는 시공간에서 벌어지는 불규칙하고 무질서해 보이는 현상을 이해하기 위해 많은 시도가 있었다. 그러면서 1970년대 이후 이러한 무질서에도 오묘한 법칙이 있다는 이론이 등장한다. 질서가 없는 것처럼 보이는 현상에도 보편적인 규칙이 존재한다는 것이다. 카오스(chaos theory), 즉 혼돈이론이 바로 그것이다. 혼돈이론은 이전까지 예외사항으로 간주되던 것에서 어떤 현상을 발견해 내는 데 집중했으며 거의 모든 영역에 영향을 미쳤다.[3]

혼돈이론에는 크게 3가지 개념이 있다. 첫째가 '나비효과(Butterfly Effect)'이며, 둘째가 '프랙탈 기하학(Fractal Geometry)', 마지막 세 번째가 앞의 둘을 연결하는 공통분모에 해당하는 '끌개(Attractor)이론'이다.

나비효과

"홍콩에서 나비가 날갯짓을 하면 런던의 날씨가 바뀔 수 있다."

혼돈이론에 나오는 나비효과를 설명하는 말이다. 나비효과란 초기조건에 민감하게 반응하여 완전히 다른 결과에 이르는 것을 뜻하는 말로, 어느 한 장소에서 약간의 변화라도 발생할 경우 이는 엄청난 변화를 가져온다는 것을 의미한다.

나비효과는 기상학자 로렌츠(Edward Lorenz)의 논문에 처음 등장한다.[4] 나비효과란 멀리 떨어진 나비가 날갯짓을 할 경우 미국연안에 불어닥치는 허리케인의 진로변화를 초래한다는 것을 이론적으로 설명하기 위해 만든 말이다. 로렌츠는 그의 논문을 통해 단순하지만 반복적으로 움직이는 공기의 흐름에서 나타나는 일정한 패턴을 보여준다. 먼저 계산한 결과를 다시 수식에 입력하는 식으로 공기흐름을 계산하고 이를 3차원 그래프에 표시한다. 그 결과 공기흐름에서 나비의 날개모양과 같은 일정한 패턴을 발견하고, 나비의 날갯짓과 같은 작은 현상도 수천 마일 떨어진 곳에서 태풍을 불러일으킬 만큼 엄청난 효과를 갖는다고 결론짓는다. 즉 변수들의 상호작용으로 생기는 사소한 변화는 일정기

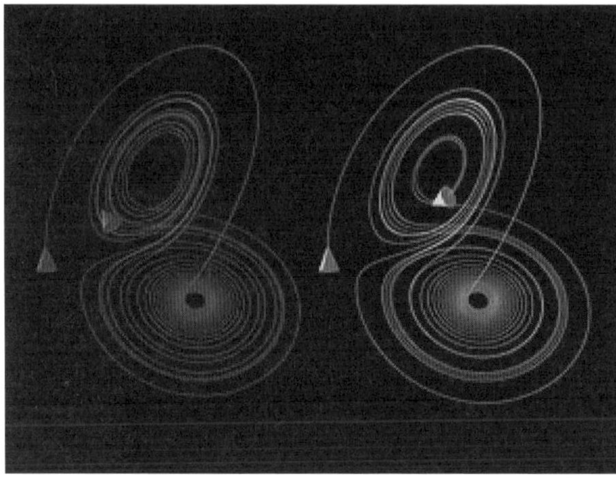

▶로렌츠의 나비효과

간 눈에 띄지 않고 축적되다가 어느 수준에 이르면 엄청난 변화를 불러온다는 것이다. 폭풍전야라는 말에서 보듯이, 폭풍은 발생하기 전까지 잠잠하다가 갑자기 날씨가 우중충해지면서 하늘을 무너뜨릴 것처럼 폭우와 뇌우를 쏟아 붓지 않는가?

로렌츠는 이런 현상을 3개의 비선형방정식으로 설명했는데, 그의 연구결과는 장기간의 기상예측이 가능하리라는 기상학계의 기대감을 깨뜨린다. 로렌츠의 나비효과는 세상 어디든지 존재한다. 갑작스런 주식의 폭락과 폭등을 설명하는 데에도, 물의 힘에 의해 물레방아가 돌아가는 원칙에도 로렌츠의 이론이 활용되고 있다.

로렌츠 이론에 따르면 소소한 요인들이라도 이들이 모여 임계치에 이를 때 질적인 변화를 초래한다. 일종의 '양질전환'을 이루는 것이다. 경영현장에서도 이러한 사례들이 자주 일어난다. 직원들을 칭찬하는 말, 밝게 대하는 표정 등의 경우 한 번은 별

게 아니지만 여러 번 반복될수록 직원들의 사기를 높일 수 있다.

1주일짜리 기업문화교육을 담당할 때 일이다. 강의 첫날 어색해하는 수강자들에게 '서로 인사하기' 게임을 했다. 게임의 규칙은 앞사람이 했던 인사와 똑같은 인사는 할 수 없도록 했다. 처음엔 "안녕하세요?", "좋은 아침입니다" 등 의례적인 인사만 나누더니, 시간이 갈수록 "헤어스타일이 멋있네요", "오늘 아침 눈빛이 너무 밝으세요" 등 상대방의 구체적인 스타일을 칭찬했다. 인사가 반복될수록 서로를 유심히 관찰하더니 칭찬으로 이어진 것이다. 교육 첫날이었지만 수강생 간의 어색한 분위기가 일순간에 사라졌다.

마키아벨리(N. Machiavelli)는 그의 명저『군주론』에서 비록 그 크기는 작다 하더라도 칭찬과 보상은 자주 실시하라고 주장한다.[5] 작은 칭찬이 예상을 뛰어넘는 충성심을 불러일으킬 수 있기 때문이다.

군생활 때 리더십교육을 받은 적이 있다. 오래전이라 세세한 내용은 기억이 안 나지만 아직까지 감동은 그대로 남아 있다.

"한국전쟁 전후의 일이다. 평소 부대원들의 세세한 것까지 신경을 쓰는 중대장이 있었다. 중대장은 힘든 군대생활에 대해 조언도 하고 격려도 하면서 부하들을 진심으로 대했다. 특히 자신을 옆에서 보좌하는 김 하사에게는 자상한 아버지이자 형과 같았다. 한국전쟁이 발발하자 이 부대는 북한군과 나라의 국운이 걸린 전투를 하게 된다(아쉽지만 너무 오래전에 들은 이야기라 위치나 부대명은 기억이 안 난다). 전투가 치열해질수록 탄약은 바닥이 났다. 밤에도 전투는 계속되었고, 중대장의 M16 탄약은 떨어지고 말았다. 칠흑 같은 밤이라 어디서 탄약을 보충할 수도 없었다. '김 하사 총알이 떨어졌다. 총알 좀 있나?' 중대장이 김 하사를 급하게 찾았다. 김 하사는 자신의 탄창을 넘겨주면서 자기는 전사한 전우의 총이 있으니 걱정 말라고 한다. 날이 밝을 때쯤 전장은 잠잠해졌고, 중대장은 자신의 목숨을 살린 김 하사에게 고마움을 표시하기 위해 주위를 돌아봤다. 김 하사는 이미 전사한 뒤였다. 전장에서 목숨과도 같은 탄약을 넘겨주고 자신은 M60유탄발사기로 전쟁을 치르다 전사한 것이다. 자신을 진심으로 대해준 중대장을 위한 마지막 보답이라고나 할까?"

기업경영과 관련해서 로렌츠가 던지는 화두는 무엇인가?

첫째, 시작은 비록 미미하더라도 노력이 쌓이면 커다란 변화를 이룰 수 있다는 것이다. 민주주의를 경험하지 못한 나라가 선진국의 발달된 제도를 도입한다 한들 당장 민주국가가 될 수는 없다. 4.19혁명으로 자유당 권력이 무너지듯이, 그리고 2012년 아랍국가들의 민중혁명으로 독재정권이 하나 둘 넘어지듯이, 국민 한 사람 한 사람의 민주화를 위한 열망과 투쟁이 쌓일 때 절대권력도 손을 들게 되며, 국민 각자가 민주주의를 체득할 때 비로소 민주주의라는 꽃이 만개하게 된다.

과거 군사독재정권 시절 우리나라는 '선진국 진입을 하려면 국민소득이 얼마'라는 희한한 기준을 만들었다. 하지만 선진국 조건에 국민소득이라는 숫자놀음은 중요한 게 아니다. 빈부격차가 줄고, 패자(敗者)들이 다시 뛸 수 있는 기회를 얻고, 훌륭한 예술가가 있고, 질병처럼 자신이 선택할 수 없는 문제에서 자유로울 수 있어야 비로소 선진국이라 할 수 있다. 영국 유학시절 토의시간에 국가발전 기준으로 국민소득을 얘기했을 때, 함께 공부하던 다른 나라 친구들의 이해 못하겠다는 표정은 아직도 잊혀지지 않는다.

기업도 마찬가지다. 새로운 제도를 갑자기 도입한다고 하루아침에 회사가 바뀌지 않는다. 혁신을 하겠다고 비싼 돈을 주고 컨설팅을 받거나 새로운 제도를 들여온다 해서 성과가 나타나는 게 아니다 — 컨설팅을 담당하는 외부전문가도 돈을 주는 CEO에게서 절대 자유로울 수 없어 진정한 혁신을 제대로 추진할 수 없는 경우가 많다. 3M은 근무시간의 15%를 창의적 연구에 투자하도록 15%룰을 도입하고 직원들의 연구를 독려한다. 하루 근무시간의 15%는 어찌 보면 보잘것없는 자투리시간에 불과하다. 하지만 이러한 시간들이 모여 '포스트 잇(Post-It)'이 만들어졌고 '포스트 잇'은 3M 최고의 효자상품이 되었다. 3M에서 15%룰은 아직도 꾸준히 실시되고 있다.

오래전 연공서열이 대세이던 시절, 어느 대기업이 연공서열 문화에 젖은 직원들을 성과지향적으로 바꾸기 위해 성과중심 평가제도를 도입했다. 하지만 왜곡된 운영사례는 제도도입과 혁신이 하루아침에 이루어질 수 없음을 보여준다.

> "우리 회사는 직원들에게 성과중심의 사고를 심기 위해 연공서열이 아닌 성과중심의 평가제도를 도입했다. 그런데 평가자들의 연공중심 사고는 여전히 바뀌지 않았다. 대부분의 고과자들이

피평가자의 연공을 중심으로 성과점수를 부여한 것이다. 그런데 문제가 생겼다. 한 젊은 직원이 이의를 제기한 것이다. 평가항목에 '전문능력'이라는 게 있다. 젊은 직원은 해당분야에서 오래 근무했을 뿐만 아니라 국가자격증도 있었다. 전문능력에서 보다 높은 점수를 받은 선임자는 자격증은 고사하고 이 분야에 오래 근무하지도 않았던 것이다. 평가자가 전체 점수를 연공에 따라 미리 부여하고 이를 항목별로 배분하다 보니 이런 결과가 나오게 되었다."

둘째, 완벽한 계획을 수립하는 데 시간을 낭비하기보다 적당한 정보가 있다면 과감하게 일을 추진해야 한다. 기업이 아무리 완벽하게 장기전략을 세워도, 실패제로의 경영이란 있을 수 없다. 혼돈의 시대에 시장에서 일어나는 사소한 변화만으로도 온갖 노력을 들여 수립한 장기전략이 수포로 돌아갈 수 있다. 이런 이유로 최근에는 중장기전략을 수립하지 않는 회사들도 있다. 중장기전략을 세운다 해도 기간을 2~3년으로 짧게 설정한다. 정교하게 계획된 유도미사일 같은 전략보다는 아메바처럼 환경에 따라 분할되며 생존하는 전략이 보다 필요한 시기이기 때문이다.

급격하게 변화하는 환경에서 높은 성과를 내는 기업과 안정된 환경에서 높은 성과를 내는 기업의 문화는 분명히 다르다. 하지만 기업이 생존하려면 어떤 환경에 처하더라도 환경을 제대로 이해하고 이에 적응해야 한다.[6] 고객의 변화는 CEO가 가장 늦게 안다. 환경변화가 극심할수록 현장이 중요하고 깨어 있는 직원들이 필요한 이유가 여기에 있다.

프랙탈

1960년대에 만델브로트(Benoit Mandelbrot)는 무질서한 것처럼 보이는 현상에도 질서가 있음을 발견한다. 무질서한 현상의 일부를 확대해 보면 확대된 구조 안에 동일한 현상이 자리잡고 있다는 것이다.[7] 한 예로 고사리 잎에 난 각각의 가지는 큰 고사리 모양의 축소판이고, 보다 작은 가지에는 또 다른 고사리가 달려 있는 걸 볼 수 있다. 만델브로트는 바로 이러한 현상을 프랙탈(Fractal)이라 불렀다.[8]

만델브로트는 사물의 실제모습이란 어떤 시각에서 바라보느냐에 따라 다르다고 한다. 우주에서 지구를 보면 지구는 3차원의 둥근 공과 같지만 지구 안으로 들어와 비행기를 타고 지구를 수직으로 내려다보면 지구는 2차원의 평평한 평지에 불과하다. 하지만 땅에 내려와 지구를 본다면 산과 계곡이 있는 3차원의 모습을 띤다. 다시 지구의 분자구조로 들어간다고 가정하고 지구를 보면, 지구는 아주 미세하지만 둥근 공과 같은 모습으로 보일 것이다. 즉, 우주에서 하늘로, 하늘에서 지상으로 내려와 지구를 보면 지구의 모습은 3차원, 2차원, 3차원의 모습을 반복한다.

다음 그림은 혼돈이론을 설명한 책이라면 빠지지 않고 등장하는 만델브로트 세트(Madelbrot Set)[9]라는 그림이다. 이 그림을 그리려면 비선형 방정식에 숫자를 넣어 나온 결과를 다시 입력하는 과정을 수천 번 반복해야 한다. 숫자를 바꾸면서 이런 식으로 계산을 하면 그림에서 보는 바와 같이 커다란 공에 작은 공들이 붙어 있는 그림이 그려진다.[10]

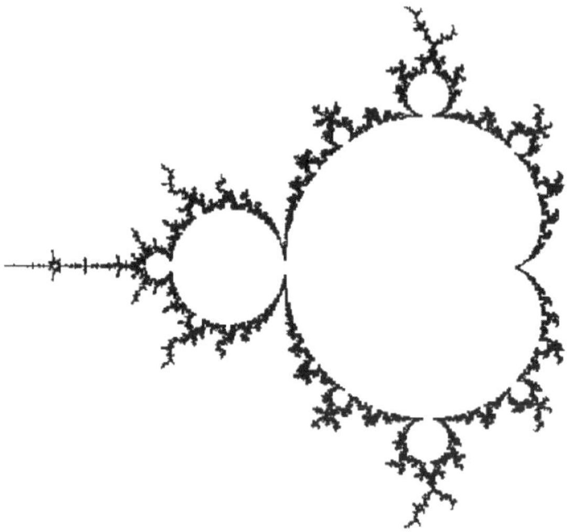

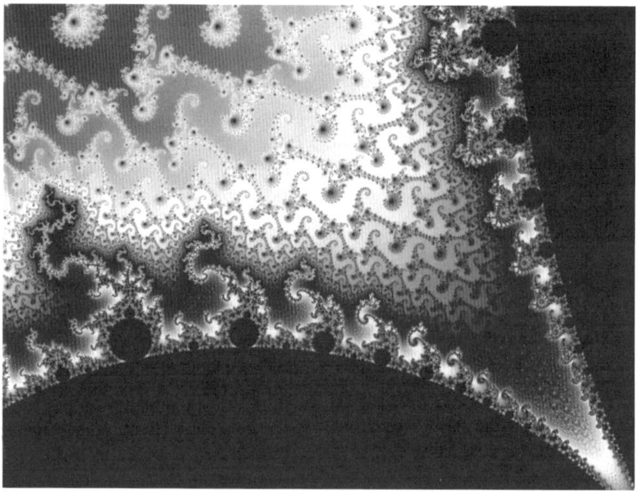

▶무질서 속의 질서(고사리의 프랙탈 구조)-만델브로트 세트, 아래는 위의 그림을 확대한 그림. 원의 형태가 반복되면서 고사리의 형태가 반복생성됨을 알 수 있다.

(문희태, 『카오스와 비선형동역학』, 서울대학교출판부, 2001, p. 62)

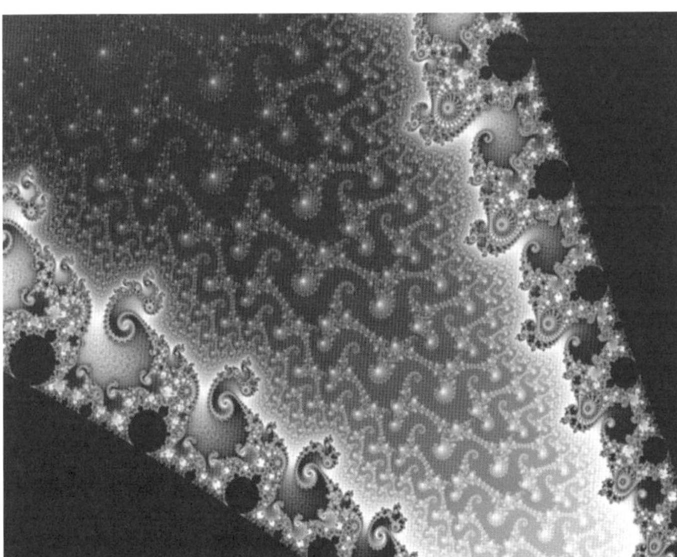

▶만델브로트 세트의 경계부분에서 일어나는 현상

이 공들을 확대해 보면 신기한 현상이 발견된다. 앞에서 보듯이 공들의 경계에서 화려한 실들이 꼬인 듯한 그림이 나타난다. 그런데 자세히 들여다보면 그 안에 작은 공들이 붙은 큰 공의 모습이 다시 나타나는 것을 알 수 있다.

인간의 신체 또한 프랙탈 자체이다. 인간의 폐는 가슴이라는 작은 공간에 자리잡고 있는데, 폐를 펼치면 테니스코트를 덮고도 남는다고 한다. 제한된 공간에서 프랙탈이 무한으로 반복되는 것처럼, 폐를 흐르는 혈관 역시 자신의 모습을 반복하면서 폐 전체에 퍼져있고 이를 통해 많은 양의 산소를 혈액에 공급한다.

기업도 마찬가지다. 기업은 한정된 인력과 시간과 자원을 갖고 무한의 가치를 창출해야 한다. 그러기 위해 회사는 혼돈과 질서를 적절하게 조화시킬 수 있어야 한다. 즉, 종업원들이 신명 나게 일할 수 있는 혼돈의 장(場)을 마련해야 한다. 이럴 경우 프랙탈의 경계부분에서 아름다운 그림이 그려지듯이 회사는 직원들을 통해 아름다운 그림을 그려나갈 수 있다. 단, 여기서 유념해야 할 것은 혼돈이란 통제가 아닌 자율성의 개념이라는 점이다. 프랙탈 경계부분에서 아름다운 그림이 자기복제를 통해 만들어지듯이 말이다.

이탈리아 밀라노는 패션분야에서, 그리고 독일 프랑크푸르트는 자동차분야에서 세계 최강이다. 하지만 이 도시들을 분석해서 다른 나라, 다른 도시에 똑같은 산업을 일군다고 해서 성공한다는 보장은 없다. 술을 좋아하는 친구가 “일본에서 스코틀랜드의 환경을 모방해서 똑같은 위스키를 생산하려고 했는데 실패했다”는 얘기를 한 적 있다. 특정지역에서 성공했다고 그 특정산업을 자기

지역의 중심사업으로 육성하려는 정책은 실패하는 경우가 많다. 시간의 흐름에 따라 특정지역의 상황이 어떻게 변해갈지 아무도 알 수 없기 때문이다.[11] 청계천상가를 옮겨다 놓은 '가든파이브'가 아직까지 고전하는 이유도 여기서 크게 벗어나지 않는다.

변화하는 환경에서 계획과 통제는 의도한 대로 흘러가지 않는다. 유능한 관리자라면 전체를 통제하기보다 사소하고 우연적인 사건 중에 긍정적인 것은 선순환을 이루도록 하고, 악순환을 가져올 것은 상쇄시키는 작업을 해야 한다.

이상한 끌개

나비효과와 프랙탈 간의 공통분모에 해당하는 것이 이상한 끌개(Strange Attractor)이다. 로렌츠는 자신이 발견한 나비효과의 이면에는 이상한 끌개라는 현상이 숨어 있음을 발견했다. 처음에 어떠한 조건에서 시작되더라도 오랜 시간이 지나면 기이한 끌개로 흘러간다는 것이다.

보다 쉽게 설명해 보자. 양초에 불을 붙였다 끄면 연기가 꾸불꾸불한 형태로 올라간다. 이 과정을 반복하면 처음과는 다른 모습의 연기가 생긴다. 공기입자의 운동 때문에 생기는 현상이다. 이러한 원칙 뒤에는 끌개현상이 있다. 끌개는 피자를 만드는 밀가루 반죽을 연상하면 된다. 요리사가 반죽을 폈다, 접었다, 공중에서 돌렸다 할 때 생기는 모양과 같다. 참고로 끌개에는 세 가지 부분이 있다. 고정점(Fixed Points), 제한된 주기(Limit Cycles), 그리고 끌개(Attractor)다.

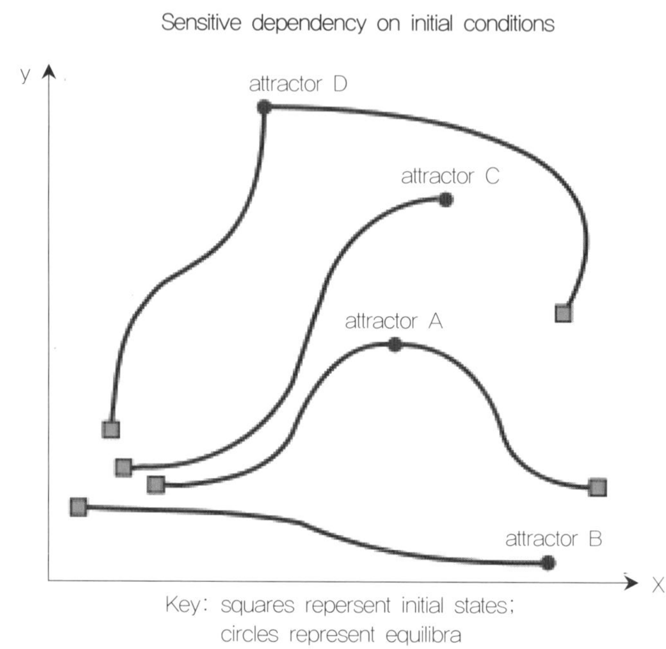

▶나비효과 뒤에는 끌개(attractor)라는 현상이 숨어 있다.

오랫동안 정권을 장악하면서 가난하던 국가경제를 일으킨 집권여당이 있다고 가정하자. 이들은 '장기집권을 통한 일관성 있는 경제정책'만이 국가를 부강하게 만든다고 주장하면서 이를 당의 정책으로 내세운다(고정점). 소속의원들 역시 국민들이 자신들의 실적에 동의하도록 선거 때마다 당의 경제정책이 모두를 잘살게 했다는 점을 부각시킨다. 이러한 과정은 제한된 주기를 만든다. 즉, 농촌지역 유권자들은 이러한 주장에 일리가 있다 믿고 선거 때마다 표를 던진다. 그러나 도시지역 유권자들은 정부여당이 경제성장을 빌미로 국민의 자유를 제한하고 민주주의를 외치는 재야 지도자들을 탄압한다는 사실을 알고 이들의 강령에 의문을 품기 시작한다. 재야 지도자들은 민주주의를 쟁취하기 위해 단체를 조직하고 투쟁을 시작한다. 혼돈이론으로 치면 이상한 끌개(Strange Attractor)가 형성된 것이다. 재야 지도자의 의견에 동조하던 학생과 도시지역 주민들이 민주화 운동에 동참하고 결국 집권 여당은 야당에 정권을 내주게 된다. 끌개이론은 왜 국민투표만으로는 민주주의를 이룩하기가 어려운지를 설명한다. 국민투표란 민주화를 이루기 위한 여러 수단 중 일부에 불과하며, 민주화를 향한 다른 시도들을 확대재생산할 만한 끌개의 힘을 갖지 못하기 때문이다.[12]

미국의 경우 민주당과 공화당이 번갈아 가며 정권을 잡는다. 유권자들이 민주당에 실망하면 공화당이 정권을 잡고, 공화당에 실망하면 민주당으로 정권이 넘어가는 식이다. 미국인 친구가 한 말이다.

> "민주당이 정권을 잡으면 복지를 강화하겠다고 세금을 올린다. 하지만 이들이 남긴 것은 복지혜택이 아니라 올라간 세금이다. 공화당이 정권을 잡으면 경제를 일으키기 위해 부자감세를 단행한다. 이번에도 남는 것은 줄어든 복지혜택뿐이다."

최근 미국은 트럼프 대통령의 집권으로 공화당이 더욱 보수화하면서 민주당이 보다 진보적인 방향으로 나아가고 있다. 이러한 현상에는 더 이상 아메리칸 드림을 이루기 어려울 만치 확대된 빈부격차가 자리잡고 있기 때문이기도 하지만, 어찌 되었든 끌개현상이 형성되고 있는 듯 보인다.

회사가 발전하려면 끌개현상이 필요하다. 공기입자에 영향을 받아 서로 다른 형태를 띠며 말려 올라가는 연기처럼 회사의 환경에 따라 다양한 형태의 도전적 행위가 자발적으로 발생해야 한다. 일상적 관리는 안정적인 상황에서나 적용할 수 있는 방식이다.

얼핏 혼돈스러워 보이기까지 하는 상황에서 생존하려면 도전이, 그것도 창의적인 도전이 필요하다. 왜냐하면 창의적 도전만이 끌개가 되어 다양한 시도를 하나의 힘으로 모을 수 있기 때문이다. 그래서 조직에는 기존의 틀을 깨는 창의적 사고가 넘쳐나야 한다. 조직이 자신의 장점에만 의존하면 평형상태만 유지하게 된다.[13] 평형상태에서는 새로운 도약이나 발전이 어렵다. 조직이 성공하기 위해선 핵심역량이 무엇인지 이해하고 이에 기반해서 사업을 확장해야 한다. 맞는 말이다. 하지만 핵심역량을 바라보는 시각이 고정되어 있다면 이는 오히려 조직을 평형상태로만 유지하든가, 아니면 쇠락을 초래할 수 있다.

핵심역량을 바라볼 때에도 틀을 깨는 시각의 변화가 필요하다. 예를 들어보자. 자신의 핵심역량을 막강한 스윙속도에 기반한 '홈런생산능력'이라고 생각하는 야구선수가 있다. 그래서 그는 삼진을 두려워하지 않고 큰 스윙으로 일관한다. 하지만 나이가 들어감에 따라 스윙속도가 떨어지면서 배트를 가벼운 것으로 바꾼다. 이러자 홈런 수가 줄기 시작하고 선수의 시장가치 역시 떨어진다. 만약 이 선수가 자신의 핵심역량이 손목 힘이라고 생각했다면, 나이가 들어도 손목을 이용한 정교한 타격으로 승부를 걸면서 자신의 시장가치를 더욱 높였을지도 모른다.

노키아(Nokia)는 한때 전세계 휴대폰 시장의 50% 이상을 점유했다. 특히 개도국 대상의 저가폰 시장은 거의 싹쓸이하다시피 했다. 그러면서 당시 지지부진하던 스마트폰 시장이 향후에도 크게 성장하지 않을 것으로 생각하고 기존의 전략을 그대로 유지했다. 자신들의 강점이 전세계로부터 싸게 부품을 조달해서 저가의 휴대폰을 만드는 데 있다고 봤기 때문이다.

그러나 참신하고 창의적인 모델과 앱으로 무장한 스마트폰이 시장에서 폭발적인 반응을 일으키자 노키아의 입지는 흔들리기 시작했다. 2009년까지만 해도 휴대폰 사업은 그럭저럭 위상을 유지하면서 네트워크 사업만 흔들리는 정도였다. 하지만 2013년 사운을 걸고 내놓은 루미아 920이라는 스마트폰이 기대만큼 반응을 이끌어 내지 못하자 노키아의 스마트폰 사업은 업계 7위로 몰락했다. 마침내 전략적으로 밀접한 관계를 유지하던 마이크로소프트마저도 아시아에서 다른 파트너를 물색하는 지경까지 이르렀고 노키아는 결국 피합병되기에 이른다.

기업경영의 패러독스

패러독스(paradox) 또는 역설이란 분명히 논리적으로는 맞는 것 같은데 듣다 보면 잘못된 결론으로밖에 갈 수 없는 것들을 의미한다. 중고차 판매상이 "중고차 판매상은 모두 거짓말쟁이다"라고 했다면 맞는 말 같기도 하지만 그 스스로가 거짓말을 하는 자이니 이 말은 결코 진실이 될 수 없다.

우리에게 친숙한 역설 중 하나가 제논(Zeno of Elea)[14]의 역설이다. 제논은 자신의 스승인 파르메니데스(Parmenides)의 "우주는 움직이지 않고 생성되지도 않으며 변화하지 않는 하나의 구형"[15]이며, "존재하는 모든 것은 움직이지 않고 불변한다"는 주장을 뒷받침하기 위해 "움직이는 화살은 움직이는 것이 아니다"라는 유명한 역설을 내놓는다.

이 외에도 고대 철학이나 신화에는 많은 역설이 등장한다. 그리스신화에 등장하는 이카루스(Icarus)는 아버지의 충고를 무시하고 초로 만든 날개를 단 채 태양을 향해 날아가다, 날개가 녹아내리면서 에게해로 추락해 죽는다. 하늘을 나는 것을 가능케 한 날개의 힘이 이카루스를 추락하게 만든 것이다. 이를 '이카루스의 역설(Icarus Paradox)'이라 하는데, 성공에 자만한 나머지 성공에 이른 수단이 오히려 멸망을 가져다주는 것을 빗댄 이야기이다.

높은 성과를 거둔 회사일수록 이카루스의 역설에 빠지기 쉽다. 벤처사업을 하는 친구가 한 말이 있다. 초기에 성공을 이룬 벤처기업이 성과를 유지하기 위해서 가장 중요한 것이 '초심을 유지'하는 것이라고 한다. 성과에 도취되어 "나는 모든 걸 할 수 있다"는 우월주의에 빠지는 순간 인재는 떠나가고 회사는 기울기 시작한다는 것이다. 어느 연예기획사 CEO의 초청강연을 들은 적이 있다.

"요즘 한류가 대세다. 이제 엔터테인먼트도 산업의 한 부분으로 당당히 자리잡았다. 그런데 한때 대기업들이 연예기획사업에 뛰어든 적이 있다. 하지만 대부분 실패로 끝났다. 이들의 착오는 과거의 성공기록이 미래의 성공을 어느 정도 보장한다고 믿었다. 그래서 가능성이 있는 신인보다는 음반을 100만장 판매한 가수를 스카우트하는 데 집중했다. 하지만 어제 히트곡을 냈다고 내일 또 히트곡을 낸다고 어느 누가 장담할 수 있는가? 대표적인 영화가 '넘버쓰리'이다. 당시 이 영화 출연진들은 알려지지 않은 신인들이었다. 그래서인지 대기업의 투자를 받기가 어려웠다. 하지만 영화는 보란 듯이 히트를 하고 출연배우들은 후에 대배우로 성장한다."

연예기획사 CEO의 이야기는 계속된다.

"대기업이 연예기획사를 할 때, 소속 가수의 신곡이 나오면 방송 PD들을 만나 해당 신곡이 히트할 것이라는 것을 그래프나 과거자료로 증명하려고 하면서 틀어달라는 사람들도 있었다. 자신들이 사업하던 방식을 엔터테인먼트사업에 그대로 적용했던 것이다. 하지만 당시 PD들은 바짓가랑이를 붙잡고 늘어지는 가수들의 매니저들을 더 친근하게 여겼다."

파스칼(Richard Pascale)에 따르면 성과가 높은 회사들은 '짜맞춤(fit)'과 '쪼갬(split)'에 능하다고 한다.[16] 짜맞춤이 의사결정을 집중화하는 것이라면, 쪼갬은 의사결정을 위임하는 것이다. 짜맞춤이 적절한 통제라면, 쪼갬은 적절한 자율을 의미한다. 높은 성과를 내는 회사는 평범한 회사들에게는 모순처럼 보이는 이러한 것들로부터 시너지를 내는 능력이 있다. 새로운 것을 창조하기 위해 기존의 관념을 깨뜨리는 데 주저하지 않기 때문이다.

이처럼 기업경영이란 패러독스를 해결하는 과정이라 해도 과언이 아니다. 기업이 직면하는 패러독스 중 하나가 이익이냐 매출이냐의 문제이다. 이익은 조직이 거둔 지난날의 성과를 평가하는 유용한 기준이다. 이에 비해 매출은 미래의 고객기반을 확보하는 주요수단이다. 따라서 지금 이익이 많다고 해서 미래 성과를 장담할 수 없다. 이익에만 집중하는 회사들은 단기적인 성과에 치중한 나머지 미래를 내다본 전략을 세우지 못한다. 이익만을 강조할 경우 고객으로부터 얻을 수 있는 정보 따위가 미래에 얼마나 가치가 있는지 미처 판단할 여유가 없기 때문이다.[17] 또한 매출에만 집중할 경우 밀어내기 식으로 직원들에게 재고상품을 강매하는 등 부작용이 나타나기도 한다. 그래서 기업은 매출과 이익을 적절하게 조화시킬 수 있는 전략이 필요하다. 이처럼 기업활동은 패러독스를 해결하기 위한 선택의 과정인 것이다.

그러면 기업활동에서 알게 모르게 접하게 되는 패러독스에는 무엇이 있는지 알아보도록 하자.

인재 하나가 기업을 먹여 살린다?

기업이 아무리 훌륭한 시스템을 갖추었다고 한들 모든 걸 자동화할 수는 없다. 기업이란 감정을 지닌, 살아있는 사람들이 모여 이룬 실체이기 때문이다. 20세기 중반까지만 해도 새로운 제품이 발명되면 발명가 개인의 이름이 오르내렸다. 증기기관은 제임스 와트, 증기기관차는 스티븐슨, 전기와 전구는 에디슨, 라디오는 마르코니, 전화는 벨 이런 식으로 말이다. 하지만 TV의 발명과 관련해서는 개인이 아닌 RCA라는 미국 전자제품회사의 이름이 알려져 있다. 뛰어난 개인이 새로운 발명품을 만들어 내는 시대는 가고, 팀워크를 이루지 않고서는 경쟁력을 확보하기 어려워진 시대가 도래한 것이다. 미국 메이저리그의 만년하위인 오클랜드 애슬레틱스(Oakland Athletics)는 불 같은 강속구나 홈런타자 등 야구 천재들이 아니라 몸값은 비싸지 않으면서 땅볼유도가 좋은 투수나 수비가 견실한 타자를 뽑아 상위 팀으로 도약했다. 한두 명의 천재보다는 자신의 분야에서 견실한 능력을 보여주는 선수들로 최고의 팀을 만든 것이다. 오클랜드 애슬레틱스의 이야기는 '머니 볼(Money Ball)'이라는 영화로도 나왔으며, 이들이 창안한 선수평가기준은 메이저리그를 비롯하여 우리나라 프로야구에도 적용되고 있다.

▶머니 볼은 오클랜드 애슬레틱스의 실제 사례를 다룬 영화이다.

지금은 인재전쟁의 시대이다. 뛰어난 인재를 확보하는 것이 기업의 경쟁력이 되기 때문이다. 하지만 인재확보보다 중요한 것은 이들이 조직에서 100% 이상 능력을 발휘토록 하는 데 있다. 그리고 더 중요한 사실은 아무리 뛰어난 인재라도 조직이나 팀과 조화를 이루어야 한다는 사실이다. 훌륭한 사람도 조직에 동화되지 못하고 겉돌면 변두리 인물에 불과하다. 기업에서 혼자서 할 수 있는 것은 별로 없다.

필자는 능력과 창의력이 뛰어남에도 불구하고 주변의 동료를 무시하거나 이들과 융합하지 못해 결국 조직을 떠나는 사람을 여럿 봤다. 이들은 개인능력이 뛰어날지는 모르나 주변사람들을 불편하게 할 뿐만 아니라 결국 조직의 역량을 상쇄시켜 버린다. 조직 역시 뛰어난 인재들로만 구성될 수 없다. 탁월한 능력을 지니고 남들이 감히 보지 못하는 걸 찾아내는 인재도 중요하지만, 자신이 맡은 분야에서 능력을 갖추고 묵묵히 일할 수 있는 사람도 중요하다.

하지만 가장 중요한 것은 적재적소에 최적의 인재를 배치하고 이들이 최선을 다할 수 있도록 하는 일이다. 바로 이것이 구성원들의 자발적이고 적극적인 참여를 이끌어 내면서 조직의 성과를 높이는 일이다. 다음은 논어 안연(顔淵)편에 나오는 말이다. 회사생활에 대입해서 해석하면, 인재를 적합한 곳에 배치해서 능력을 최대한도로 발휘할 수 있도록 하는 것이 올바른 관리자의 역할이라고 하겠다.

"子曰, 君子聖人之美, 不聖人之惡, 小人 反是"

"군자는 다른 사람의 좋은 점을 키워주고 나쁜 점은 키워주지 않는다. 그러나 소인은 반대다."

인과 덕으로 행하는 정치를 공자는 왕도(王道)라 했다. 조직에서 왕도란 정치나 술수에 능한 사람, 학연이나 지연에 의지하는 사람이 아니라 능력에 따라 사람을 발굴하고 적재적소에 배치하는 일일 것이다. 오히려 이것이 한두 사람의 천재를 뽑는 것보다 중요하다.

혹자는 학연이나 지연을 고려해도 훌륭한 인재를 뽑을 수 있다고 한다. 하지만 필자가 조직생활을 하면서 느낀 사실은 이와 다르다. 아무리 훌륭한 인재라도 학연이나 지연으로 발탁될 경우, 학연과 지연에서 자유로울 수 없기 때문이다. 학연이나 지연은 특정인에 대한 편애라고 할 수 있다. 편애의 감정에는 편애를 통해 자신도 보호받겠다는 생각이 깔려있다. 따라서 특정집단에 대한 편애는 야생의 사과나무가 열매를 맺지 못하고, 설령 맺는다해도 제대로 된 열매를 맺지 못하는 것처럼 다른 우수한 사람들에게 부정적인 효과를 줄 뿐만 아니라 결국에는 조직에도 악영향을 미칠 수밖에 없다.[18]

우리나라도 빌 게이츠나 스티브 잡스 같은 사람을 길러내야 한다고 이야기한다. 천재 한 사람이 여러 사람을 먹여 살린다고 하면서 말이다. 하지만 누구나 빌 게이츠와 스티브 잡스와 같은 사람이 될 수는 없다. 이런 사람이 나타나려면 미국처럼 거대한 힘과 시장이 있어야 한다. 천재 한 사람을 논하기 전에 다수의 성실한 인재가 일할 수 있는 회사를 만드는 게 더 중요하다. 학연, 지연 등 우리 사회의 기존 틀을 깨면서 말이다. 이래야 직원도 즐겁게 열정적으로 일하며, 회사도 발전할 수 있다.

베스트 프랙티스(best practice)를 벤치마킹하라?

벤치마킹(benchmarking)을 왜 하는가에 대해서는 E.H. 카(Carr)가 역사가(historian)의 역할에 대해 이야기한 내용을 참조할 수 있다.[19]

> "역사는 일반화를 통해 교훈을 얻는다는 데 그 핵심이 있다. (중략) 역사에서 교훈을 얻는다는 것은 과거의 빛에 비추어 현재를 배우며, 현재의 빛에 비추어 과거를 배운다는 의미로 현재와 과거의 상호관계를 통해 양자를 좀 더 깊게 이해하는 것이기 때문이다."

벤치마킹 역시 다른 기업의 과거역사에서 교훈을 얻는 과정으로 특수한 것에서 일반적인 교훈을 도출해 내는 것이다. 따라서 많은 기업들이 실수를 줄이고 짧은 시간에 성과를 내기 위한 방안으로 다른 회사의 우수사례를 벤치마킹한다. 하지만 해당회사의 시스템과 경영방식을 그대로 답습하기도 한다. 특수한 상황에서 일반적인 상황을 도출하는 것이 아니라, 특수한 상황을 일반적인 상황으로 인식하여 그대로 적용하는 것이다.

한때 식스 시그마(six sigma)가 폭발적으로 유행한 적이 있다. 식스 시그마란 개선기회를 정의(define)하고, 현재의 품질수준을 측정(measure)해서, 문제의 근본원인을 파악(analyse)한 후, 개선안을 수립하고 실행(improve)하며, 결과에 대한 사후관리(control)까지 포함하는 혁신방법론이다. 이 방식의 특징은 통계를 활용하여 모든 것을 계량화한다는 점이다. 우리나라의 경우 LG화학에서 전사적으로 실시했으며, 이때를 전후해서 많은 회사가 도입하기 시작한다. 또한 회사에서 식스 시그마를 추진했던 실무진들은 독립하여 컨설팅 회사를 설립하기도 했다.

하지만 식스 시그마를 도입한 회사들 중 획기적인 성과를 거두었다는 사례는 별로 발견되지 않는다. 아마 성공사례라 하더라도 컨설팅 회사들이 과대포장한 경우가 없진 않을 것이다. 물론 식스 시그마 혁신을 위해 최고의 인재들이 투입되었느냐는 의문은 있다. 하지만 식스 시그마 이전에도 리엔지니어링, 리스트럭처링 등 수많은 경영혁신방법론들이 들불처럼 나타났다가는 어느 순간 소리소문 없이 사라졌다. 해외 어느 기업에서 어떤 시스템을 도입해서 성공했다는 얘기가 들리거나, 혹은 저명한 경영학자가 경영시스템의 개선과 관련된 책을 출간하면 해당제도를 도입하는 게 유행처럼 번진다. 식스 시그마도 그중 하나였다.

진짜 우수사례는 모방하기가 쉽지 않다. 아니 모방할 수 있는 최고의 사례란 없다고 하는 게 맞다. 우수사례란 해당회사에 체화(體化)된 독특한 결과여서 그 회사와 떼어놓고 생각하기가 불가능하기 때문이다.

문학이론에 글(text)과 맥락(context)에 대한 것이 있다.20 작가가 어떤 의도에서 글(text)을 써도 독자가 작가와 다른 배경(context)에서 성장했다면 작가의 의도를 다르게 해석한다고 한다.

잡음이 심한 전화로 이야기를 나눌 때, 대화가 100% 들리지 않아도 문맥을 따라가면 상대방의 이야기를 이해할 수 있다. 하지만 모국어처럼 익숙하지 않은 경우에는 내용을 이해하는 데 어려움이 따른다. 모국어로 방송되는 영화의 경우 볼륨을 최대한 낮추고 약간의 대사만 들어도 전체를 이해하는 데 지장이 없다. 하지만 능숙하지 않은 언어로 만들어진 영화를 볼 때, 주변소음이 심해서 전체 대사가 들리지 않는다면 내용을 이해하는 데 어려움이 따른다. 그래서 볼륨을 높여서 들을 수밖에 없다.

이메일로 의사소통을 할 때 상대방이 보낸 문장 내용을 오해해서 기분이 불쾌했던 경험이 있을 것이다. 필자도 현시대의 주요 통신수단인 카카오톡의 이모티콘이 지닌 의미를 이해하지 못해 끙끙 앓았던 적이 한두 번이 아니었다. 하지만 똑같은 내용을 마주보고 이야기하면 이런 느낌이 들지 않을 때가 많다. 인간의 의사소통에서 언어보다 표정, 몸짓 등이 차지하는 비중이 훨씬 크기 때문이다.

우리나라에는 쌀, 밥, 벼 등 쌀과 관련된 단어가 많다. 문어류와 관련된 단어도 문어, 주꾸미, 낙지 등 여러 가지이다. 하지만 영어는 라이스(rice)와 옥토퍼스(octopus)가 전부이다. 쌀이 주식이 아닐뿐더러 문어류는 잘 먹지 않기 때문이다. 쌀이 주식인 인도네시아는 쌀(beras), 밥(nasi), 벼(padi) 심지어 찹쌀(ketan)이라는 단어까지 있다.

영국의 슈퍼마켓에 가면 다양한 감자의 종류와 이름을 만나게 된다. 하지만 우리는 '감자' 하나가 전부다. 영국은 감자가 주식 중 하나이기 때문이다. 이와 유사하게 중동국가에는 낙타에 대한 단어가 많다. 또한 서로 다른 두 언어 중에 완벽하게 똑같은 의미를 지닌 단어는 없다고 한다. 우리가 친구라고 부르는 단어와 영미권에서 친구(friend)가 의미하는 깊이가 다르다. 언어는 상황에 영향받기 때문이다.

아래 그림에서 앞의 흰 부분에 집중하면 고개를 돌린 젊은 여인이 보이고, 뒤의 흰 부분을 포함해 전체를 바라보면 턱이 튀어나온 할머니 얼굴이 드러난다.

▶어디를 집중해서 보느냐에 따라 할머니로도 보이고 젊은 여성으로도 보인다.

또 다음 그림에서 검은 색을 배경으로 두면 'lift'라는 영어단어가 보이지만, 흰색을 바탕으로 놓으면 검은 조각들의 배열이 나타난다. 다른 회사의 우수사례를 도입할 때 그 회사의 전체적 상황(context)까지 이해하고 받아들이지 못한다면 아무 소용이 없다. 하지만 이는 불가능에 가깝다.

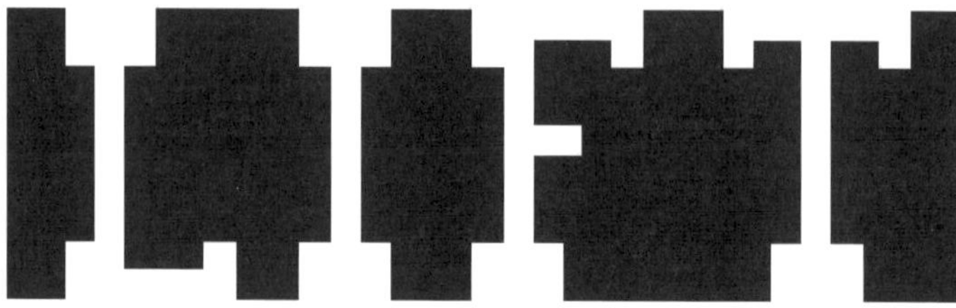

▶어느 색을 배경(context)으로 생각하느냐에 따라서 보이는 형태(text)는 달라진다.

A사는 직원들의 창의성을 활성화할 목적으로 매년 창의적인 신제품이 출시되는 B사를 벤치마킹했다. 그 결과 A사는 사내벤처제도를 도입했다. 하지만 사내벤처의 성과를 높인다고 기존의 연(年) 단위 평가방식을 그대로 적용했다. 실패를 용인하는 B사와 달리, 매년 사내벤처의 성과에 조급해한다면, A사에게 사내벤처가 주는 의미는 무엇인가? 이는 마치 구글의 창의정신을 조직 내에 뿌리내린다는 취지로 구글의 제도와 시스템은 도입하면서 구글 경영진들의 자세와 마인드는 배우지 못하는 것과 같다.

최근 우리나라에서는 일자리 문제가 사회문제로까지 대두되고 있다. 그래서 정치권에서는 이를 해소하기 위해 다양한 제도와 시스템을 도입하려 하고 있다. 그러나 젊은이들의 일자리에 대한 생각의 변화를 따라잡지 못한 채 과거의 일자리 정책에 머문다면 제도와 시스템만으로는 효과를 얻을 수 없다. 젊은이들은 월급 200만원인 미래비전 없는 중소기업보다, 설사 한 달 수입 100만원이라도 자신의 삶의 환경(context)과 떼려야 뗄 수 없는 유튜버가 되기를 더 원할지 모른다.

선택과 집중만이 살길이다?

우리나라 속담에 "오르지 못할 나무는 쳐다보지 마라"와 "열 번 찍어 안 넘어가는 나무 없다"가 있다. 해석하는 사람에 따라 차이는 있겠지만 첫째 속담은 "할 수 없는 건 하지 마라. 대신 할 수 있는 것에 선택해서 집중하라"는 의미이고, 둘째는 "이 세상에 할 수 없는 것이란 없으니 열심히 도전하라"는 뜻이다. 속담의 역설이라고나 할까? 자기가 무엇을 할 수 있는지, 그리고 뭘 모르는지 아는 것은 중요하다. 소크라테스도 "너 자신을 알라"고 했듯이 말이다. 지금은 장비가 좋아져 누구나 최소한의 능력만 있으면 에베레스트를 오르는 시대이다. 이런 시대에 오르지 못할 나무란 없다.

필자가 대학을 다니던 시절 컴퓨터를 한 번 쓰려면 카드에 코딩을 하고 이를 천공하는 직원에게 넘겨줘야 했다. 그들 없이는 컴퓨터로 자료를 처리하기란 불가능에 가까웠다. 하지만 이제 그들의 역량은 아무짝에도 쓸모가 없다. 1980년대까지 명동성당 근처에 국내 굴지의 타자학원이 있었다. 당시 오자 없이 타자를 칠 수 있다는 것은 상당한 능력이었다. 지금 우리는 PC로 자판을 두들기며 심지어 PC가 오자까지 알려주는 시대에 살고 있다.

디지털 카메라를 먼저 만든 회사는 코닥(Eastman Kodak)이다. 하지만 아이러니하게도 디지털 카메라에 밀려 기업의 과거영화를 허공에 날려버린 것도 코닥이다. 필름사업의 미련을 버리지 못한 코닥은 '어드밴틱스 프리뷰(ADVANTIX PREVIEW)'라는 필름이 활용되는 디지털 카메라를 출시한다. 사진을 찍은 이미지가 필름에 포착되고 카메라 뒤쪽에 장착된 디스플레이를 통해 즉시 사진을 인화하는 카메라인데, PC나 노트북 컴퓨터가 사진앨범의 역할까지 하는 시대에 코닥의 발명은 시장의 주목을 받지 못했다. 이와 달리 후지는 과감하게 기존 사업을 포기하고 재빠르게 사업구조를 변화시켰다. 필름사업 위주로 구조조정을 단행하고, 필름에서 축적한 기술을 바탕으로 평판 디스플레이, 화장품, 제약 등으로 사업 확장을 시도했다. 2013년에 접어들면서 후지의 매출에서 필름이 차지하는 비중은 1% 정도로 하락했다.

핵심역량은 수십 년간 강조되어 온 기업의 성공요소이다. 핵심역량을 통해 많은 기업들이 위기를 극복하고 성공을 이룬 것도 사실이다. 그러나 우리는 지금 변화와 격변의 시대에 살고 있다. 오늘의 핵심역량이 내일의 핵심역량은 아닐 수 있다. 코닥처럼 과거의 역량에 의지할 경우 시대의 변화에 뒤처질 수 있다. 일본의 스미토모는 메이지 시대 구리주물공장에서 시작하여 상업, 광산업, 제조업을 거쳐 화학 및 은행업으로 변모해 온 지구상에 존재하는 최장수기업 중 하나이다. 스미토모가 이처럼 변신을 거듭한 원동력은 핵심역량에 집중해야 한다는 이유로 미래 경쟁의 싹을 자르지 않았기 때문이다. 마이클 포터의 지적은 새겨들을 필요가 있다.

> "21세기에 있어 고정불변의 영원한 경쟁우위란 없다. 오직 지속적으로 새로운 경쟁우위를 찾아내고 개발하는 기업만이 성공할 것이다."

천하무적의 강적을 벨 수 있는 칼은 영웅의 내부에 있다. 상승을 거듭하여 정점에 오른 영웅이 앓게 되는 고질병이 하나 있는데, 오만(Hubris)이 바로 그것이다. 오만이 찾아들면서 영웅은 하강의 주기로 진입한다.

친구들 중에 사회생활 초기에 벤처로 성공을 일군 이들이 있다. 새로운 제품을 개발하거나 해외에서 수입해서 성공을 거둔 친구들도 있다. 하지만 문제는 젊어서 성공한 친구들 중에 적지 않은 비율이 성공을 유지하지 못한다는 점이다. 자신의 성공을 이룩한 공식을 지나치게 신뢰하기 때문이다. 그래서 젊어 실패는 사서 한다는 말도 있는지 모른다.

영어표현에 '흐름을 타라(Go with the flow)'는 말이 있다. 자신의 고집을 버리고 세상의 변화를 직시하고 이를 어떻게 자기 것으로 만들지 고민하라는 말이다. 21세기에는 아마 이러한 변화를 타는 정신이 진정한 핵심역량일 것이다. 세상에 고정불변의 것은 없기 때문이다.

창의적 기업가 정신(Entrepreneurship)

피터 드러커가 한국의 교육현실에 대해 쓴 소리를 한 적이 있다.

> "한국에서 가장 이해하기 힘든 것은 교육이 정반대로 가고 있다는 사실이다. 한국 학생들은 하루 15시간 이상을 학교와 학원에서 자신들이 살아갈 미래에 필요하지 않을 지식을 배우기 위해

그리고 존재하지도 않는 직업을 위해, 아까운 시간을 허비하고 있다."

나는 청소년들이 자신의 생각을 정립하고 미래를 꿈꾸는 기회를 많이 가져야 한다고 믿는다. 창의적 사고에 도움을 주지 못하는 박제화된 시험문제를 풀면서 밤늦게까지 학원을 다녀야 하는 현실이 직장생활을 할 때 감수해야 할 야근에 대한 적응훈련을 하는 건 아닌지 생각이 들 정도이다. 우리나라 근로자들의 노동시간은 길기로 따지면 세계에서 둘째가라면 서러울 정도 아닌가! 기업이 직원들의 창의력을 육성한다고 해서 하루아침에 이루어지는 게 아니다. 창의적인 사람들을 보면 어려서부터 다양한 놀이문화를 접하고, 독서를 즐기며, 여러 생각을 경험하면서 새로운 시도를 두려워하지 않는다. 또 창의적 인재 뒤에는 이런 행위를 적극적으로 후원하는 후원자가 있다. "딴 생각하지 말고 들어가 공부나 하라"는 분위기에선 창의적인 인재가 나올 수 없다.

최인수 교수는 '창의성의 세 박자 모델'을 제시한다.[21] 창의적 성취가 이루어지기 위해서는 창의적 아이디어를 만들어 내는 개인도 중요하지만 아이디어를 평가하고 선택하는 평가자, 차후 창의적 아이디어를 만들어 내는 데 디딤돌로 활용가능한 축적된 결과물 등의 세 가지 요소가 반드시 갖춰져야 한다.

조직에는 예술가(artist)와 법률가(lawyer)가 같이 존재해야 한다. 틀을 벗어난 사고를 통해 새로운 것들을 개발하고 찾아낼 수 있는 예술적 기질을 갖춘 사람과 더불어, 이러한 아이디어를 실현시키기 위해 주변을 설득시키면서 밀고 갈 수 있는 사람도 필

▶조직에는 피카소와 같은 예술적 기질을 갖춘 사람과 아인슈타인의 예리한 분석능력을 갖춘 사람이 모두 필요하다.

요하다. 최 교수가 창의적인 조직을 위한 필수요소를 제시했다면, 이러한 요소들이 잘 작동하도록 여건을 조성하는 일도 필요하다. 직급을 떠난 활발한 토론, 실패를 두려워하지 않는 정신, 그리고 다양한 생각을 받아들이고 창의적 분위기를 저해하는 요소를 제거하는 것이 여기에 해당한다.

토론 없는 발전은 없다

조직에는 다양한 경험과 생각을 지닌 사람들이 일하고 있다. 하지만 각자 자신의 개성과 생각을 유지하면서 조직생활을 하기란 쉽지 않다. 조직은 기본적으로 목적달성을 위해 '한 방향 정렬(alignment)'을 추구하기 때문이다. 그런데 제대로 된 정렬이라면 다양성을 유지하면서 목표달성을 위해 각자의 능력과 개성을 발휘하도록 해야 하지만, 불행하게도 적지 않은 수의 조직이 CEO의 취향에 좌우된다.[22] 창의적 정신은 다양성을 인정하는 데서 꽃필 수 있다. 다양성을 유지하기 위한 좋은 방법 중 하나가 상대방의 차이를 인정하고 이들의 의견에 귀를 기울이는 것이다.

회의문화 개선방안에 대해 조사한 적이 있다. 직원들이 싫어하는 회의유형에는 공통점이 있다. 시간만 긴 일방통행식 회의이다. 의견을 구한다면서 돌아가며 얘기하도록 강요한 후 회의주재자가 자기 의지대로 결론을 내는 회의가 여기에 속한다.

토의(discussion)의 어원은 그리스어인 dischos에서 왔다. 세부적으로 자세하게 검토한다는 의미이다. 토론(討論)의 한자어를 보면 회의를 어떻게 진행해야 하는지 더욱 분명해진다. 말(言)을 잘게 쪼개고(寸), 누가 강제로 시켜서가 아니라 자발적으로 돌아가며(侖) 지위에 상관없이 이야기한다는 뜻이다. 조직 내에 창의적인 기업가 정신이 살아 숨쉬게 하려면 이러한 수평적인 의사소통이 필요하다.

토론 없는 진리는 독단에 불과하다. 자신의 성공에 도취되어 주위의 변화를 받아들이지 않으면 이는 자기발목을 잡는 덫이 된다. 아무리 훌륭한 의견이라도 이것이 하나의 편견, 즉 어떠한 이의나 논의도 불허하는 신념으로 존재한다면 이는 더 이상 좋은 의견일 수 없다. 진리에 대한 밀(John Stewart Mill)의 생각은 기업에게도 유의미하다.23

> "어떤 것에 대한 의문이 없어지면, 그것에 대해 더 이상 생각하지 않으려는 경향이야말로 인류가 저지른 오류의 절반을 낳은 원인이다."

새롭게 생각하고 이를 받아들이지 않으면 기업은 퇴보할 수밖에 없다. 명사강연회를 추진하면서 우리나라 굴지의 철강회사 발명왕을 초청한 적이 있다

> "발명은 결국 자기주변에서 나올 수밖에 없다. 보다 나은 제품을 만들기 위해서는 자신의 축적된 경험을 바탕으로 끊임없이 노력해야 한다. 여기에 다른 사람의 경험이나 생각을 자신의 분야에 접목한다면 전혀 생각지 못한 것을 만들어 낼 수 있다."

사람의 경험과 지식은 불완전하다. 따라서 완전한 의견을 만들기 위해 허심탄회하게 의견을 교환하고 다른 사람의 생각을 받아들이는 것이 필요하다. 나의 생각과 상대방의 생각엔 기업의 운명을 바꿀지도 모르는 아이디어가 반반씩 들어 있을 수 있다. 이때 서로간의 의견교환을 통해 1+1=2 이상의 효과를 누릴 수 있다. 직원들이 침묵하고 있다면 이는 아무 생각이 없어서가 아

니라 회사 분위기 때문이다. 그렇다면 이는 훌륭한 아이디어를 사장시키는 꼴이 된다. 직원들의 경험이 짧아 관리자의 생각에 미치지 못할지라도 그 속에 참신한 생각이 있을 수 있다. 프랑스의 철학자 에밀 샤르티에(Emil Chartier)는 말했다

"당신이 단 하나의 생각을 가지고 있을 때가 가장 위험하다."

조직에 창의적인 사고와 도전정신을 불어넣으려면 무엇보다 충분하고 다양한 의견들이 흘러넘쳐야 한다. 획일화된 질서는 '집단적 사고'를 가져오게 되고 이러한 현상이 일어나면 모든 사람이 똑같이 생각하며 어떤 특정한 선을 벗어나려 하지 않는다. 결국 이는 조직의 생명력을 떨어뜨린다.

오랜 기간 동안 제너럴 모터스의 회장을 지냈던 슬론(Alfred Pritchard Sloan, Jr.)은 직원들의 의견이 너무 빨리 집약되면 다음처럼 말했다곤 한다.

"우리는 결정을 미루는 게 좋겠습니다. 왜냐하면 다른 의견이 나올 때까지 시간이 좀 걸릴 테니까요."

토론은 혼돈과 질서 사이를 주기적으로 왔다갔다할 수 있는 최선의 방법 중 하나이다. 마치 질서 없는 듯이 보이는 의견들이 토론을 거쳐 하나의 정제된 아이디어로 거듭나기 때문이다. 이러한 과정을 통해 기업이 몰랐던 새로운 먹거리도 생겨날 수 있으며, 환경변화에 적합한 시스템도 창조할 수 있다. 그리고 바로 이

런 것들이 다음단계의 성장을 위한 첫걸음이 된다.

실패를 두려워하지 마라

리더는 "내가 가장 많이 알고 있다"는 자기확신에서 벗어나야 한다. 직급으로도 직원들을 제압하고도 남음이 있는데, 생각마저 이렇다면 직원들은 자신의 생각을 감히 얘기할 수 없다.[24] 어느 직원이 이런 상사 앞에서 위축되지 않겠는가? 아이는 성장해가는 과정에서 공감능력을 확대한다. 한 예로 자신을 안은 엄마의 팔이 걱정 따위로 인해 경직된다면 아이는 엄마의 감정을 그대로 느끼게 된다(classical conditioning).[25] 리더가 구성원들의 다양한 아이디어를 받아들이고 그들과 함께 고민하면 이들의 실패를 인정하기 쉬워진다. 실제 상황에서 아이디어가 뜻한 대로 성과를 창출할 수 있는지는 실제로 해 보지 않고선 알 수 없다. 새로운 시도의 대부분은 실행하고 반복되는 실패 과정에서 그 해답을 찾게 된다. 기술관련 회사에 근무하면서 뛰어난 엔지니어와 함께 일한 적이 있다. 그에게 물어봤다.

"이렇게 구성하면 작동 가능한가?"
"실제로 해봐야 압니다."

인텔(Intel)은 '해봐야 안다'를 실천하는 기업이다. 처음부터 일을 100% 완벽하게 성공시키겠다는 생각은 오히려 성공에 대한 부담감, 즉 실패에 대한 두려움 때문에 일을 그르칠 수 있다고 믿는다. 일을 시작하기도 전에 실패율을 낮추기 위해 분석과 점검으로 시간을 낭비하는 것을 피하고 현장에서 자신의 아이디어가 실현될 수 있는지 실제 일을 통해 확인하는 게 최선의 방식이라는 것이다. 인텔이 2000년대 초반 새로운 트랜지스터 기술을 개발하던 당시, 프로젝트를 담당하던 힐스보로(Hillsboro) 연구소 소장의 말은 이러한 인텔의 정신을 보여준다.[26]

> "프로젝트를 진행하는데 전기회로가 어떠해야 하는지, 전류 흐름과 관련한 방정식이 어떠해야 하는지 논쟁만 하는 것은 쓸모없다. 연구원들의 새로운 아이디어가 어느 정도 윤곽을 드러내면, 곧바로 시제품(Prototype)을 만들어 실험해 보고 전기회로나 방정식이 실제로 어떻게 작동하는지 확인하는 게 빠르다. 제대로 작동하지 않으면 수정하면 된다."

사람들은 자기가 맡은 일이 하나 둘 진전(progress)되면서 만족을 느낀다(Teresa Amabile).[27] 게다가 실패를 극복하고 문제를 해결하면서 성과를 이뤄간다면 만족을 넘어 자부심마저 갖게 된다. 보기엔 단순한 업무에 불과하지만 한 분야에 오래 근무하면서 남들이 감히 넘볼 수 없는 수준에 이른 사람들이 나오는 TV 프로그램을 봐도 이들이 갖는 자부심은 대단하다.

기술은 조직을 이끌어 가는 자동차 핸들이 아니라 가속페달에 불과하다. 훌륭한 회사를 이끌고 있는 경영자들의 80%가 기술을 중요한 요인으로 언급하지 않는다. 기술 자체는 도약이나 몰락의 원인이 아니다.[28] 이러한 기술을 바탕으로 제품을 어떻게 만드느냐가 중요하다. 즉, 실패와 오류를 거듭하면서 새로운 것을 창출할 수 있는 분위기가 더욱 중요하다.29

실패학의 대가인 하타무라 요타로에 의하면 미지의 세계에 대한 도전 중 99.7%가 실패이며, 단지 0.3%만 성공한다. 실리콘 밸리에서 기업의 생존확률은 1% 남짓이라고 한다. 이처럼 낙타가 바늘구멍을 통과하는 가능성에도 불구하고 젊은이들이 실리콘 밸리로 몰리는 이유는 바로 1%의 성공을 위해 실패를 감수하기 때문이다.

그런데 이러한 불굴의 정신이 꽃을 피우려면 실패를 용인할 수 있는 사회적 분위기가 필요하다. 우리나라도 젊은이들에게 창업을 권유한다. 그러나 실리콘 밸리와 달리 실패할 경우 재기가 어려운 경우가 많다. 우리나라의 금융제도나 투자자들 마인드의 한계 때문이다. 몇 년 전 투자업무에 종사하는 친구에게 괜찮은 벤처회사를 소개시켜 준 적이 있는데, 친구의 생각은 다음과 같았다.

> "요즘 전주(錢主)들은 위험을 무릅쓰면서 공격적으로 투자하기를 꺼린다. 건물 등 안정적인 분야에 투자하고 정기적으로 임대료 받는 걸 선호한다."

벤처를 운영하는 후배에게서 들은 이야기이다.

> "벤처기업들이 투자받기가 만만치 않다. 투자자가 집이나 부동산을 담보로 요구하는 경우도 있다. 벤처회사 사장이 무한책임을 지라는 말이다."

실패가 용인되지 않는 사회에서 창업은 쉽지 않다. 게다가 젊은이들이 창업을 한다 해도 경험 등 여러 면에서 부족한 게 많으니 성공하기란 더욱 어렵다. 한때 우리나라는 젊은이들에게 창업을 권유했다. 푸드트럭(food truck)은 마치 젊은 창업의 본보기와도 같았다. 하지만 당시 이러한 정책을 보고 떠오른 생각은 청년실업률이 높아지고 있으니 창업을 통해서라도 실업률을 낮춰보자는 정책이 아닌가 하는 우려였다. 푸드트럭은 장사하기 좋은 곳이 아니라 기존 상권의 반발로 고속도로 주변 등 한적한(?) 곳으로 밀려났으니 말이다.

실패와 관련해서는 몇 가지 증상이 있다. 대표적인 것 중 하나가 손해보험회사에 근무하던 하인리히가 실증조사를 통해 찾아

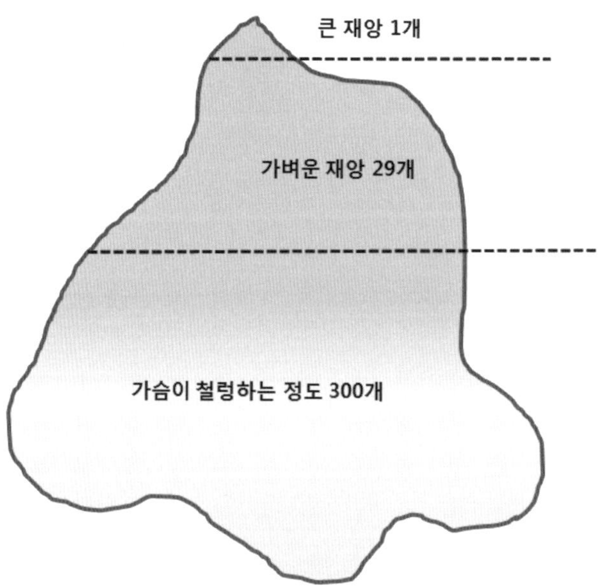

▶하인리히의 실패의 빙산

낸 것으로, 큰 재해 1건의 이면에는 29건의 가벼운 재해가 있으며, 그 뒤에는 식은땀이 흐를 정도로 가슴이 철렁했던 사례가 300건 정도 존재한다는 것이다.[30]

증상이 있다는 것은 거꾸로 실패를 면밀히 분석한다면 배울 게 숨어 있다는 의미이다. 실패는 성공의 어머니이다. 그런데 실패로부터 성공경험을 얻으려면 몇 가지 원칙이 있다.[31] 무엇보다 실패하고 나서 그 분위기를 잊어버리기 전에 신속하게 분석을 실시해야 한다. 보통 6개월에서 1년 이내에 분석을 해서 실패경험을 복습해야 한다. 경험이란 시간이 지나갈수록 부풀려지거나 왜곡되어 전달되기 쉽고, 실패를 통해 교훈을 얻으려면 당시 상황이 함께 분석되어야 한다. 실패가 내용(text)이라면 상황은 그 배경(context)이기 때문이다.

실패를 통해 교훈을 얻는 회사 중 하나가 바로 3M이다. 실패한 접착제가 4년 뒤 포스트잇으로 거듭날 수 있었던 것은 매년 열리는 기술포럼(technical forum)을 통해 실패한 프로젝트의 원인을 분석하는 끊임없는 노력 덕택이었다.

여러 가지 생각이 넘치게 하라

아리스토텔레스는 피치자의 탁월함은 올바른 의견(doxa alethes)을 내는 데 있으며, 치자 고유의 탁월함이란 선견지명(phronesis)이라 했다. 회사가 제대로 돌아가려면 리더는 미래를 바라보면서 직원들이 다양한 생각을 허심탄회하게 말할 수 있도록 해야 한다. 애덤 스미스는 18세기 말에 발표한 자신의 명저 『국부론』에서 다음과 같이 말했다.

> "한 나라의 진정한 부의 원천은 그 나라 국민들의 창의적 상상력에 있다."

우리가 "이것은 필수불가결한 것이다. 바꿀 수 없다"라고 믿는 것은 이미 그것에 익숙해져 있기 때문에 그렇게 생각하는 것뿐이다. 관습이 내포한 가장 큰 오류는 관습이 정당한지 부당한지 생각지도 않고 그냥 하던 대로 믿는다는 데 있다.

> "독일인 가정에서의 일이다. 시어머니가 소시지를 얇게 써는 걸 본 며느리는 그 이유를 물어봤다. 시어머니는 자신의 어머니가 그렇게 썰었다고 대답했다. 그래서 이번에는 시할머니에게 그 이유를 물어봤다. 시할머니는 대답했다. '그때 소시지 통이 너무 작아서 그랬어.'"

기업이 자만에 빠졌을 때 나타나는 증상 중 하나가 내부규정이나 지침을 앞세운다는 사실이다. 직원들이나 고객들에게 "그런 규정이 없어서 어렵다"는 말만 되풀이한다. 높은 자리에 있는 사람들은 직원들에게 새로운 걸 배우려 하기보다 오히려 이들을 가르치려 든다. 직원들이 어떠한 조언을 하면 "자네가 틀렸네", "아직 경험이 없어서 그러는 것 같은데, 그건 그렇지 않네"라는 식이다. 관행을 강조하면서 과거 하던 대로만 하려고 한다.

정유회사인 쉘(Shell Oil Company)에서 전략을 담당했던 아리드 호이스(Arie de Geus)에 따르면 1970년 포춘 선정 500대 기업 중 1/3이 13년 후에 인수, 제휴, 청산 등으로 사라졌으며, 조직의 평균 수명은 기껏해야 12년 정도라고 한다. 사람으로 따지면 많은 기업이 20세도 되기 전, 한창 성장할 때 죽음을 맞이하는 것이다. 그러면서 그는 장수기업의 특징에 대해 언급한다. 그중 하나가 환경에 민감하고 새로운 아이디어에 무척 관대하다는 점이다.[32]

"여기 귤이 하나 있습니다. 귤을 가지고 할 수 있는 일은 뭐가 있을까요?"

혁신미팅에 참가한 사람들에게 질문을 던진 적이 있다. 처음에는 "먹는다", "껍질을 벗긴다", "껍질로 차를 끓인다", "주스를 만든다" 등 우리가 쉽게 생각할 수 있는 대답들이 대부분이었다. 다른 방식으로 한 번 생각해 보라고 간단한 팁(tip)을 줬다. "귤을 꼭 먹어야만 하나요?" 그러자 다양한 대답이 쏟아져 나왔다. "시끄럽게 구는 놈 입 속에 껍질도 안 까고 집어넣는다", "가운데 구멍을 뚫어 반지를 만든다", "팀장님 자리에 있는 방석 밑에 숨겨 둔다", "꽃처럼 만들어 사랑하는 사람에게 준다."

새로운 것을 만들어 내는 데는 두 가지 사고과정이 필요하다. 상상하는 것과 이를 실용적으로 전환하는 과정이다.[33] 미국에서는 나사(NASA)와 할리우드가 이따금씩 함께 모여 의견을 교환한다고 한다. 할리우드의 상상력과 이를 실용화하려는 나사의 의도가 의기투합했다고나 할까? 서로 다른 분야에서 일하는 사람들이 모여 미처 생각하지 못했던 아이디어를 교환하는 것은 병아리가 알을 깨고 나오도록 마지막 순간에 어미 닭이 계란껍질을 쪼아주는 것과 같다.

스티브 잡스가 애플(Apple)을 떠나 픽사(Pixar)의 CEO로 재직할 당시 '최고의 회의는 우연히 일어나는 회의'라면서, 직원들이 오가며 마주치다가 대화하는 것이 새로운 아이디어의 출발점이라고 했다 — 스티브 잡스의 이런 습관 때문에 직원들이 같이 엘리베이터를 타려 하지 않았다는 일화도 있다. 그러고는 본사 중앙에 넓은 광장 같은 건물을 배치하고 이를 중심으로 다른 사무실을 에둘러 구성함으로써, 아티스트, 작가, 컴퓨터엔지니어 등 모든 구성원이 서로 지나가며 자연스럽게 대화하도록 유도했다. 이런 과정을 통해 애플은 기존의 틀을 깨는 제품과 서비스를 만들어 낸 것이다.

다양한 생각들이 조직 내 살아 숨쉬게 하려면 귀보다 마음을 먼저 열어야 한다. 그래야만 다른 사람의 생각을 들을 수 있다. 조직에서는 서로 다른 배경을 가진 사람들이 다양한 위치로 모여든다. 따라서 이들이 보고 듣는 것의 의미는 다를 수밖에 없다. 각자 다른 입장에서 보고 듣기 때문이다. 공동세계를 구성하는 구성원의 속성은 이처럼 다양한데 이러한 다원성 속에서도 자신의 정체를 드러내고 유지할 수 있는 다양성이 파괴될 때 공동사회는 궤도를 이탈한다.34

생선을 튀길 때에는 냄새가 난다는 고정관념을 버리면, 생선을 요리할 때 냄새가 나지 않도록 하는 주방도구를 만들 수 있다. 이러한 사고방식은 제품을 만들 때에만 적용되는 게 아니다.

조직을 운영할 때에도 마찬가지다. 당신이 CEO라고 생각하라. 그런데 당신은 직원들이 일하는 이유가 오로지 돈 때문이라고 생각한다. 그러면 이제부터 사람들은 자기만족과 자아실현을 위해 일한다고 생각을 바꿔라. 그러면 당신 주위에는 지금보다 더 진지하고 의욕적인 사람들이 모일 것이다. CEO의 역할이 지시를 내리는 게 아니라 직원들의 생각을 이루어주는 것이라고 생각해 보라. 그러면 조직은 활기와 아이디어로 넘쳐날 것이다. "우리 회사 직원들은 모두 무능해서 교체대상이야"라고 호통치는 대신, "직원들의 충성심과 능력을 이끌어 내지 못하는 건 내가 부족해서다"라고 생각해 보라. 그러면 당신에게는 당신을 도우면서 자신의 능력을 펼쳐 보이고자 하는 사람들이 모여들 것이다.

배가 항해할 때 선원들은 각자 다른 역할을 수행하지만, 선장을 포함해서 모두 다 안전한 운항이라는 공통의 목표를 갖고 있다. 기업도 마찬가지다. 직원들이 자기 분야에서 맡은 바 역할을 제대로 수행해야 한다. 그리고 리더는 이들의 역량을 이끌어 낼 수 있어야 한다.

꿈꿀 수 있는 비전을 갖게 하라

비전이란 사람들에게 활력을 불러일으켜서 그들이 갖고 있는 기술, 재능, 자원을 활용, 미래로 도약하게 하는 아이디어이자 생명이다.[35] 즉 비전이란 현실성 있는 꿈, 충분히 매력적이며 보다 나은 미래를 제시하는 꿈, 즉 미래를 향한 이정표이다. 희망과 꿈이 있다면 이러한 꿈을 좇는 사람들이 모여들게 된다.

마이크로소프트의 빌 게이츠는 자기와 비슷한 비전과 생각을 가진 사람을 사원으로 선발한다. 이들 중에는 아무런 지침 없이 일주일에 60시간 이상씩 일하는 도전적이고 열정적인 사람들이 많기 때문이다. 애플사 직원들은 자신들이 단지 뛰어난 스마트폰이나 태블릿 PC를 만드는 사람들이 아니라, 제품을 통해 세상을 바꾼다는 원대한 이상을 갖고 있다.

물론 비전이 만병통치약은 아니다. 아무리 잘 만들어진 비전이라도 제대로 전달되고 실천되지 않는다면 제 역할을 할 수 없다. 또 출발부터 너무 현실과 괴리되어 만들어진 비전은 구성원들에게 허탈한 웃음만 안겨준다. 그렇다고 해서 너무 왜소하거나 세밀한 비전은 직원들의 열정을 불러일으킬 수 없다. A라는 세제 회사가 있다고 가정하자. 이 회사는 "우리 회사 제품은 다른 회사 제품에 비해 2/3만 넣어도 충분해서 소비자 여러분들의 가계비를 절감할 수 있습니다"라고 주장한다. 하지만 세제가 비싸야 얼마나 비싸겠는가? 그리고 세제라는 것이 소비자에 따라 습관적인 사용량이 있을 것이다. 직원들도 기껏 사용량을 2/3로 줄이자고 시간을 투입하면서 연구개발에 몰두할 필요를 느끼지 못할 것이다. 이 회사가 만약 다음과 같이 주장한다고 생각해 보자.

> "우리 회사는 최소한 앞으로 7세대가 깨끗한 환경에서 살 수 있도록 노력하고 있습니다. 그래서 가격을 유지하면서도 비싼 친환경 재료를 사용하고 있지요. 또한 언젠가는 지금의 세제를 대체하기 위해 연구개발에 최선을 다하고 있습니다."

비전은 현실과 적당히 거리를 두면서 바람직한 미래의 모습을 제시해야 한다. 그래서 구성원들이 비전을 달성할 수 있다는 희망과 열정을 느끼게끔 해야 한다. 게다가 이러한 비전은 직원들뿐만 아니라, 고객을 포함한 다양한 회사의 이해관계자들에게도 긍정적인 영향을 준다.

그러면 비전에는 어떠한 내용이 포함될 수 있을까? 최고의 품질이나 서비스가 포함될 수 있다. '최초의', '최고급의', '가장 훌륭한', '가장 친절한' 또는 '가장 빠른' 등의 말로 시작하는 목표는 어느 업종에서든 좋은 비전이 될 수 있으며 구성원들에게 매력적으로 들린다. 구성원들 스스로도 자기가 최고라고 느낄 수 있기 때문이다. 누가 이류나 삼류로 머무르기를 원하겠는가?

또 비전에는 소비자에 대한 약속이 들어갈 수 있다. 한때 헤르츠(Herz)에 밀려 렌터카 시장에서 2위 자리를 차지하던 아비스(Avis)는 "더 열심히 노력하고 있습니다(We try harder)"라는 문구로 소비자들에게 다가간 적이 있다. 최근에는 기업의 이해관계자(stakeholder) 중에서도 직원들을 중요하게 생각하는 기업들이 늘고 있다. 이런 기업들에겐 직원들의 복지와 능력개발을 강조하거나, 이들에게 안정적인 직장을 보장하겠다는 비전이 어울린다.

어느 나라든 경제가 불황에 허덕이면 평생직장이라는 개념은 고풍스런 유물취급을 받을 수밖에 없다. 하지만 경제가 어려워질수록 사람들은 안정적인 걸 선호한다. 이는 역량을 갖춘 사람들에게도 마찬가지다. 경제상황이 불안해서 우리 회사가 어찌될지 모른다고 생각할 때, 그래서 나도 미래를 알 수 없다고 할 때, 근로자들은 단지 '일하는 척'만 할 뿐이다.

페덱스(Fedex) CEO 프레드 스미스(Fred Smith)는 2008년 미국에 금융위기가 닥치자, "우리 회사는 직원들을 보호하는 걸 최고의 가치로 삼는다"면서 최고경영진의 급여를 가장 먼저 삭감했다 — 최근 우리나라 굴지의 통신회사 CEO는 직원을 대량해고하면서 자신의 연봉은 3~4배 올려 국민적 원망의 대상이 된 걸 기억해 보라! 그 결과 정말 피치 못하게 구조조정을 하게 되었을 때, 직원들은 최소한의 해고를 감수하기로 결심했다.[36] 이에 비해 대량해고와 이에 따른 장기파업으로 커다란 사회적 이슈가 되었던 A자동차의 경우 대규모 해고를 시행하기 전에 회사의 어려운 상황에 대해 근로자들에게 한 번도 재무상태를 공개한 적이 없다고 한다.[37]

최근에는 지속가능경영이 화두가 되고 있다. 지속가능경영이란 기업도 공동체의 일원으로서 사회적인 역할을 다하겠다는 의미이다. 이제 기업은 이익을 내는 것 외에 소비자를 통해 얻은 이익을 어떻게 사회에 환원하는지도 생각해야 한다. 인간세상에서 자기 혼자만의 행복이란 환상이다. 동물은 자기 하나만의 행복을 목적으로 하지만 인간은 그럴 수 없다. 인류생활의 진보는 인간상호간 생존경쟁의 격화가 아닌, 호의와 관대함, 그리고 생존경쟁의 완화로 이루어져 왔다.[38]

그래서 최근에는 이러한 사회적 역할을 회사의 신조(credo)로 삼는 회사들이 늘고 있다. 물론, 실제 환경에는 관심도 없으면서 환경친화적인 기업을 표방하는 회사(이를 green wash라고 한다)들이 없는 건 아니다. 하지만 이러한 술책은 결코 오래가지 못한다.

장수한 기업의 특징은 단기적 재무이익이 아닌, 실질적인 사명(mission)에 의해 움직인다. 이런 회사에서는 최고의 품질이든, 고객우선이든, 공동체의 일원으로서 역할 완수든 꿈꿀 수 있는 비전을 최고의 가치로 친다. 그리고 소속된 사회와 자신의 가치를 공유한다. 다시 말해 실질적인 사명은 진정성에서 생기며, 이를 통해 기업은 사회적 진보와 함께 기술개발을 통한 과학적 진보를 이루며, 그 열매를 사회와 공유하는 것이다.[39] 이제 이런 기업이 우리나라에서도 나와야 할 때다. 우리 소비자들도 단지 가격이 싼 제품이 아니라, 공동체와 하나가 되려는 기업의 제품을 선호할 만큼 성숙해 있다.

기업이 공동체와의 발전을 생각한다고 해서, 출발부터 거창할 필요는 없다. 기업과 관계된 가장 기본적인 공동체란 바로 직원들이기 때문이다. 서구유럽에서는 이러한 견해가 점차 확산되고 있다. 하지만 우리나라에서 이런 회사를 찾기란 쉽지 않다. 그래서 시화공단의 어느 회사의 사례는 더욱 참신하다. 이 회사는 용접할 때 노동자들이 보호구를 착용했는지 안 했는지 노조가 불시에 들이닥쳐 검사를 하고 이를 성과에 반영한다고 한다.[40] 회사가 보호해야 할 사람들이란 바로 노동자들이고, 그래서 이들의 안전을 최우선으로 생각하기 때문에 취하는 조치이다. 기업이 완수해야 할 사회적 책임은 바로 근로자로부터 출발한다. 기업은 다른 어느 공동체보다 이들이 행복하도록 해야 한다. 직원이 행복해야 고객이 행복하다는 말도 있지 않은가!

창의적 · 도전적 분위기를 저해하는 요소를 찾아 제거하라

중소기업을 운영하고 있는 친구와 직원들의 창의성과 사업마인드에 대해 이야기를 나눈 적이 있다. 친구에 따르면 임금 등 여러 제약조건으로 인해 중소기업은 대기업에 비해 능력 있는 인재를 얻기가 어려울뿐더러, 비록 이러한 인재를 채용하거나 육성했다 하더라도 붙잡아 두기 힘들다고 한다. 게다가 자신들의 수준은 생각하지 않은 채 대기업의 처우와 비교하면서 불만을 표출하는 직원들을 볼 때 답답함마저 든다는 것이다. 상황이 이러하니 CEO가 하나부터 끝까지 지시하고 관리할 수밖에 없다면서 몇 마디를 덧붙인다.

> "중소기업을 오래 경영하면서 느낀 점은 인력의 수준이 천차만별이다 보니 인간군상이 참 다양하다는 사실이다. 누구는 동료나 상사의 약점을 잡아 투서를 하기도 하고, 누구는 시키는 대로 하지 않고 자기고집만 피우다 실적악화를 초래한다. 우리는 실적이 바로 회사의 운명과 직결되기 때문에 실적 좋은 사람은 우대하고 조직에 도움이 되지 않는 사람은 퇴사를 권유할 수밖에 없다. 조직을 창의적으로 만들고 운영할 여력이 없다."

우리나라의 열악한 중소기업 상황을 고려할 때 친구의 말이 틀렸다고 할 순 없다. 필자 역시 모든 조직이 다 창의적이어야 한다고 주장하는 것은 아니다. 하지만 조직의 분위기를 조성하고 직원들의 사업마인드를 고취하는 것은 CEO가 선택할 문제이지 직원들이 하고 싶다고 해서 할 수 있는 일은 아니다. 그런데 많은 조직들은 창의성과 도전정신을 강조하면서 실제 운용은 이와 반대로 간다. 따라서 진정으로 직원들이 창의적이고 도전적이기를 원한다면 장애요소들이 뭔지 이해하고 제거하는 것이 중요하다. 그러면 제거해야 할 장애요인으로는 무엇이 있을까?

우선 야단치는 CEO가 있다.[41] 처벌이라는 수단을 통해 조직을 드라이브할 때, 회사의 에너지는 쇠퇴하게 된다. 오래전에 전화국별로 직원들의 조직만족도(Organisational Commitment)를 조사한 적이 있다. 직원들의 조직만족도가 상대적으로 낮은 어느 지역의 전화국을 찾아가 직원들과 지사장을 인터뷰했다. 지사장의 이야기이다.

"나는 여기 부임해 오면서 오픈 도어(open door) 정책을 추진했다. 불만이나 개선요구사항이 있다면 우리 직원들 누구라도 내 사무실로 들어와서 이야기할 수 있도록 한 것이다. 처음에는 불만이나 개선요구사항이 좀 있는 듯싶더니 이제 찾아오는 직원들이 많이 줄었다. 많은 것이 개선되었다는 증거이다."

수석팀장의 이야기는 조금 다르다.

"처음에 오픈 도어 정책을 시작할 때 지사장님에게 불만이나 개선요구사항을 얘기하는 직원들이 없었다. 보수적인 지역정서로 인해 직원들이 그러한 제도에 익숙지 않았기 때문이다. 그래서 내가 직원들의 요구사항을 수렴해서 몇 차례 보고를 했다. 그랬더니 지사장님은 '왜 자꾸 불만사항이 올라오냐?'면서 호통을 치셨다. 우리들은 더 이상 개선요구사항을 보고드리지 않았다. 그러자 얼마 후, 지사장님이 '왜 이제 보고를 안 하냐?'고 물어봤다. 나는 많은 사항이 개선되었기 때문이라고 대답했다."

농부 한 사람이 있다. 1년 내내 이상기후에 시달려 수확량도 엉망인데, 정부는 지원은커녕 세금만 거두어 간다고 불만이다. 이게 농부 한 사람의 불만이라면, 적은 생산량은 농부가 부지런하게 일하지 않은 결과일 수 있다. 하지만 불만을 품은 농부가 수십 마을에 수백 명이라면 이야기는 달라진다. 젊은이 한 사람이 결혼을 망설인다면 문제가 안 되지만, 같은 세대의 많은 젊은이들이 결혼을 망설인다면 이는 심각한 사회문제임이 분명하다. 보편화된 문제들은 반드시 허심탄회하게 그 이유를 밝히고 해결해야 한다.

포상은 성과가 있을 때마다 자주해야 하지만 처벌은 반드시 필요할 때 한 번 하는 것으로 족하다. 하지만 호통을 치거나 야단치는 CEO들의 특징은 이런 일들이 자주 발생함으로써 조직분위기를 위축시킨다는 점이다. 이러한 CEO에게는 좋은 일만 보고될 수밖에 없다. 실패나 문제점은 보고되기 어렵다. 전제군주는 전권을 휘두르지만 백성으로부터 고립되고 언로(言路)가 차단된다. 백성은 전제군주로부터 느끼는 위협과 공포, 그리고 혹시라도 내가 무슨 말을 했다가는 잘못될 수 있다는 의심으로 아무 생각도, 말도 하지 않게 된다. 결국 전제정치는 인간의 다원성을 파괴할 뿐만 아니라, '인간은 사회적 동물'이라는, 함께 모여 사회를 구성하는 인간 본연의 속성에도 모순된다. 독선적인 CEO들은 "우리 조직은 잘 돌아간다"고 생각할지 모른다. 하지만 속을 들여다보면 직원들의 다원성, 창의성, 생명력은 죽어가고 있다.

짐 콜린스(Jim Collins)는 훌륭한 리더란 일이 잘 풀릴 때에는 창문 밖을 보면서 자신 이외의 요인에 성공을 돌리고, 일이 잘 풀리지 않을 때에는 거울을 보면서 자신에게 책임을 돌릴 줄 아는 사람이라고 했다.[42] CEO가 모든 문제의 키를 쥐고 있다고 이야기하는 것은 중세 암흑시대에 '모든 것은 신에게 달려 있다'고 말하는 식이다. CEO의 의지도 중요하지만 조직을 원활하게 운영할 수 있는 시스템도 중요하다. 하지만 CEO의 스타일이 조직구성원들의 자세와 태도에 미치는 영향은 아무리 강조해도 지나치지 않다.

둘째, 리더의 말이 자주 바뀌거나, 비록 일관된다 하더라도 신뢰를 주지 못하는 경우이다. 도전은 실패를 수반한다. 따라서 리더가 일관적이지 못하거나 신뢰를 주지 못하면 직원들은 실패를 무릅쓰고 도전할 수 없다. 마키아벨리는 군주의 악덕 중 가장 으뜸인 것으로 '이랬다 저랬다 하는 것과 이것도 저것도 아닌 것'을 들었다. 도전정신을 강조하면서 단기간에 실적을 내지 못한다고 직원들에게 책임을 돌린다든지, 직원들에게는 도덕성을 강조하면서 기업은 편법증여를 일삼거나 임원들끼리 보너스 잔치를 한다든지, 능력위주로 사람을 평가한다고 하면서 주변에는 학연과 지연에 따라 모인 사람들로 넘쳐나는 경우를 우리는 심심치 않게 목격한다. 특히 리더가 시키는 대로 일을 했는데, 상사의 지시에 따라 방향이 완전히 바뀌어 다시 지시를 내리는 리더는 직원들의 신뢰를 일순간에 무너뜨린다. 비록 잘못된 명령이라도 일관적인 게 낫다는 말이 있다.[43] 조직에서 중간관리자 이상이라면 자신의 경영철학을 갖추고 구성원들에게 "나는 이런 사람이며, 이런 생각을 한다"라는 믿음을 줘야 한다. 리더는 직원들을 미지의 세계로 이끌어 가는 사람이다. 따라서 리더는 직원들이 믿고 따를 수 있도록 방향타를 정확히 설정해야 한다. 설사 언행이 일관적이라도 직원들이 신뢰하지 않는다면 이는 철학이 배어 있지 않기 때문이다.

셋째, 활동으로 이어지지 않는 기업의 관행이다. 웬만한 조직이라면 비용절감이나 신사업을 위한 아이디어 제안시스템 하나쯤은 갖추고 있다. 하지만 이러한 아이디어들이 활동이나 실천으로 이어지지 않으면 제안자들은 피로감만 쌓이게 된다.

> "우리 회사에는 직원들이 창의적인 사업아이디어를 내도록 하는 창구가 몇 개 있다. 하지만 이러한 아이디어가 사업으로 연결되는 경우는 거의 없다. 아이디어의 수준문제도 있겠지만, 심사과정이 너무 길고 단계가 많다. 그리고 심사하는 사람들도 전문가가 아니라서 아이디어의 사업성을 제대로 파악하기 어렵다. 사내벤처나 소사장제도에 대한 규정은 있지만 최근 몇 년 동안 이 제도가 활용된 사례가 없다."

활동에 초점을 맞춰야 한다는 것은 조직혁신이나 변화관리에도 적용된다. 조직은 항상 변화를 주시하고 변화와 친구처럼 지내야 한다. 하지만 일시적 유행에 편승한 경영개선활동은 직원들

사이에 "또 시작이군. 저러다 말겠지"라는 분위기만 조장한다.[44] 활동에 초점을 맞추지 않는다면 변화방법론에 매몰되거나 일시적인 이벤트로 전락하기 때문이다.

한때 식스 시그마가 붐이었다. 기업들은 컨설턴트를 고용하면서 직원들에게 식스 시그마의 방법론을 이해시키기 위해 노력했다. 하지만 이 제도가 우리나라에서 대단한 성공을 거뒀다거나 지금도 많은 기업이 이를 지속적으로 활용하고 있다는 얘기를 자주 들은 것 같지는 않다. 기업들은 혁신을 하겠다고 마음먹으면서 전문 컨설턴트를 고용한다. 컨설턴트는 자신들의 방법론을 직원들에게 교육시키고 방법론을 전파한다. 혁신과 관련하여 직원들의 문제가 무엇인지, 조직 분위기가 어떠한지 인터뷰도 하고 사전조사도 하지만 결국 자기들의 방법론을 교육하는 게 전부이다. 자신들의 컨설팅이 성과를 거두었는지는 대외적으로 포장하면 된다.

신입사원 시절 PC와 캐비닛에 혁신이나 개선 관련 자료를 버리지 않고 잘 정돈해 놓은 과장님이 있었다.

> "내가 이 자료를 보관하고 있는 데는 다 이유가 있다. 성과가 떨어지거나 임원진이 바뀌면 문제점을 지적하면서 혁신활동에 대한 지침을 주고 추진하라는 지시가 온다. 그런데 회의문화를 개선하라, 직원들의 사기를 제고하라 등등 할 때마다 내용이 비슷하다. 자료를 잘 간직하고 있다가 이걸 활용하면 된다."

전사적 혁신은 변화에 대한 피로감(change fatigue)만 불러오고 냉소적 분위기 속에서 실패하기 쉽다. 진정으로 변화가 필요하다면 필요한 부분만 실시하는 게 좋다. 이벤트를 지양하고 실속을 중시해야 한다. 책임자가 바뀌었다고 이전 정책을 부정하고 새로운 방법론을 도입하지 마라. 그래 봐야 바뀌는 건 없다. 실행을 염두에 두려면 현실적 제약이 무엇인지, 변화에 투자할 수 있는 자원이나 구성원의 역량은 어느 수준인지 면밀히 파악하라. 그리고 목표를 설정하고 변화성과를 가시화할 수 있는 도구를 만들어라. 그래서 변화의 성과를 직원들이 누릴 수 있도록 해야 한다.

기업변화의 원천 – 무질서 속의 질서

기업의 변화나 혁신은 안정적인 상태에서 이루어지지 않는다. 무질서해 보이는 혼돈의 과정에서 이루어진다. 경영이론 중에 MBO(Management by Objectives)라는 것이 있다. 구성원들의 목표와 조직의 목표를 일치시켜 관리하는 것이다. 조직구성원들 각자가 다른 방향으로 가고자 한다면 조직은 방향을 잃고 표류할 수밖에 없다. 배가 산으로 가는 것이다.

조직에서 질서를 유지하는 것은 오히려 쉬운 문제에 속한다. 하나의 원칙에 따라 정렬하면 되기 때문이다. 어려운 일은, 적당한 정도의 혼돈을 확보하는 것이다. 혼돈을 확보하기란 중소기업보다 대기업이, 민간기업보다는 공공조직이 더욱 어렵다. 어쨌든 기업이 탄생해서 성장하려면 정글과도 같은 시장에서 살아남아야 한다. 기존의 강력한 경쟁자들, 변화무쌍한 소비자의 기호는 물론 재료비, 환율 등등 생각만 해도 머리가 복잡해지는 요인들을 헤치고 나아가야 한다.

이러한 과정에서 기업은 나름의 방향과 목표가 정해지고 공략할 대상이 생기며 전략이 수립된다. 혼돈 속에서 생존과 성장을 위한 질서를 찾아가는 것이다. 방향이 제대로 설정되었다면 기업은 성공을 이룩하고 자신감을 갖게 된다. 하지만 성공의 가장 큰 유해성은 자신이 최고라는 생각을 갖게 한다는 점이다. 이렇게 되면 기업은 혼돈을 회피한다. 지금까지의 패러다임에서 벗어나려고 하지 않는다.

대기업이나 공공조직이 혼돈을 확보하기가 어려운 반면, 중소기업이나 역사가 짧은 회사는 너무 많은 혼돈에 매몰되는 경향이 있다. 이곳에서는 즉흥적으로 행해지는 일이 많다. 그리고 이러한 회사들의 기업문화는 대체로 질서를 도입하는 것에 저항한다. 큰 회사가 혼돈을 두려워하는 것처럼 작은 회사의 직원들은 '자신을 옭아매는 듯한' 질서를 회피한다.

그러나 회사의 규모와 상관없이 질서와 혼돈이 적절히 균형을 이루는 기업문화를 확립하고 정착시키는 것이 매우 중요하다. 관리자들은 불변성, 균일성, 효율성을 유지하려는 경향이 있다. 지금의 환경이 변화되지 않고 지속되어야 관리의 관성이 작동되어 편안하고 예측가능하게 일할 수 있기 때문이다. 하지만 진정한 경영전문가에게 필요한 일은 가변성, 복잡성, 유용성을 이해하고 조화시키는 능력이다.[45] 혼돈 속에 질서가 있고, 정리되지 않는 듯이 보이는 다양한 생각 속에 보석이 숨어 있다. 그리고 그 속에서 기업의 미래경쟁력을 찾아낼 수 있다.

좋은 기업은 직원들이 회사의 방향에 동참하고 싶도록 유도한다. 이들 조직에는 회사의 기본방향을 직원들이 공유하며 이들의 혼돈을 너그럽게 감수하는 기업문화가 존재한다. 기업이 안정과 지속성을 유지하면서 유연성과 창의성이 발휘되도록 하려면 질서와 혼돈이 모두 존재해야 한다. 질서만 있으면 조직은 엔트로피 증가로 내부적 모순에 빠질 수밖에 없다. 혼돈만 있으면 기업이 방향을 잡고 나아갈 수 없다. 이런 기업들은 생존이 불가능하다. 혼돈과 질서는 함께 공존해야 한다.

---

1 J. Gleick, *Chaos: Making a New Science*, London: Cardinal/Sphere Books, 1987.

2 J. Salem, 양창렬 번역, 『고대원자론(L'Atomisme Antique: Democrite, Epicurre, Lucrece)』, 도서출판 난장, 2009, p. 33.

3 I. Percivial, "Chaos, A Science for the Real World," in N. Hall(ed.), *Exploring Chaos*, New York: W.W. Norton & Co., 1991.

4 E. Lorenz, "Predictability: Does the Flap of a Butterfly wing in Brazil See off a Tornado in Texas?" Address to the Annual Meeting of the American Association for the Advancement of Science, 1979.

5 마키아벨리(N. Machiavelli), 이동진 평역, 『군주론』, 해누리, 2002.

6 J.P. Kotter and J.L. Heskett, *Corporate Culture and Performance*, New York: Free Press, 1992.

7 문희태, 『카오스와 비선형동역학』, 서울대학교출판부, 2001, p. 63.

8 프랙탈이란 말은 1975년 만델브로트 저서의 제목인 라틴어 '프락투스(Fractus)'에서 나왔다.

9 B.B. Mandelbrot, *The Fractal Geometry of Nature*, New York: W.H. Freeman & Co., 1977.

10 R. Penrose, *The Emperor's New Mind*, England: Oxford University Press, 1989.

11 랄프 스테이시, 최창현 옮김, 『카오스 경영』, 한언, 1996, p. 101.

12 J. McKenzie, *Paradox: The Next Strategic Dimension*, London: McGraw Hill, 1996, p. 18.

13 랄프 스테이시, 전게서, p. 43.

14 여기서의 제논은 다른 동명이인과 구별하기 위해 엘레아의 제논(Zeno of Elea)으로 불린다. 엘레아는 이탈리아 남부 소재 그리스 식민지로 제논은 스승인 파르메니데스와 함께 엘레아학파에 속한다.

15 파르메니데스는 존재하는 것은 생성되지도 소멸되지도 않으며, 나누어질 수 있는 것도 아니고, 더 많이 있지도 않고, 더 적게 있지도 않은 하나의 연속적인 전체라고 주장하였다. 이것이 바로 '파르메니데스의 일자(一者)(Parmenidean One)'에 해당한다.

16 R.T. Pascale, *Managing at the Edge, How Successful Companies Use Conflict to Stay Ahead*, London: Viking Penguin, 1990.

17 J. McKenzie, *op. cit.*, p. 9.

18 톨스토이(Lev N. Tolstoy), 박병덕 옮김, 『인생론(On life)』, 육문사, pp. 153~160.

19 E.H. 카, 박종국 옮김, 『역사란 무엇인가』, 육문사, 2007, pp. 102~104.

20 GM은 Toyota의 JIT(Just in Time)기법을 도입하였으나 노사분규가 일어날 경우 공장 전체가 멈추는 문제가 생겼다. JIT는 종업원과 하청업체가 가족처럼 일을 하는 일본의 문화적 토양에서만 가능했던 것이다.

21 최인수, 『창의성의 발견』, 쌤앤파커스, 2011.

22 존 스튜어트 밀에 따르면 개인의 다양성(자발성)이란 획일화된 기존의 사고방식에 따라 어떤 가치를 갖는 것이 아니며, 대다수는 지금 있는 그대로의 관습에 만족하기 때문에 그 관습이 모든 사람에게 충분히 유익하지 못하다는 것을 이해하지 못한다고 주장하였다. Where, not the person's own character, but the traditions of customs of other people are the rule of conduct, there is wanting one of the principal ingredients of human happiness, and quite the chief ingredient of individual and social progress.

23 J.S. Mill, *On Liberty*, eBook from Waterstones.

24 리더는 권위를 내려놓고 직원들과 허심탄회하게 이야기할 수 있어야 하며, 그렇지 않을 경우 직원들은 직진만 할 줄 아는 레밍스(쥐의 일종)가 되어 모두 다 절벽에서 추락하는 때를 맞을 것이라 하였다. R.K. Greenleaf, *On becoming a servant-leader*, Jossey-Bass, 1996, p. 76.

25 제레미 리프킨(J. Rifikin), 『공감의 시대(The Empathic Civilisation』, 민음사, 2009, p. 143.

26 최병권, "글로벌 혁신기업의 일하는 방식 7," LG Business Insight, 2012. 7. 18.

27 T. Amabile, and S. Kramer, *The Progress Principle: Using Small Wins to Ignite Joy, Engagement, and Creativity at Work*, Harvard Business Review Press, August 2011.

28 짐 콜린스(J. Collins), 이무열 옮김, 『좋은 기업을 넘어 위대한 기업으로(Good to Great)』, 김영사, 2002, pp. 227~233.

29 아무리 우수하고 혁신적인 기술이라 할지라도 미래의 성공을 담보하지 못하는데, 이는 타 기술과의 경쟁에서의 패배, 시장의 미성숙, 상업화 전략 부재, 새로운 와해성 기술의 등장 등 다양한 요인이 잠재해 있기 때문이다: 전승우, "빅데이터에 대한 기대와 현실," LGERI Report, 2012. 10. 17.

30 하타무라 요타로, 윤정원 역, 『나와 조직을 살리는 실패학의 법칙』, 들녘미디어, 2004, p. 30.

31 장성근, "신제품 개발, 실패에서 배우기," LG Business Insight, 2010. 11. 17.

32 아리 드 호이스(Arie de Geus), 손태원 역, 『살아있는 기업(The Living Company)』, 세종서적, 2002.

33 로저 본 외흐(Roger Von Oech), 정주연 옮김, 『생각의 혁명(A Whack on the Side of the Head)』, 에코리브르, 2002, p. 49.

34 한나 아렌트(Hannah Arendt), 이진우 옮김, 『인간의 조건(The Human Condition)』, 한길사, 1996, p. 111.

35 버트 나누스 지음, 박종백 · 이상욱 옮김, 『리더는 비전을 이렇게 만든다』, 21세기북스, 1997, p. 33(Burt Nanus, *Visionary Leadership*, Jossey-Bass Inc., Publishers. 1992).

36 로리 바시(Laurie Bassi), 『굿 컴퍼니(Good Company)』, 틔움출판, 2012, p. 196.

37 김순천, 『대한민국 나쁜 기업 보고서』, 오월의 봄, 2013, p. 110.

38 톨스토이(Lev N. Tolstoy), 전게서, pp. 153~160.

39 로리 바시(Laurie Bassi), 전게서, pp. 127~128.

40 김순천, 전게서, p. 129.

41 이병주, "혁신의 발목을 잡는 다섯 가지 덫," LG 주간경제, 2003. 10. 29.

42 짐 콜린스(J. Collins), 전게서, p. 64.

43 모든 조직이나 문화에는 관성(慣性)이 존재한다. 따라서 아무리 객관적으로 훌륭한 변화정책이라도 조직의 대다수가 반대한다. 이들이 지닌 기득권 때문이다. 식스 시그마, 리스트럭처링 등 유행에 따른 경영방법론의 도입은 해당 방

법론의 대가를 양성할 수는 있어도 직원들의 마인드마저 변화시키기는 어렵다.

44 이를 BOHICA(Bend Over, Here It Comes Again) 증후군이라고 한다. 우리 말로 하면 "또 시작하는군. 얼마나 갈지 모르지만 해보지 뭐"라고 할 수 있다.

45 디 호크(Dee W. Hock), 권진욱 옮김, 『카오딕(The Birth of Chaordic Age)』, 청년정신, 2002, p. 79.

제 5 장

행복한 조직의 조건

좋은 조직문화

인류최초의 생산활동은 수렵이다. 수렵에는 물고기를 잡거나 육지짐승을 사냥하는 것이 포함된다. 어로행위야 그럴 확률이 적었겠지만, 수렵은 때때로 인간의 목숨을 위협하는 동물들을 대상으로 했다. 하지만 목숨을 잃을 확률은 별로 없었을 듯싶다. 지능이 뛰어난 인간은 맹수의 습성을 잘 알아 다니는 길에 함정을 파놓거나, 무기를 들고 여럿이 모여 함께 사냥했기 때문이다. 사냥이나 어로행위 자체는 생존을 위한 수단이었지만, 상당한 재미도 있었을 것으로 짐작된다. 영국에서 부유한 사람들이 사냥을 취미로 삼는 것만 봐도 알 수 있다.

낚시도 마찬가지다. 어느 낚시 마니아에게 부인이 최후통첩을 했다. "오늘도 낚시하러 가면 이혼인 줄 알아라!" 그러자 낚시 마니아는 잠깐 생각을 하더니 다음과 같이 대답했다. "낚시 갔다와 다시 얘기하자."

하지만 인구가 늘어나고 사냥만으로는 식량을 조달하기 어려워지자 인류는 굶주림을 덜기 위한 수단으로 농경을 시작한다.[1] 자기 집 앞에 취미로 텃밭을 가꾸는 게 아니라면, 농경은 지루하고 힘든 생산방식 중 하나이다. 농사일을 할 때 노래를 하는 것은 육체노동의 고통을 잊기 위한 수단이다.

고대 그리스의 원자론자(atomist)인 데모크리토스(Democritus)는 쾌활함(euthymie)을 인간으로서 추구해야 할 윤리적 이상이자 삶의 목적(telos)으로 생각했다. 여기서 쾌활함이란 영혼의 쾌활함을 말하며, 육체적인 쾌락과는 무관하다. 그에 따르면 육체적인 쾌락을 멀리하고 삶에서 균형을 이룰 때, 영혼은 비로소 쾌활해지며 쾌활해진 영혼만이 올바른 결정을 내린다는 것이다.[2] 삶에서 균형이란 과하거나 모자라지 않은 것, 즉 중용을 의미한다. 따라서 쾌락을 멀리하고 삶에서 중용을 추구할 때, 인간의 영혼은 쾌활해진다. 그리고 영혼이 쾌활해질 때 인간의 이성은 가장 잘 작동하여 올바른 판단을 내리게 된다.

김 과장이 직장생활을 하는 목적은 오로지 승진이다. 하지만 과장으로 승진했을 때의 즐거움은 6개월을 가지 못했다. 설상가상으로 부장승진에서 누락되었을 때 받은 김 과장의 좌절과 스트레스는 상상 이상이었다. 머릿속은 온통 승진에 떨어진 생각뿐이다. 이렇다면 김 과장의 영혼은 절대로 쾌활해질 수 없다. 하루하루가 우울할 뿐이다. 할 일은 많은데 심한 스트레스로 인해 자신의 업무와 관련해서도 올바른 의사결정을 내리지 못한다. 쾌활한 영혼만이 올바른 판단을 내리기 때문이다.

그런데 누군가 자신의 업무영역에서 정확하고 제대로 된 의사결정을 내린다는 것은 자기분야에서만큼은 탁월하다는 의미이다. 아리스토텔레스는 완전한 탁월성에 이르는 영혼의 활동을 '행복(eudaimonia)'이라고 정의한다.[3] 잘(well)을 의미하는 'eu'와 신적인 존재를 뜻하는 'daimon'의 결합으로 볼 때, 그리스인이 말하는 행복이란 '신적인 것이 잘 맞춰져 있는 상태'에 해당한다. 이는 행복의 일차적 요소는 인간의 탁월성이지만, 완벽하게 행복한 생애나 헤어나기 어려운 불운처럼 인간 스스로 통제할 수 없는 요소가 존재하므로 행복에 이르는 데는 신의 도움이 필요하다는 것이다.

벤처기업이 성공하려면 우선 기술력과 시장이 뒷받침되어야 하지만, 제대로 된 투자자를 만나야 한다. 구글인지 아마존인지 기억이 희미하지만, 식당의 냅킨에 적어놓은 이들의 사업계획서를 보고 미래의 가능성을 발견한 투자자가 과감하게 이 회사에 투자했다는 이야기도 있다. 하타무라 요타로에 따르면 새로운 사업이나 신규사업 영역에 도전할 때 기업의 성공확률은 0.3%에 불과하다. 하지만 냅킨의 사례나 요타로의 기대치처럼 기업의 성공을 요행수에만 의존할 순 없다.

기업은 1,000원을 투자해서 3원을 벌려고 사업을 하는 건 아니다. 사업의 성공확률을 높이기 위해 인튜이트(Intuit)는 정기적으로 사후평가 제도를 운영하여 신제품개발 과정에서 나타났던 수많은 실수들을 문서화하여 구성원간에 공유했다.[4] 영국의 정부조직은 수많은 프로젝트를 관리하면서 이들의 성공확률을 높이기 위해 프린스 2(Prince 2)라는 프로젝트 관리시스템을 개발, 적용했다. 실제로 제품개발과 관련한 연구결과에 따르면 제품개발 프로젝트를 관리하고, 사후적으로 검토하고 학습하는 기업의 경우 신제품개발의 성공확률을 30~50% 정도 향상시킨다고 한다.[5] 기업이 탁월성을 유지하려면 이처럼 성공확률을 높이기 위한 도전이 필요하다.

'아레테(arête)'는 그리스어로 덕(德)을 뜻한다. 그런데 이 말에는 탁월함이라는 뜻도 포함된다. 그리스인에게 인간의 덕이란 인간에게 주어진 기능을 탁월하게 발휘하는 성품이고 이러한 탁월함을 발휘하는 순간 인간은 행복에 이르게 된다. 그러면 이러한 탁월함은 어디서 발현되는가?

탁월함이란 바로 중용에서 나온다. 중용이라 함은 서로 최선을 버리고 야합한다는 게(compromise) 아니라, 서로의 강점을 취하고 약점을 최소화한다는 의미이다.

10/10 리더십 이론이 있다. 직무형 리더가 바람직하냐? 아니면 관계형 리더가 바람직하냐를 논할 때 자주 인용되는 이론이다. 가장 바람직한 리더는 직무와 관계 모두에서 탁월한 10/10형 리더이다. 직무를 중시한다고 하면서 성과가 아닌 학연, 지연에 따라 직원을 평가, 승진시킨다거나, 반대로 관계를 중시한다면서 직원들과 허물없는 원탁회의를 통해 조직의 발전방향을 공유하기보다는 직원들을 일하는 기계로만 대하는 리더는 10/10형 리더가 될 수 없다. 이들은 직무지향형의 단점과 관계지향형의 단점만 노출하는 5/5형 이하의 리더에 불과하다.

마틴 루터 킹 목사에 따르면, 인간의 상처를 치유하는 가장 강력한 무기는 비폭력이며, 비폭력은 사랑에서 나온다고 한다. 진정으로 강한 사람은 치열하면서도 온화하고 이상주의적이면서 현실주의자여야 한다. 킹 목사가 말한 진정함이란 사랑에 바탕을 둔 이해와 조화에서 나오는 것이다.

> "나는 꿈이 있습니다. 언젠가 앨라배마주에서 흑인 소년 소녀가 백인 소년 소녀와 손을 잡고 형제처럼 지낼 날을 꿈꾸고 있습니다. 이런 날이 오면 유대인이든 아니든, 개신교신자든 가톨릭신자든 모두가 함께 우리 흑인들과 손을 잡고 '드디어 자유입니다. 전지전능하신 하느님 감사합니다'라고 말할 수 있을 겁니다."(마틴 루터 킹)

우리는 기업문화가 좋다고 얘기할 때 '강한' 기업문화라는 말을 종종 사용한다. 강한 기업문화는 한 가지 방향을 '강하게' 지향하는 문화가 아니다. 진정으로 강한 기업문화란 조직 내에 있는 다양한 생각을 아울러 최고의 성과를 내는 문화이다. 강한 관료문화는 조직의 창의성을 말살할 수 있다. 강한 수평문화 역시 조직 내 무질서를 초래할 수 있다. 하지만 좋은 관료문화와 좋은 수평문화가 공존한다면 직원들의 창의성을 말살하지 않으면서 조직의 질서도 지킬 수 있다. 킹 목사가 말한 진정으로 강한 사람의 모습처럼 강한 기업문화, 즉 좋은 기업문화란 조직 내 존재하는 다양한 생각을 바탕으로 강력한 힘을 내는 문화이다. 즉 조직은 용광로(melting pot)와 같아야 한다.[6]

기업에는 여러 세대의 다양한 사람들이 모여 일하고 있다. 따라서 다양한 생각과 문화들이 존재할 수밖에 없다. 이러한 생각과 문화들 중에는 마치 양립할 수 없듯이 보이는 것들이 있다. 그러나 이러한 문화들이 조화를 이룰 때 강력한 시너지를 발휘할 수 있다. 이런 문화들에 대해 살펴보도록 하자.

저 멀리 미래를 보라 vs. 당장의 현안을 해결하라

필자가 아는 친구 중에 60세에 은퇴하면 무엇이 되겠다고 목표를 정하고 매년 5년씩 단기목표를 세우고 실천하는 친구가 있다. 마치 60세에 목표하는 노후자금을 마련하기 위해 매년 얼마씩 저축하고 재테크를 하듯이 말이다. 이 친구는 자신의 목표를 달성하기 위해 때로는 직장도 옮기고, 자기사업도 하면서 때로는 어려운 시절도 겪었지만 사람관계를 잘 다지면서 꾸준히 자신의 인생 목표를 향해 나아가고 있다.

기업은 영속해야 하는(going concern) 사명을 지니고 있으며, 이를 위해서 기업은 기업유지에 필요한 최소한의 수익을 창출해야 한다. 즉, 기업이란 목적 없이 저 넓은 망망대해를 항해하는 난파선이 아니라, 귀항해야 할 목표를 갖고 나아가는 항해선과 같다. 성공적인 항해를 하려면 두 가지가 필요하다. 만약 배가 태평양을 지난다면 태풍의 시기와 진로를 예측하고 장기적인 항해계획을 세워야 한다. 동시에 항해 중에 닥치는 돌발상황에 대비하려면 경험을 지닌 전문 항해사와 갑판원 등을 확보해야 할 것이다.

기업의 미션이나 비전은 장기적인 항해계획에 해당한다. 중/단기 사업계획, 단기적 영업계획은 상황에 따른 대비에 해당한다. 즉, 미션이나 비전, 장기전략은 사전에 잘 계획된 전략이라 볼 수 있다(planned strategy). 이에 비해 단기적 사업계획이나 영업계획은 상황에 맞게 적절한 수정과 변화를 꾀할 수 있어야 한다(emergent strategy). 환경에 적응하면서 생존하는 아메바처럼 말이다. 공공기관은 잘 계획된 전략(planned strategy)을 수행하는 데 적합한 조직구조와 규정을 갖고 있다. 이에 비해 사업중심조직은 시장변화에 따라 적절히 전략을 수정(emergent strategy)하고, 때로는 과감한 폐기도 불사해야 한다.

기업들은 이제 국내시장을 뛰어넘어 세계시장에서 살아남지 않으면 안 되는 시대에 봉착했다. 우리나라도 2018년 현재 '신남방정책'이라는 구호 하에 동남아를 비롯한 신흥시장 진출을 강조하고 있다. 일본도 개도국 원조라는 명분 하에 해외시장을 확보하기 위한 노력을 오랫동안 지속해오고 있다. 일본의 경우 2차 세계대전에서 패망한 후, 승전국에 전쟁보상 대신 개도국 원조를 약속했는데, 이들이 약속한 원조는 무조건적 사랑이 아닌, 총칼을 대신한 경제를 통한 세계지배의 출발점이었다.

인도네시아 지역을 예로 들어보자. 모터사이클의 대부분, 승용차의 80% 이상이 일본제품이다. 개도국 원조라는 명목 하에 중고제품을 지원했으며, 이후 완성품 및 부품공장을 건설하고 시장을 장악했다. 한때 미국의 포드사가 일본 국적의 자동차 회사와 경쟁했으나 20%에도 미치지 못하는 시장점유율로 인해 결국 철수를 결정하고 인도네시아 시장을 떠났다.

국제원조사업분야에서 떠오르는 강자가 중국이다. 원조사업은 수원국(donee)의 정책결정 등을 거쳐야 하므로 상당기간이 소요되는 사업이다. 그래서 민간기업이 처음부터 직접 진출해서 진행하기에는 상당한 간접비용이 소요된다. 따라서 이런 사업은 정부가 먼저 진출해 정부 대 정부 간(G2G) 형태를 갖춘 후, 정부 대 민간사업(G2B)으로 자연스럽게 이전되는 것이 바람직하다. 그런데 국제원조사업에도 경쟁자가 존재하며 중국은 우리가 넘기 쉽지 않은 막강한 경쟁자이다. 중국의 현금폭탄 투하는 가공할 만하다. 따라서 우리가 중국을 넘어서기 위해서는 적절한 전략 프로세스가 필요하다. 앞에서 지적했듯이 공공기관은 규정과 원칙이 있다. 일을 투명하고 공정하게 처리하기 위해 규정과 원칙은 반드시 필요하고 바로 이것이 공공기관의 존재이유이기도 하다. 단 해외시장을 공략하기 위해서는 이러한 원칙에 민간기업의 탄력적 전략 모델이 보다 적극적으로 수용되어야 한다. 국제원조사업이 더 이상 원조가 아닌 개발사업으로 발전하면서 수원국 정책결정자와 시장의 니즈를 경쟁국보다 더 빨리 수용하고 이를 정책에 반영시켜야 하기 때문이다.

시장에서 살아남고 성장하기 위해 기업은 장기적 비전과 단기적 전략을 갖추고 있어야 한다. 장기적 비전은 흔들리지 않는 사명과 같다. 어찌 보면 기업의 존재이유이기도 하다. 그러나 이러한 기업의 존재이유를 실천하려면 탄력적 전략 역시 필요하다. 이처럼 전략이란 시장의 다양한 상황을 고려한 통일체이다. 습한 것과 건조한 것, 차가운 것과 따뜻한 것 등 대립하는 힘들 사이의 균형이 인간의 건강을 유지해주고 어느 한쪽이 일방적으로 지배하면 병이 생기듯이[7] 조직이 미션과 비전을 달성하기 원한다면 시장상황의 변화를 수용할 수 있는 탄력적 전략변화는 필수불가결하다.

마케팅 분야도 장기전략과 단기전략의 조화를 통해 매출을 극대화할 수 있다. 온라인 영화 스트리밍 서비스나 IPTV로 대표되는 페이퍼뷰(pay per view)를 예로 들어보자. 막 출시된 최신영화에는 많은 시청자들이 몰린다. 인기영화일수록 특히 그렇다. 이런 영화에는 가격을 좀 높이 책정하더라도 단기간에 매출을 올리는 전략이 필요하다. 가격이 떨어지기를 기대하는 고객을 끌어들이기 위해 영화 포인트를 제공할 수도 있다. 그런데 영화는 시간이 지날수록 인기가 떨어질 수밖에 없다. 이제 인기가 떨어진 작품들을 대상으로 롱테일 마케팅이 필요하다. 유사한 장르의 다른 영화와 패키지로 제공한다든지, 아니면 명절 때 더욱 싼 가격을 책정하든지 해서 최신 영화에 민감하지 않은 고객들을 끌어들일 수 있다 — 어쩌면 이런 전략은 매출이 발생하지 않을지도 모르는 상품의 매출을 창조하는 효과도 있다.

나무를 볼 것인가? vs. 숲을 볼 것인가?

우리는 공과 사를 구별하라는 말을 자주 듣는다. 이제 주 52시간 근무체제가 정착되면 퇴근 후 회식도 어려워질지 모른다. 하지만 아직까지 직장에서의 회식이나 단합대회에 개인적인 사유로 불참하기는 그리 쉽지 않다. 과거 전세계 IBM 관리자를 대상으로 다음과 같은 질문을 던졌다.

> "직장상사가 일요일에 자기집에 페인트칠하는 것을 도와달라고 한다. 만약 당신이 부하직원이라면 어떻게 할 것인가?"
>
> (가) 직장상사는 직장에서만 상사이다. 일요일까지 반납하면서 상사를 도와줄 필요는 없다.
>
> (나) 일요일은 쉬는 날이다. 하지만 직장에서의 원활한 관계를 위해 부탁을 거절할 수 없다.

해당 그래프의 수치는 상사의 부탁을 거절한다고 응답한 비율을 보여준다. 중국, 홍콩, 싱가포르 등 아시아 국가에서 상사의 부탁을 거절하기가 어렵다는 걸 알 수 있다. 이와 달리 영국, 미국 등 서구 국가들은 당연히 상사의 부탁을 거절한다. 특히 중국에서 상사의 부탁을 거절한다는 비율은 30%에 불과한데, 이는 직

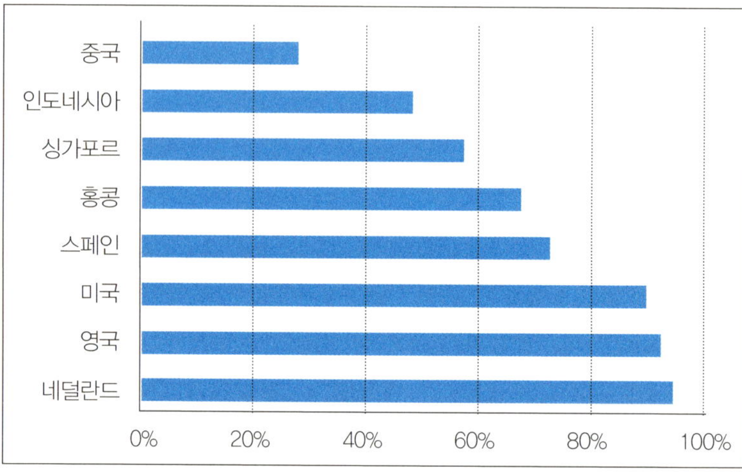

▶상사의 부탁에 대한 직원들의 생각

장생활은 물론 사업에서도 관계를 매우 중요하게 생각하기 때문이다. 인도네시아와 같은 동남아 국가들도 상사의 부탁을 거절하기가 쉽지 않은 문화이다. 인도네시아에서 근무하는 동안 회의에 참석하곤 했다. 회의시간에 부하직원들은 거의 자기 의견을 내세우지 않고 상사의 말을 필기하기에 바쁘다. 물론 부하직원이 의사결정을 하도록 권한위임도 되어 있지 않다. 그래서 상사가 결재할 때까지 직원들은 오히려 여유시간(?)을 보내는 경우도 종종 있다.

동양권에서 직장상사와의 관계는 직장 내로 국한되지 않는다. 직장 밖의 비공식적 관계로 자주 확장된다. 이는 직장에서 상사와 좋은 관계를 구축하면, 직장상사가 자신의 네트워크를 활용해 도움을 줄 수 있을 뿐만 아니라, 내가 사회적으로 성장하는 데 유용하기 때문이다.

공식적 관계가 비공식적 관계로 확장되는 문화와 그렇지 않은 문화 간에는 또 다른 특징이 존재한다. 전자는 나무보다는 숲을 보는데, 그렇지 않은 문화는 숲보다는 나무, 즉 세부적인 사항을 파악하는 데 강하다. 미국인들에겐 그림인지 글자인지 구별조차 어려운 한자를 중국 아이들이 어려서부터 읽고 쓴다는 사실은 경탄의 대상이다. 홍콩대학의 심리학과 교수였던 마이클 해리스 본드(Michael Harris Bond)에 따르면 이러한 문화적 차이는 영어와 한자의 차이에도 원인이 있다. 어려서 한자를 배운 중국의 아이들은 미국 아이들보다 큰 그림을 보는 데 월등하지만, 영어를 사용하는 미국 아이들은 세부적인 사항을 보는 데 우수하다는 것이다.[8]

두 문화는 경영현장에서도 커다란 차이를 보인다. 공식적 관계가 비공식적으로 확장되기 어려운 문화에서는 문제를 해결할 때 철저하게 분석적으로 접근한다. 분석적이라 함은 전체를 부분으로 분해해서 이해하는 것이다. 즉 전체를 구성하고 있는 부분들을 떼어 내어 전체를 이해한다. 프레드릭 테일러는 광산노동자의 직무성과를 높이기 위해 삽질을 할 때 팔의 움직임, 한 번에 삽으로 떠야 하는 흙의 양 등을 철저하게 분석하고 이러한 자신의 관리법을 과학적 관리라 칭했다.

서구의 분석적 방식의 전통은 '정신과 육체는 분리된다'는 데카르트식 이분법적 사고에서 유래되었다 볼 수 있다. 분석적 방식은 미사일에 비유할 수 있다. 미사일은 실수 없이 목표에 적중하도록 예상되는 변수를 넣어 프로그램하여 만들어지지 않는가? 분석적 방식은 부하직원의 성과와 역량을 세부적으로 평가할 때 유리하다. 하지만 지나칠 경우 기업에서 종업원이란 단지 기업이 이익을 내기 위해 필요한 자원에 불과할 수 있다. 인적자원관리(human resource management)란 말은 이러한 문화적 배경에서 탄생했다고 볼 수 있다. 90년대 중반 영국 유학 시절 딸이 다니던 초등학교 선생님이 딸의 행동발달사항이나 성적을 평가해 놓은 가정통신문을 보고 놀란 적이 있다. 부모보다도 훨씬 정교하고 자세하게 딸을 이해하고 있었기 때문이다.

이와 달리 확장적 문화에서 기업은 사람들이 함께 일하는 장소로 인식되고, 따라서 성과를 내려면 구성원들의 협력이 필요하다. 최근 우리나라도 '직장생활과 삶의 조화(work life balance)'가 강조되는 추세이지만 아직 직장이란 '내가 나의 전문성을 발휘해서 혼자 일하는 장소'가 아니라, '여러 동료들의 협력을 통해 성과를 낼 수 있는 장소'라는 생각이 강하다. 같이 일하던 직원이 아시아개발은행(ADB, Asia Development Bank)으로 이직한 적이 있다. 이직이 결정나기 전, 인사담당자로부터 직원을 평가해 달라는 이메일을 받았다.

> "당신의 직원은 주변동료들과 좋은 관계를 구축하고 협력하는 유형인가요?"

아시아개발은행은 필리핀 마닐라에 본사를 둔 국제개발은행인데, 개도국 개발분야에 전문성을 지닌 인재라도 동료들과 협력적 관계를 구축하고 업무를 추진하는지를 우선적으로 물어봤던 기억이 난다.

필자가 아는 교통분야 전문가가 있다. 교통관련 회사를 다니다 퇴사해서 프리랜서로 활동 중이다. 그런데 교통은 인프라와 시스템을 다루는 분야라 프리랜서로 활동하기보다는 조직에 근무하면서 자신의 전문분야는 물론 인접영역을 다루면서 지식의 범위를 넓혀가는 게 오히려 유리할 수 있다. 인프라를 다루는 분야는 조직의 여러 부서와 영역이 연결되어 있어 조직간, 부서간 이해관리도 필요하기 때문이다. 즉 개인이 아무리 해당분야에서 출중한 전문성을 지녔다 하더라도 조직에 속해 있으면서 기술적 전문분야는 물론, 조직과 관련된 경영분야를 섭렵하는 것이 전문가로서 입지를 다지는 데 훨씬 득이 될 수 있다.

인재유형과 관련해서 오랜 기간 사람들의 관심을 끌고 있는 모델이 있는데, 이 중 대표적인 것이 MBTI(Myers-Briggs Type Indicator)이다.[9] MBTI는 인간의 네 가지 유형을 강조한 스위스 출신 심리학자 칼 융(C.G. Jung)의 이론을 토대로 두 여성 전문가에 의해 1930년대에 개발되었다. MBTI는 일본의 진주만공습 이후, 미국에서 군대에 지원하거나 징집된 병사들을 평가하는 데 활용되었으며, 2차 세계대전이 끝난 다음에는 경영현장과 정부조직에서 보다 광범위하게 활용되었다. 이는 미국의 경영자나 관리자들의 반 정도가 이 모델에 따라 평가받았다는 것을 의미한다. MBTI는 지금도 여러 분야에서 자기평가도구로 활용되고 있다.

이 모델이 분류한 상호 대비되는 인간유형 중에 감각형(sensing) 인간과 직관형(intuiting) 인간이 있다. 감각형 인간은 사물을 겉으로 보이는 모습을 중심으로 판단한다. 즉 전체 숲의 그림을 보기보다는 숲을 이루고 있는 나무 하나하나, 각각의 나무

종류를 보고 판단하는 유형이다. 따라서 이들은 관찰가능하고 증명할 수 있는 객관적 사실에 따라서만 옳고 그름을 가린다. 이에 비해 직관형 인간은 사물의 세부적 모습보다는 전체적인 큰 그림이나 그 속에 포함된 내면을 볼 수 있는 통찰력에 의지한다. 즉 나무 하나하나의 종류나 모습보다는 나무가 이루고 있는 전체 숲을 보고 그 숲이 어떠한 특징을 가지고 있는지를 파악한다.

물리학 역사상 가장 위대한 두 사람을 들라 하면 필자처럼 물리학에 문외한인 사람이라도 아이작 뉴턴(Sir Isaac Newton)과 알버트 아인슈타인(Albert Einstein)을 드는 데 주저하지 않을 것이다. 두 사람 모두 뛰어난 직관과 감각을 사용한 천재라는 점에서는 일치하지만, 뉴턴은 나무 하나하나를 세밀하게 관찰할 수 있는 탁월한 관찰력에서 출발하여 전체 숲의 의미를 파악한 반면, 아인슈타인은 숲 전체를 바라볼 수 있는 탁월한 직관을 바탕으로 나무 하나하나가 갖고 있는 의미를 파악했다는 점에서 차이가 난다.

뉴턴은 실지로 벌어지는 개별적인 현상을 관찰하고 이러한 현상을 토대로 추론을 이끌어 냈다. 사과가 떨어지는 것을 보고 만유인력을 발견하고, 자신의 내딛는 발자국 소리가 벽에 부딪쳐 반사되는 간격을 통해 소리에도 속도가 있다는 사실을 발견했듯이 말이다. 뉴턴이 택했던 이러한 연구방식은 이후 3세기에 걸쳐 물리학의 방법론을 지배한다. 뉴턴에 따르면 이 세상에서 벌어지는 현상은 우리의 의지에 따라 움직이는 것이 아니며, 따라서 우리의 믿음이나 생각으로 물리적 현상을 왜곡시켜서는 안 된다. 모든 개별현상을 확실하게 이해하고 난 후, 이러한 현상에 대한 이론적 기반을 구축해야 한다.

이와 달리 이론물리학의 대가인 아이슈타인은 '복잡한 현상을 이해하려면, 먼저 직관을 활용해야 한다'고 믿었다. 사물을 바라보고 현상을 구성해 내는 아인슈타인의 직관력은 정평이 나있다. 그렇다고 그가 눈에 보이는 현상 자체를 무시했던 것은 아니다. 직관을 통해 얻은 생각들을 물리적인 현상에 기반해 검증하는 것을 게을리하지 않았다. 이러한 직관을 거쳐 상대성 이론이 탄생했다.

소니의 창업자 아키오 모리타는 인재에 대한 일본과 미국 기업의 생각을 석공과 벽돌공에 비유했다.[10] 석공은 자신의 구상에 맞는 돌을 찾아서 깎고 다듬어 작품을 완성해 간다. 그런데 벽돌공은 집을 짓기 위해 큰 벽돌, 작은 벽돌, 표면에 윤기가 나는 벽돌 등 여러 형태의 벽돌을 주문한다. 그리고 이 벽돌들을 제 위치에 쌓아 집을 짓는다. 일본 기업은 석공과 같다. 기업은 필요한 인재상에 따라 다양한 능력과 개성을 지닌 사람을 뽑고 육성한다. 그 결과 구성원들이 높은 위치에 오르면 축적된 경험을 통해 조직과 시장 전체를 볼 수 있는 눈을 갖게 된다. 미국기업이 인재를 보는 시각은 벽돌공과 같다. 마케팅 전문가, PR 전문가, 재무 전문가 등을 뽑고 이들이 각자의 영역에서 자신의 직무를 수행하도록 한다.

기술발전과 산업간 융합으로 인해 과거에는 분리되었던 분야라고 여겨졌던 것이 이제는 하나의 묶음으로 변모하고 있다. 요즘 화두가 되는 스마트 시티(smart city)가 좋은 예이다. 부산이 추진하는 에코델타시티(eco delta city), 서울시가 구축한 마곡 스마트 시티가 대표적이다. 스마트 시티는 발전한 통신시설을 활용하여 도시를 하나로 연결시킴으로써 주민들 삶의 질을 향상시키는 새로운 도시의 개념이다. 따라서 스마트 시티에는 건설, 환경, 교통 및 통신 등 다양한 산업에 대한 이해가 필요하다. 스마트 시티를 구성하고 있는 교통, 환경, 안전 등의 각 요소들이 얼마나 효율적으로 작동하는지에 대한 — 즉 교통사고는 얼마나 감소하는지, 폐기물을 재활용해서 얼마나 많은 에너지를 생산하는지에 대한 — 분석적 데이터를 축적하는 것도 중요할 뿐만 아니라, 동시에 이러한 요소들이 각 도시가 처한 환경에 따라 어떻게 구성되어야 하는지에 대한 통찰력도 필요하다.

IBM 컴퓨터가 체스 챔피언을 이겼을 때, 컴퓨터 기술이 아무리 발전해도 바둑으로는 인간을 이길 수 없을 것이라 믿었다. 하지만 알파고라는 바둑을 잘 두는 인공지능이 결국 바둑 챔피언을 제압했다. 앞으로 기술발전은 더욱 가속화할 것이고 이에 따라 여러 분야를 아우르는 멀티플레이어의 중요성은 더욱 증가할 것이다. 전체를 부분부분 떼어내어 분석할 수 있는 매의 눈도 필요하지만, 전체를 하나로 놓고 볼 수 있는 지혜와 직관력이 더욱 요구될 것임이 자명하다. 아인슈타인의 말은 이러한 시대에 시사하는 바가 크다.

> "연구자의 종교성은 자연의 법칙성에서 나타나는 조화로움에 대한 황홀한 경이감에서 비롯되며, 조화에는 우월한 이성이 서려있어 이에 비하면 생각하고 정리하는 인간의 합리적 능력은 거의 무의미할 정도이다."

보편적 원칙을 따를 것인가? vs. 인간적 관계를 따를 것인가?

통신서비스에는 보편적 서비스(universal service)라는 것이 있다. 보편적 서비스의 개념은 모든 이용자가 언제 어디서나 적정한 요금으로 기본적 통신서비스를 제공받도록 하자는 취지에서 탄생했다. 공중전화가 여기에 해당한다. 과거 전화가 특정계층의 전유물이던 시절, 누구나 편리하게 통신서비스를 이용하도록 하자는 취지에서 공중전화가 보편적 서비스로 지정된 것이다.

전세계 IBM 임직원을 대상으로 다음과 같은 질문을 던졌다.

> "당신은 친한 친구가 운전하는 차를 타고 있다. 그런데 친구는 제한속도가 시속 60km인 도로에서 시속 90km 이상으로 달리다 사람을 치었다. 목격자는 아무도 없다. CCTV도 없다. 변호사는 나에게 친구가 규정속도를 지켰으며 보행자 실수로 사고가 났다고 증언한다면 친구는 처벌받지 않을 것이라 한다. 당신은 누구의 편에서 증언할 것인가?"

다음 그래프는 나라별로 '친구의 편에서 증언하지 않겠다'는 비율을 보여준다. 그래프에서 보듯이 한국과 러시아는 80%가 친구 편을 들겠다고 한 반면, 노르웨이, 스위스, 핀란드 등 북유럽 복지국가들은 80%가 훨씬 넘어 90%에 이르는 응답자들이 법의 편에 서서 증언을 하겠다고 했다. 더욱이 북미나 북유럽의 경우 보행자의 부상이 심각할수록 사실대로 증언하겠다고 한 데 반해, 우리나라, 러시아의 경우 보행자 부상이 심각해질수록 친구의 편

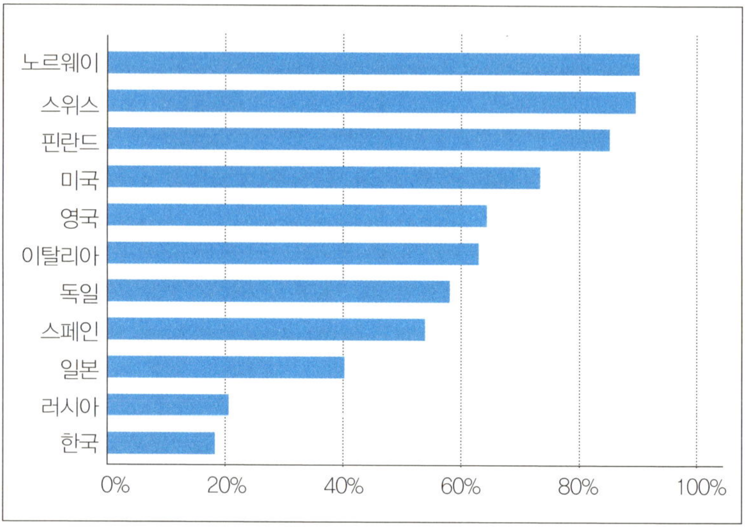

▶법이냐 친구냐

에 서겠다고 했다. 북유럽 등은 원칙과 규칙을 중시하는 반면, 우리나라는 친구와의 관계를 더욱 중요시하기 때문이다.

여기서 주목할 만한 점은 원칙과 규칙 등 보편적 기준에 입각한 나라들은 사회보장제도가 발달한 복지국가라는 점이다. 사회보장제도가 정착하려면 금전적인 풍족도 중요하지만 무엇보다 규정을 준수하려는 국민들의 의지가 우선되어야 하기 때문이다. 사회보장제도에는 많은 자금이 소요된다. 만약 의사들이 가짜 교통사고 환자를 양산해 낸다면, 그리고 과잉진료를 당연하게 여긴다면 그 비용은 누가 감당할 것인가? 사회보장제도에 무임승차(free rider)하려는 사람들로 넘쳐난다면 과연 그 제도가 제대로 유지될 수 있겠는가?

서울지하철의 경우 부정승차로 골머리를 앓고 있다. 부정승차는 지하철 적자의 주요요인이면서도 사회의 신뢰도를 떨어뜨리는 악성종양이다. 게다가 이러한 악성종양은 점점 그 크기가 커지고 있다. 부정승차로 징수된 부가금액은 2014년 11억원에서 2015년 15억원, 2016년 17억원, 2017년에는 18억원으로 증가했다가 2018년에는 결국 20억원을 넘어섰다. 경로우대용 카드 부정사용건수 역시 2012년 6,160건에서 2017년 2만30건으로 급증해 같은 해 부정승차 중 절반 가까이(44.4%)를 차지했다.[11] 경로우대카드를 발급받은 승객이 카드를 소지하지 않은 채 "나는 노인인데 왜 신분증을 검사하느냐? 보면 모르느냐?"고 호통을 치고 막무가내로 승차하면서 자신의 카드는 가족들이 사용토록 꼼수를 쓰기 때문이다. 친구보다는 사회질서를 위해 증언하겠다고 하는 북유럽과는 너무도 대조적이다.

하지만 규정중심의 사회도 나름 문제점을 갖고 있다. 모든 문제를 단순화·정형화한다는 점이다. 미국 MBA 과정이 대표적이다. 특히 우수기업의 사례연구(case study)는 이러한 문제해결방식을 정형화하는 대표적 과정이다. 그래서 졸업생들이 기업에 진출했을 때 학교에서 배운 방식대로 해결책을 찾도록 한다. 미인선발대회도 대표적인 정형화의 산물이다. 몇 가지 미의 기준을 정해놓고 이를 토대로 미인의 순위를 정한다. 몇 가지 기준으로 피카소 작품과 렘브란트 작품의 우열을 정할 수 없듯이 사람의 아름다움을 정형화해서 순서를 매긴다는 것은 타당하지 않다. 규정에 따른 문화는 이처럼 현상을 단순화하고 공식화하는 과정에서 중요한 변수들을 탈락시킴으로써 문제의 본질을 놓치는 환원주의에 빠지는 우를 범하게 된다.

관계를 강조하는 문화권에서는 법체계를 신뢰하지 않는 경우가 있다. 우리나라에서 한때 무전유죄, 유전무죄라는 말이 유행했다. 공정한 법의 실천이 아닌, 법을 자신들의 기득권을 유지하기 위한 수단으로 삼는다고 믿기 때문이다. 관계를 강조하는 문화권에서는 자신이 속한 집단을 위해 부정한 수단마저 정당화하기도 한다. 여기서는 폭력마저 정당화된다. 백인우월단체인 KKK(Ku Klux Klan), 한때 북아일랜드를 공포로 몰아넣었던 극단적 독립운동단체인 IRA(Irish Republican Army)가 좋은 예이다.

관계지향문화가 강한 민족 중 하나가 중국인이다. 동남아에서 중국화교들의 단결력은 대단하다. 이렇게 관계지향적 문화가 형성된 데에는 그들의 슬픈 역사가 있다. 1993말 기준으로 인도네시아 화인(華人) 기업은 인도네시아 상장기업 시가총액의 73%, 상위 300대 기업 중 68%, 10대 민간기업 중 9개를 차지한다. 1997년 아시아 금융위기 직전 인도네시아 상위 5대 대기업 전부를 화인이 보유했다.[12] 이러한 추세는 현재까지도 확고부동하며, 인도네시아 부유층 대부분은 화인, 즉 화교라 해도 과언이 아니다.

인도네시아에 처음 정착을 시작한 화교들은 구두쇠라는 평판을 들을 정도로 절약과 저축정신이 뛰어나고 해양문화에 익숙한 사람들이었다. 이들의 후손은 1619년 네덜란드가 인도네시아에 진출한 시기부터 네덜란드 동인도회사가 파산한 1799년까지 주요 경제세력으로 성장한다. 네덜란드는 뛰어난 경제적 감각을 가진 이들을 활용함으로써 최소한의 비용으로 최대한의 이윤을 확보할 수 있었다. 동인도회사는 화인들에게 독점권인 징세(인두세, 도로통과세, 아편판매세 등) 도급의 권리를 부여함으로써 이들은 막강한 유통업자로 설 수 있었다. 게다가 네덜란드는 자신들의 이익을 위해 화인과 현지인의 동화를 차단함으로써 화인은 인도네시아 국민이 아닌 화인으로 남게 된다.

인도네시아 정부는 1949년 인도네시아가 실질적인 독립을 맞이한 시기부터 팽배한 인도네시아 민족주의를 이용해 화인들의 경제적 지배를 종식시키고자 다양한 정책을 도입한다. 그 결과 토착민과 화인은 주된 갈등의 주체로 등장한다. 결국 화인들에 대한 토착민들의 반감은 1998년 폭동으로 정점에 다다랐고 1,888명의 화인이 사망에 이른다.[13] 이때 얼굴모습이 비슷한 한국인도 적지 않은 피해를 입었다고 전해진다. 이후 화인들은 넓은 정원을 가진 주택보다는 치안이 확실한 아파트를 선호하기 시작했다.

이러한 민족간 갈등은 화인들간의 관계를 보다 공고히 했다. 한 예로 화인의 아들이 사업을 시작하면 다른 화인의 아들들이 지분을 투자하고 사업이 정착되도록 지원한다. 이러한 관계주의를 바탕으로 화인의 경제력은 더욱 공고해지고 있는 반면, 경제대국 17위(G17)에 이르는 인도네시아 국민의 생활향상에는 크게 도움이 되지 못하고 있다.

관계지향적 문화에도 장점이 있다. 영어 속담에 '예외가 규칙을 정한다(Exception proves the rule)'라는 말이 있다. 세상에는 규정을 적용하기 어려운 상황들이 있으며 이러한 상황을 인정할 때 규정도 효력을 발휘할 수 있다는 의미이다. 낙태를 법으로 금지해도 산모가 건강을 위협받을 때 낙태를 허락하는 것과 같다. 4차 산업혁명을 맞이하고 있는 지금의 시대에 규정은 시장과 기술을 따라갈 수 없다. 기술변화, 시장의 변화를 인정하고 최소한의 원칙만 정한 후(negative rule), 나머지 문제들은 그때그때 최선을 다해 풀어가야 한다. 그래야 기술발전을 수용하면서 창의적인 비즈니스환경을 조성할 수 있다.

보편적 원칙을 추구하는 문화와 관계를 중시하는 문화는 기업경영에서도 차이를 보인다. 계약에 대한 입장을 보자. 규정을 강조하는 문화권에서는 사업을 시작할 때 맺은 계약내용을 좀처럼 바꾸지 않는다. 한번 맺은 계약은 영원하며 절대 준수해야 한다. 이에 비해 관계중심의 문화권에서는 상황이 바뀌면 계약을 변경할 수 있다. 세월이 흘러 모든 게 바뀌었다면 이전에 맺은 계약은 불합리하다고 생각한다.

이처럼 양자간의 시각차이는 계약과 관련해 심각한 갈등을 일으키기도 한다. 해외 사모펀드가 우리나라에서 과다한 수익을 올리면 국익이 유출된다며 세금을 더욱 물려야 한다고 주장한다. 해외자금이 공공분야에 투입될 때에는 최소한의 이익을 보장하는 MRG(minimum revenue guarantee)라는 방어기제를 설정한다. 기대만큼 수익이 나지 않을 경우 정부가 수익을 보장하는 방식이다. 그런데 기대보다 수익이 너무 적으면 정부의 손해가 막심하다. 그래서 해외투자자와 MRG를 맺은 우리나라 정부는 계약규정을 지속해서 손질하기를 주장한다.

앞에서 언급했던 인재유형모델인 MBTI(Myers-Briggs Type Indicator)가 언급한 네 가지 대비되는 인간유형 중에 원칙중심(judgement)의 인간형과 상황중심(perception)의 인간형이 있다.[14] 보편적 원칙에 따라 판단하느냐, 아니면 그때그때 상황을 고려해서 판단하느냐에 따라 인간의 유형을 나눈 것이다. 그런데 이 기준은 상호보완적인 측면이 많다. 원칙에 입각해 판단하더라도, 특수한 상황을 전혀 고려하지 않는다면 최악의 결정을 내릴 수 있기 때문이다. 반대의 경우도 마찬가지다. 특수한 상황만을 고려한다면, 상황과 관련된 모든 정보를 얻기 전까지 아무런 의사결정도 할 수 없다.[15]

원칙중심의 인간형으로는 미국 대법원 판사였던 얼 워런(Earl Warren)을 들 수 있다. 1951년 미국 캔자스주 토피카에 살던 여덟 살 난 흑인 소녀 린다 브라운은 집 근처에 있는 섬너 초등학교를 놔두고 왜 기찻길을 건너 한참을 걸어서 학교에 가야 하는지 이해할 수 없었다. 린다의 아버지는 딸을 섬너 초등학교로 전학시키려 했지만 교장은 입학을 거절했다. 피부색이 다르다는 것이 그 이유였다.

워런 판사는 미국 사법사상 가장 유명한 사건 중 하나인 '브라운 대 교육위원회 사건(Brown vs. Board of Education of Topeka)'을 맡는다. 이 재판에서 워런 판사는 미국의 학교 시스템 내에서 발생하고 있는 인종차별은 어떠한 이유에서라도 헌법정신에 어긋난다고 판결한다. 이는 피부색에 관계없이 인간은 모두 평등하다는 명제가 중요하다는 인식에서 나온 결과였다. 워런은 교육의 장소인 학교에서 피부색에 따라 차별받는 것은 절대로 허용할 수 없다는 원칙을 준수했으며, 이러한 신념은 당시 교내에 만연된 인종차별 문제를 학교별 특수성을 고려한 상담프로그램으로 해결하는 수준으로까지 발전한다. '인권이 우선'이라는 원칙에 입각한 판결이 학교별 상황요인에 맞는 치유책까지 만든 것이다.

이 판결은 공공시설에서 피부색을 차별하는 미국의 관습을 깨는 인권운동의 도화선이 된다. 2016년 개봉되었던 〈히든 피겨스(Hidden Figures)〉라는 영화를 보면 미항공우주국(NASA)에서 근무하는 흑인 여성수학자들이 등장한다. 이들은 자신의 능력이 출중함에도 불구하고 백인들의 회의에 참석할 수도 없고, 화장실은 물론 식당도 같이 쓸 수 없다. 워런 판사의 판결이 미국사회에 얼마나 위대한 변화를 가져왔는지 짐작하고도 남음이 있다.

그러면 경영현장에서 두 가지 문화의 장점을 활용할 수는 없을까? 충분히 가능하다. 경영은 조화의 예술이기 때문이다. 전문성만 갖추었다면 공식적 직급에 상관없이 프로젝트 팀장으로서 업무를 수행하도록 하는 시스템, 근무시간은 준수하면서 업무특성에 따라 서로 다른 출퇴근 시간을 적용하는 유연근무제, 집에서 일하는 재택근무제, 필요에 따라 하루 휴가가 아닌 반나절을 휴가로 쓰는 반차제도 등이 여기에 해당한다.

예외가 규정을 만든다는 말처럼 적절하게 예외를 인정하는 규정이 훌륭한 규정이다. 철학자 칸트는 "인간은 법에 저항할 수 있다. 그러나 그 저항이 효과를 거두려면 새로운 법률이 만들어질 수 있는 범위 내에서 저항해야 한다"고 주장한다. 정당방위가 법률이 정한 범위 내에서 자신을 방어하는 행위를 예외적으로 인정하는 것처럼, 기업현장에서도 규정과 원칙을 준수하는 정신과 서로의 관계를 고려하는 자세가 조직의 허용범위 내에서 그 장점을 살릴 때 기업은 행복한 일터가 될 수 있다. 초기 그리스 도시국가의 자유로운 조직, 위성도시를 거느린 이오니아의 대규모 상업도시들의 개방적 분위기, 아시아와 이집트 문화영역과의 다양한 교류가 그리스 철학의 유리한 조건을 만들었던 것처럼 말이다. 앙리 푸엥카레(Henri Poincare)가 과학이란 다양성과 통합성을 향해 동시에 전진하는 것이라 언급했듯이 말이다.

내가 원하는 인생에서의 성공을 추구할 것인가? vs. 사회가 인정하는 지위와 명예를 추구할 것인가?

전세계 IBM 관리자에게 다음과 같은 질문을 던졌다.

> "인생에 있어서 중요한 것은 내가 어떠한 성공을 했느냐보다, 내가 가진 사회적 지위나 위치에 부끄럼 없이 살고 있느냐는 것이다."

다음의 그래프는 어느 나라가 지위나 체면보다 성공에 무게

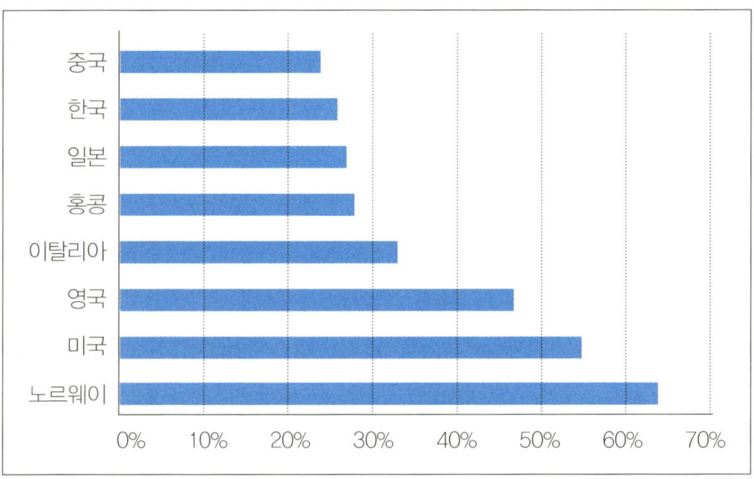

▶상사의 부탁에 대한 직원들의 생각

를 두고 있는지를 보여준다. 노르웨이, 미국, 영국보다 중국, 한국, 일본 등 아시아 국가들은 내가 바라는 인생에서의 성공보다는 체면과 지위에 보다 무게를 두고 있음을 알 수 있다. 유교문화권에 속한 아시아 국가에 대해서는 따로 설명이 필요 없을 듯하다.

심리학자이자 하버드 대학 교수였던 매클리랜드(David McClelland)는 미국을 성취동기가 강한 나라라고 했다. 이처럼 미국이 성취동기가 강한 데에는 미국이 이민자로 이루어진 나라라는 데 그 이유가 있다. 이민자들은 자기나라에서 어떤 위치에 있었는지 중요하지 않다. 케냐에서 대학교수였든, 우리나라에서 잘 나가던 학교 선생님이었다는 것은 중요하지 않다. 미국에서 앞으로 어떤 삶을 살 것인지, 어떻게 자리잡고 성공할 것인지가 중요하다.

이에 비해 같은 언어를 사용하며 민족적 뿌리가 같은 영국은 미국과 달리 성취를 중요하게 생각하는 비율이 50%에도 미치지 못한다. 아직 영국에는 과거부터 이어져온 귀족적 전통이 남아있기 때문으로 생각된다. 하지만 이제 미국도 이민자들이 바라던 아메리칸 드림(American Dream)을 이룰 수 있는 기회가 점점 줄어드는 것 같다. 물론 바이두(Baidu)나 알리바바(Alibaba)처럼 자국시장에서 성장해도 될 만큼 중국의 인터넷 시장이 막강한 규모를 자랑하는 탓도 있지만, 대만 출신 제리양(Jerry Yang)이 미국에서 야후(Yahoo)로 성공신화를 쓰듯이 아시아계가 미국시장에서 폭풍을 일으키고 있다는 뉴스는 잘 들리지 않는다.

미국에서도 성공을 이룬 몇몇 사람의 신화 뒤에는 경쟁에 뒤진 다수가 항상 있게 마련이다. 특히 소수민족 출신 이민자들 중에 탁월한 능력을 발휘하여 주류사회에 편입한 사람은 드물다. 그리고 비록 주류사회에 들어갔다 하더라도 자의든 타의든 자신이 속한 사회와 어느 정도 거리를 가질 수밖에 없다. 미국에서 정치적으로나 지위에서 크게 성공한 흑인을 검은 백인이라고 보는 데는 그런 이유가 있다. 한때 미국에서 첫 흑인 대통령 후보로까지 올랐다가 신변의 위협을 느껴 가족 품으로 돌아가기로 결정한 콜린 파월 전 국무장관은 백인 발음의 영어를 구사했다. 이와 달리 미국의 첫 흑인 대통령인 오바마는 흑인 발음이 섞인 영어를 구사한다. 성공한 검은 백인의 시대가 가고 흑인도 흑인으로서 성공시대를 열어가는 시작이 아닐는지 궁금해진다.

기입식 로또복권에서도 두 문화권의 차이가 명백하다. 미국이나 영국에서 로또는 승자독식주의(winner takes it all)원칙에 철저하다. 우리나라에서도 기입식 복권이 도입되면서 전국이 광풍에 빠졌다. 그러자 어느 정치인과 언론에서 "국민들이 한탕주의에 빠진 걸 개탄치 않을 수 없다"며, 2004년 9월 한 장에 2,000원 하던 복권을 1,000원으로 하면서 1등 당첨자도 많이 나오고 그 결과 당첨금이 많이 줄었다. 차라리 복권을 발행하지 말지, 발행해놓고 걱정하는 셈이다. 이러한 이면에는 우리나라의 '승자독식주의'에 대한 정서적 거부감도 한몫하지 않았을까?

성과지향형 문화 이면에는 무엇이든 서열화를 하려는 속성이 숨어 있다. 미인대회가 그렇고, 미국의 전공별 대학교 서열화가 그렇고 아무런 부가가치 없는 세계 기네스북 기록이 그렇다.

한때 미국은 전세계인이 꿈꾸는 아메리칸 드림의 무대였다.

미국이 아무리 타락한 것처럼 보여도 미국에는 보이지 않는 화살문화가 있어 부정과 부패를 용납하지 않으면서 누구나 공정하게 경쟁할 수 있는 평평한 운동장을 제공한다 믿었다. 하지만 공정하다고 믿었던 미국대학에서 사회유명인사들이 자식을 명문대 체육특기자로 입학시키기 위해 8년간 280억원의 뒷돈이 오갔다는 뉴스는[16] 과도한 성과주의가 낳은 폐해라 할 수 있다.

지위나 명예를 중시하는 문화의 특징은 귀속적 지위이든, 선택적 지위이든 한 번 얻어진 지위는 영원하다는 점이다. 게다가 이러한 지위나 명예는 해당분야뿐만 아니라 다른 영역으로 확산되는 속성을 지니고 있다. 명문대 졸업장은 자신이 어느 분야에 있어도 대우받고, 검사, 판사는 법정을 떠나도 영원한 갑으로 군림할 수 있다.

직업에는 귀천이 없다고 하지만 우리나라 사람들 중에 이를 그대로 믿는 사람은 거의 없다. 물론 세대가 지날수록 선호하는 직업은 변화하고 있다. 40~50대들에겐 생소한 유튜버(Youtuber), 인플루언서(influencer)[17]가 판사, 의사만큼 젊은이들의 선호직업이 되었다. 그런데 이 직업들은 자신의 역량에 따라 수입이 천차만별이다. 젊은 층들의 삶이 팍팍한 측면도 있지만 젊은 층들은 능력만큼 대우받겠다는 성과지향적 문화를 선호한다는 것을 시사한다. 게다가 시청자들은 인기 있는 유튜버들의 열렬한 팬이며, 지지자이자 비판가들이다. 거짓정보를 흘릴 경우 팬들의 따가운 시선과 이탈을 막을 수 없다. 공정성에 바탕을 둔 성과주의 문화가 우리에게도 한 부분을 차지하기 시작한 것이다. 이제 높은 지위에 있는 사람들도 지위에 맞는 책임과 의무를 다해야 할 시기가 다가오고 있다.

두 문화는 기업경영에서도 커다란 차이를 보인다. 임금, 승진과 관련해서 우리나라와 일본은 연공서열에 기반을 두고 있는 반면, 미국 등 서구국가는 성과급제도를 선호한다. 미국기업들이 우리나라나 중국 기업과 거래할 때 아무리 높은 지위를 가졌더라도 젊은 관리자를 전면에 내세우지 않는다. 한국과 미국의 관리자들은 연공서열을 거쳐 올라와 나이가 많으며, 너무 젊은 사람과는 대화하려 하지 않는다는 것을 알기 때문이다 — 여기에는 "과연 저 친구가 책임지고 의사결정을 할 수 있을까? 왜 책임자를 보내지 않았지?" 하는 의심도 포함되어 있다.

물론 우리나라도 한번 직장은 평생직장이라는 개념이 무너진 지 오래라 연공서열 문화가 젊은 세대에게 거부감 없이 수용되는 시대는 지났다. 회사가 직원들에게 복지차원에서 자녀의 대학등록금을 지급하면 젊은 층들이 반발하는 데는 "내가 그때까지 이 직장을 다닐지 알 수 없는데 불공평하다"고 생각하기 때문이다.

기업경영은 서로 다른 문화와 관습을 조화롭게 통합하면서 시너지를 내는 예술이다. 노련한 관리자의 연륜과 경험에 젊은 층의 트렌드를 읽는 눈과 저돌적 성취욕을 조화시켜야 한다. 노련한 관리자는 젊은 층의 튀는 아이디어와 해보자 하는 욕구를 자극하고 여기에 자신의 경험을 더해 위험요인을 최소화하면서 성과를 높일 수 있다. 앞에서 언급했던 호손공장 실험은 성과위주의 목표관리나 작업환경 외에도 조직 내의 인간적 관계가 종업원 성과에 얼마나 큰 영향을 미치는지 밝혀낸 최초의 시도였다. 당시 호손공장의 결과는 모든 사람들에게 커다란 충격이었으며 이를 토대로 작성한 '관리와 근로자(Management and the Worker)'는 베스트셀러가 되었다.[18]

호손공장 실험에서 보듯이 업적을 강조하는 성과중심주의가 기업의 성과를 높이는 유일한 방법은 아니다. 인간적인 배려, 상호간 대화나 능력에 대한 인정도 성과제고에 중요한 역할을 한다. 미국의 유명한 경영학자 피터 드러커(Peter Drucker)가 강조했던 목표관리(MBO, Management by Objectives)의 경우 단지 기업의 성과목표를 정해두고 이것을 달성하도록 종업원들을 몰아치는 데서 벗어나, 개인의 성장목표도 같이 설정해두고 기업과 개인의 성장을 함께 도모해야 그 효과는 배가된다. 관계에 기반을 두고 성과를 지향해야 한다.

언젠가 대기업 직원을 인터뷰한 적이 있다.

> "나는 퇴근 후가 더 바쁘다. 회사에서는 비전을 가질 수가 없어 내가 하고 싶은 바리스타가 되기 위해 학원을 다니기 때문이다. 너무나 많은 사람들이 낙하산으로 온다. 우리 부서에도 낙하산이 있어 당분간 승진도 어려울 것 같다. 부장님은 낙하산 직원 눈치 보기에 급급하다. 그래도 회사에서 월급은 나오니 월급받고 내가 하고 싶은 일을 하면 된다."

이 회사는 관계는 물론 성과체계도 무너졌다. 직원들이 비전을 가질 수가 없다. 회사는 다양한 시대에 다양한 문화를 접하고 성장한 세대들이 모여 하나의 목표를 향해 나아가는 일터이다. 회사만큼 다양한 연령대와 지역사람들이 모인 곳이 어디 있겠는가? 직장에서 우리는 하루의 거의 대부분을 소비한다. 일과 생활의 조화도 중요하지만 우선 직장생활이 행복하고, 아침에 일어나면 출근하고 싶어야 한다. 농번기 때 함께 도와주던 '두레'라는 우리의 전통문화는 하루아침에 사라지는 것이 아니다. 우리의 유전자 속에 면면히 녹아 있다. 하지만 기술과 시대변화에 따른 추세 역시 무시할 수 없다. 젊은 층들은 자신의 능력을 인정받고 성장하고 싶어한다. 우리의 전통적인 관계를 소중히 여기고 이러한 기반 위에 성과목표를 제시한다면 기업의 경쟁력은 배가될 것이다.

나의 성공은 내 능력에 달려 있다 vs. 나의 성공은 외부환경에 좌우된다

개천에서 용 난다는 말이 있다. 어려운 환경을 극복하고 입지전적인 성공을 거둔 사람을 이를 때 쓰는 말이다. 이 말은 아무리 환경이 어려워도 성공을 거두는 데는 개인의 능력이 무엇보다 중요하다고 암시한다. 좀 더 냉정하게 말하자면, 주변 탓하지 말고 네 능력을 탓하란 말이다. 명필은 붓을 탓하지 않는다!

근묵자흑(近墨者黑)이라는 말이 있다. 검은 묵을 가까이 하면 검어질 수밖에 없다는 말이다. 당연한 말이다. 어렸을 적, 붓글씨를 배울 때 필자의 손은 온통 검은 먹물투성이였다. 까마귀 노는 곳에 백로야 가지 마라! 백로가 아무리 까마귀 근처에 가도 검게 될 리야 없지만 그만큼 주위환경이 중요하다는 의미이다. 영어 속담에도 '사람은 그가 사귀는 친구를 보면 알 수 있다(A man is known by the company he keeps)'고 하지 않는가? 맹자의 어머니는 맹자의 교육을 위해 이사를 마다하지 않았던가? 사람의 성공은 환경에 좌우될 수밖에 없기 때문이다.

개인주의가 강한 서구사회는 인생은 스스로 결정하는 것이라고 믿는다. 어깨가 축 늘어진 이 시대의 아버지들과 달리 강한 아버지 상을 보여줘서 크게 히트한 영화 〈테이큰(Taken)〉은 가족에게 한없이 약한 은퇴한 정보원이 악당들에게 납치된 딸을 찾아 나서는 내용을 담고 있다. 미국에서 프랑스로 홀홀단신 날아가 악당들을 통쾌하게 섬멸하는 모습은 보기에도 통쾌하다.

이와 달리 아시아 국가들은 '인생은 환경에 많이 좌우된다'고 믿는다. 스스로의 능력보다는 운명에 달려 있다고까지 생각한다. 서구사회는 세상 중심에 자기가 위치한다고 믿는 반면, 아시아 국가들은 자신의 존재는 가족, 회사, 사회의 소속에 불과하다고 믿는다. 우리나라가 아무리 개인주의화해도 학연, 지연 등의 문화가 쉽게 없어지지 않는 데는 이유가 있다.

이러한 문화의 차이는 언어에서도 고스란히 드러난다. 영어로 "시간이 있다(I have time)", "즐거운 하루 되세요(Have a nice day)"라고 표현할 때 '가지다(have)'라는 동사를 쓴다. 내가 시간을 통제하고 내가 주체가 되어 즐거운 날을 '갖는다'고 믿기 때문이다. 세상의 중심은 바로 자신이다.

그런데 우리말을 보면 "시간 있어요?" "좋은 하루 되세요!"이다. 시간은 내가 가질 수 있는 게 아니라 존재하고 있는 것이고, 좋은 날도 내가 만드는 게 아니라 주어지는 것이다. 일본어도 똑같다. 우리말과 같이 "시간 있으세요?"라고 묻는다. 인도네시아

어도 마찬가지다. “왁뚜 아다(Waktu ada?)?” 왁뚜(waktu)는 시간이고 아다(ada)는 있다라는 의미이다.

일본어에는 수동형이 많이 쓰이는데, 수동형은 상대방에 대한 존경의 의미와 가능의 의미를 갖고 있다. 내가 할 수 있는 게 내 능력이 아니라 주변에 영향을 많이 받는다는 문화적 특징이 언어에 반영된 것이라 볼 수 있다. 일본의 유도 역시 이러한 일본의 문화적 특징이 반영된 무술이다. 유도는 자신의 힘으로 상대방을 제압하기보다 상대방의 힘을 역이용해서 상대를 넘어뜨리는 무술이다. 유연할 유(柔)는 바로 이러한 유도의 특징을 내포하고 있다.

이는 군사전술에도 드러난다. 중국의 손자병법을 보면 적을 유인해서 함정에 빠뜨리고 자신의 힘보다는 지형지물을 이용해서 적을 제압하는 전략이 많이 등장한다. 그래서 적은 수로 수십만 대군을 무찔렀다는 전과도 자주 소개된다. 이와 달리 유럽의 전술은 군사와 무기를 적재적소에 배치하고 상대방의 성을 함락하고 적진을 유린하는 전략에 집중된다. 우리가 아는 체스나 축구의 전략은 유럽의 군사 배치에서 유래했다. 그래서 유럽인들에게 축구는 국가간 전쟁을 의미하고 이러한 전통이 그들의 유전자에 면면히 흐르고 있어, 패배라도 할 경우 훌리건이라 불리는 극단적 폭력(hooliganism)이 발생하기도 한다.

MBTI 인간유형 중에 내향형(introvert)과 외향형(extrovert)이 있다. 내향형 인재는 일을 추진하는 에너지를 자신에게서 찾는 반면, 외향형 인재는 일을 추진하는 동력을 자신이 속한 조직, 회사 등과 이러한 조직 내에서 교류하는 사람들에게서 찾는다. 따라서 내향형 인재는 스스로 아이디어를 탐색, 발굴하고 이를 실천하려고 노력한다. 이와 달리 외향형 인재는 주변환경과 시장으로부터 아이디어를 찾고 이를 실현시키기 위해 노력한다. 내향형 인재는 연구소에 적합하고 외향형 인재는 마케터(marketer)에 적합하다.

시장을 무시하고 연구소에서 만들어진 제품은 아무리 훌륭해도 시장에서 성공하기 어렵다. 적지 않은 개발자들은 최고의 제품을 만들었다고 자기들끼리 축하하고 미래 성공을 꿈꾸지만 시장은 냉정할 때가 많다. 지금은 유물이 되었지만 과거 비디오테이프 시장에서 기술적으로 우위에 있던 베타방식 대신 NHS 방식이 소비자들에 의해 채택되었던 것은 전설과 같은 사례이다.

시장에만 의지해서 제품을 만들었다고 시장에서 성공할 것을 장담하는 것 역시 신중하지 못하다. 1991년에 창간되었던 A여성지는 당시 연예인 스캔들 및 가십거리로 채워진 여성잡지가 사회적으로 비난을 받는 걸 보고 시장 니즈에 따라 잡지의 편집방향을 정하기 위해 다음과 같은 설문을 했다.

> "건전하고 생활에 도움이 되는 정보를 제공하는 잡지를 구매할 의지가 있는가?"

많은 잠재적 고객들이 구매할 의사가 있다고 응답했다. A여성지는 '바로 이거다'라 믿고 말초감각을 자극하는 기사는 삭제하는 대신, 건전한 정보로 가득 채워진 여성지를 발간했다. 결과는 대실패! 결국 잡지는 얼마 버티지 못하고 폐간하고 만다. 고객들도 건전한 정보를 담은 잡지를 구매할 의지가 있다고 응답했지만 실지로 구매한 잡지는 기존의 가십거리 기사를 가득 실은 잡지였다.

정보통신기술(ICT)의 발달로 해당 시스템을 필수로 하는 시대가 되었다. 요즘 화두가 되고 있는 스마트시티도 ICT가 바탕이 되어 보다 안전하고, 편리하고, 쾌적하고, 빠른 서비스를 도시민들에게 제공하는 것을 목표로 하고 있다. 서울 지하철역 중 일부 역에서는 ICT로 통제하는 무인역사를 시험하고 있다.

ICT의 최전선에서 마케팅을 담당하는 사람들을 세일즈 엔지니어(sales engineer)라 부른다. 이들은 기술적 전문성과 더불어 마케팅 역량을 갖추어야 한다. 즉 내재적인 마인드와 외재적인 성향을 두루 갖추고 있어야 한다. 앞으로 경영과 기술영역이 접합될수록 통섭적인(consilience) 인재가 요구될 수밖에 없다.

인류역사상 외재적 인재형의 대표적인 사람으로 히포크라테스를 들 수 있다. 그는 끊임없는 노력으로 당시 의료기술 향상에 이바지했지만, 주위환경으로부터 의료기술을 발전시킬 수 있는 에너지를 찾으려 했다. 더욱이 외향적 경험을 통해 얻은 지식을 의사라면 누구나 간직해야 할 원칙으로 승화시켰다. 히포크라테스는 직접 환자의 집을 찾아가 그들을 치료했으며 아무리 심한 병을 앓고 있는 사람이라도 최선을 다해 살리려 노력했다. 이러는 과정에서 그는 의사라면 반드시 마음에 새겨두어야 할 신조인 히포크라테스 선서를 만들어 낸다.

마틴 루터(Martin Luther)는 기도와 고해성사를 통해 하느님께 다가가려는 수도승이었다. 도보여행을 함께하던 친구가 낙뢰를 맞고 사망한 것을 계기로 1505년 수도원에 들어간 루터는 '하느님은 인간에게 행위를 요구하는 것이 아니라, 예수 그리스도를 통해 인간에게 접근하고 은혜를 베풀어 구원한다'는 것을 발견하고 당시 교회의 관습이던 면죄부를 비판하면서 종교개혁에 앞장선다. 내향적인 수도자 생활을 통해 얻은 발견이 외향적 종교개혁으로 이어진 것이다.

김수환 추기경도 내향적 발견을 통해 외향적 저항을 실천한 인물이다. 한국 최초이자 당시 세계적으로도 최연소 추기경이 된 후, 명동성당을 '70~80년대의 수많은 민주화운동의 성지로 변모시켰다. 1987년 물고문으로 숨진 박종철의 추모미사는 종교지도자로서 강인한 신념이 우리나라 민주화에 적지 않은 영향을 끼쳤음을 느끼게 해준다.

> "주님께서 '너희 아들, 너희 제자, 너희 젊은이, 너희 국민의 한 사람인 박종철은 어디 있느냐?'라고 물으시자, '탕 하고 책상을 치니까 억하고 쓰러졌으니 나는 모릅니다. 수사관들의 의욕이 지나쳐서 그렇게 되었는데 그런 것 가지고 뭘 그러십니까? 국가를 위해 일을 하다 보면, 실수로 희생될 수도 있지 않습니까? 그것은 고문경찰관 2명이 한 일이니 우리는 모릅니다'라면서 잡아떼고 있습니다. 바로 카인의 대답입니다."

사업이나 기술개발에 있어서도 두 문화는 차이를 보인다. 자기지향적 문화에서는 새로운 기술개발에 강점이 있는 반면, 외부지향적 문화에서는 기술을 모방하고 이를 제품화하는 데 강점이 있다. 미국 실리콘밸리에서 새롭게 창조된 사업들은 세상을 바꾸는 데 일조를 했다. 아마존, 구글이 그렇고, 페이스북, 유튜브가 그렇다. 아마존은 "과연 이런 사업이 될까?"라는 의문이 들었던 온라인 도서판매로 시작해서 굴지의 전자상거래업체로 성장했으며, 클라우드서비스 시장을 선도하고 있다. 구글을 사용하다 보면 마치 내 마음을 잘 알고 있다는 듯, 꼭 필요한 내용을 찾아준다. 구글은 이제 인공지능분야에서 두각을 나타내고 있다. 페이스북은 지구촌에서 일어나는 전쟁이나 사건을 실시간으로 공유하게 만들었다. 유튜브는 우리나라에서 네이버를 제치고 가장 인기 있는 검색도구로 발전했다. 전세계에서 열리는 컨퍼런스, 명사의 강연을 마치 현장에 있는 듯 유튜브로 감상할 수 있다.

이와 달리 중국은 기술모방을 통해 시장을 확대하는 데 뛰어나다. 알리바바(Alibaba)는 아마존과 같은 전자상거래업체이다. 2018년 광군제(독신자의 날)에서 무려 308억달러(약 35조원)의 매출을 올려 세계를 놀라게 했다. 알리바바의 광군제는 매년 11월 11일에 열린다. 바이두(Baidu)는 한때 구글의 짝퉁으로 치부되었다. 그런데 탄탄한 자본을 바탕으로 중국 최대 검색엔진으로 성장하면서 앞으로 구글을 위협할지도 모른다. 지금은 무인자동차 사업으로까지 영역을 확대 중이다. 런런(RenRen)은 중국판 페이스북인데 회원수가 1억 6천만명을 넘어서고 있다. 하버드 출신 마크 저커버그(Mark Zuckerberg)가 페이스북을 창업한 것처럼 중국 명문 칭화대 졸업생들이 런런을 창업한 역사도 비슷하다.

마이크로웨이브의 특성을 발견한 것은 미국이다. 한 연구원이 자신의 주머니에 있던 사탕이 녹은 걸 우연히 목격하면서 마이크로웨이브의 특성을 알게 되었다. 하지만 이를 전자레인지(microwave oven)에 응용하면서 제품화를 추진한 나라는 일본이다. 1974년 미국은 트렌지스터 기술을 발명했다. 웨스턴 일렉트릭(Western Electric)은 이 기술을 단돈 12만5천달러에 일본 가전회사인 소니(Sony)에 매각한다. 소니는 이 기술을 바탕으로 소형 트랜지스터 라디오를 만들어 내는 등 굴지의 전자회사로 성장한다.

기업은 자기지향적 문화와 외부지향적 문화의 장점을 조화시키면서 기업 역량을 향상시킬 수 있다. 빠른 시간 내에 고객의 생각을 얻기 위해 자신이 묻고 싶은 것을 묻는 설문에만 — 앞에서 언급된 여성잡지사의 설문을 참고하라 — 의지하기보다, 직접 시장에 들어가서 고객의 불편을 청취하고, 제품을 어떻게 만들고 개선해야 할지 시간을 갖고 조사할 필요도 있다.

기업은 성장해야 한다. 기업이 현재상태를 유지하는 데 초점을 맞춘다면 쇠퇴할 수밖에 없다. 기업이 성장하려면 끊임없이 새로운 기술과 제품을 개발하고, 시장에 적응해야 할 뿐만 아니라 시장을 선도해야 한다. 기업연구소에서는 끊임없이 새로운 기술을 개발해야 한다. 하지만 이런 기술이 제품화에 실패하지 않도록 끊임없이 마케팅 부서와 소통해야 한다. 마케팅 부서도 기업이 보유한 기술을 어떻게 시장에 적용할 수 있는지 연구소와 소통해야 한다. 미국의 항공우주국(NASA)은 할리우드와 자주 만나 소통한다고 한다. 영화적인 상상력을 기술에 적용할 수 있기 때문이다. 물론 할리우드도 항공우주국의 신기술을 영화적 상상력에 접목시켜 고객들의 흥미를 끌 만한 영화를 제작해 낸다. 서로 '윈-윈'하는 것이다.

시간은 흘러가는 것 vs. 시간은 순환하는 것

서구인들에게 시간은 흘러가는 것이다. 과거가 지나면 현재가 있고, 현재가 지나면 미래가 온다. 한번 지나간 시간은 다시 오지 않는다. 하지만 동양적 시각(視覺)에서 시간은 죽은 사람이 다시 환생하는 것처럼 영원히 순환한다. 서구인들에게 시간은 직렬로 연결된 건전지인 반면, 동양인에게 시간은 전류가 순환하도록 병렬로 연결된 건전지이다.

글로벌 컨설팅 회사와 일한 경험이 있는 사람이라면 그들이 막대그래프를 사용해 프로젝트 일정을 하나의 차트로 만들어 놓은 것을 보았을 것이다. 이들에게 시간은 흐름이다. 어렸을 적 방학을 맞이하면 반드시 해야 하는 숙제 중 하나가 하루 일과표를

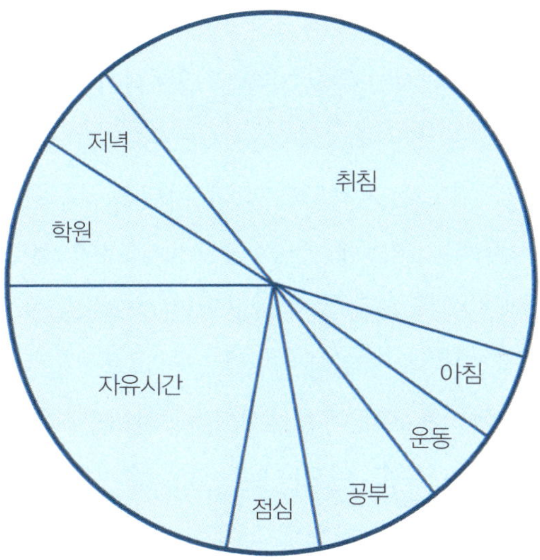

▶초등학교 시절의 하루 일과표

만드는 것이었다. 우리는 일과표를 파이그래프로 만들었던 걸로 기억한다. 시간은 매일 반복되는 순환의 과정이기 때문이다.

서양과 동양의 시간에 대한 개념이 생산방식에 반영된 좋은 예로 포드와 도요타의 생산방식을 들 수 있다. 전자의 일관작업 방식이 시간에 대한 서양사회의 개념을 반영했다면, 후자의 무재고 방식은 동양의 개념에서 나왔다고 볼 수 있다.

포드의 생산방식은 모두가 자신의 위치에서 컨베이어벨트를 통해 전달되는 작업량을 완수하도록 되어 있다. 약간의 실수만 있어도 다음 작업자는 물론, 제품에 영향을 미친다. 영화 〈모던 타임스(Modern Times)〉에서 찰리 채플린은 이러한 노동형태를 신랄하게 풍자했다. 영화에서 그는 컨베이어벨트에 실려오는 나사를 반복적으로 조이는 작업을 맡아 하는데, 길을 가다가 여성의 단추만 봐도 조이려 달려든다.

이와 달리 도요타의 무재고전략(JIT; Just In Time)은 '시간은 순환한다'는 동양의 사고가 반영된 작업방식이다. 재고를 창고에 쌓아두고 선입선출 방식으로 — 먼저 들어온 자재를 먼저 처리하는 방식으로 — 재고를 처리하는 것이 아니라, 작업에 따라 그때그때 필요한 자재를 적기에 공급함으로써 비용을 최소화했다. 도요타는 생산과정에서 불량품이 발견되면 종업원들이 생산라인을 세우고 불량의 원인을 발견할 수 있도록 자율권을 부여하기까지 했다. 생산라인이 단순히 시간의 흐름에 따라 흘러가는 것이 아니라, 가다가 멈출 수도 있고 다시 뒤로 돌아가 불량의 원인을 파악할 수 있도록 했다. 병렬로 연결된 건전지의 순환구조와 같게 설계된 것이다.

행복한 조직문화를 위해

강한 문화란 어느 한쪽으로 치우친 문화가 아니라, 다양한 문화 특히 양립할 수 없는 것처럼 보이는 문화의 장점들을 조화시켜 시너지를 내는 문화이다. 기업이란 다양한 세대를 아울러, 다양한 배경과 생각을 가진 사람들이 일하는 조직이다. 이는 기업의 구성원들이 항상 동일한 비율로 섞여 있다는 것을 말하는 게 아니다. 공기업에 비해 벤처기업에는 보다 도전적인 사람들이 많이 모여 있을 것이며, 컴퓨터 프로그램을 개발하는 회사보다 건설회사에는 개인보다 집단의 역할을 더욱 중요하게 생각하는 사람들이 재직하고 있을 것이다. 그러나 벤처기업도 성장하면서 직원들의 창의력과 도전정신이 효과적으로 발휘되도록 보다 많은 관리자가 필요하다. 국제원조사업 또는 국제개발사업은 정부가 선두에 서서 민간기업을 이끌어 가야 하는 정부 대 정부(G2G) 사업에서 출발한다. 하지만 사업이 지속되려면 해당국의 사업관행과 환경을 보다 탄력적으로 활용하려는 노력이 필요하다. 만약 정부가 기존의 규정과 규칙에만 무게를 둔다면 수시로 변화하는 해당국의 사업환경에 적응하기가 쉽지 않을 것이다.

최대의 성과는 중용에서 나온다. 중용은 과하지도 부족하지도 않게 서로간의 장점이 최선의 조합을 이룰 때에만 가능하다. 아레테(arête)는 그리스어로 덕(德)을 뜻한다. 그런데 이 말에는 탁월함이라는 뜻도 포함된다. 그리스인에게 인간의 덕이란 인간에게 주어진 기능을 탁월하게 발휘하는 성품이고, 이러한 탁월함을 발휘하는 순간 인간은 행복에 이르게 된다.

탁월함이란 바로 중용에서 나온다. 중용이라 함은 서로 최선을 버리고 야합한다는 게(compromise) 아니라, 서로의 강점을 취하고 약점을 최소화한다는 의미이며, 바로 이 상태에 이르렀을 때 인간은 행복하게 된다.

어느 직장이든 일방적 의사전달보다 소통을 강조한다. 소통은 조직구성원들간에 생각을 공유할 수 있는 최선의 수단이기 때문이다. 소통을 통해 구성원들의 다양한 생각과 그들의 장점을 이해하고 공유할 수 있다. 이처럼 이해하고 공유하는 과정이 바로 중용에 이르는 길이다. 기업이 구성원들의 다양한 생각과 장점을 공유하고 정책에 반영할 때 구성원들의 능력은 최고조로 발휘되고, 바로 이러는 과정에서 구성원들은 보다 행복한 직장생활에 가까이 다가갈 수 있는 것이다.

미래에 대한 탁월한 예지력을 지닌 사람과 치열한 마케팅 현장에서 능력을 발휘하는 사람이 서로 대화할 수 있는 회사, 아인슈타인의 직관력을 지닌 사람과 뉴턴처럼 회사의 상황을 주도면밀하게 분석할 수 있는 역량을 지닌 직원이 협력하는 회사, 시장의 작은 변화에서 미래의 제품트렌드를 읽는 직원들의 생각을 새로운 상품개발에 적극 반영하는 회사, 바로 이런 회사가 우리들이 근무하고 싶은 회사가 아니겠는가!

1 버트런드 러셀(Bertrand Russell), 이순희 옮김, 『행복의 정복(Conquest of Happiness』, 사회평론, 2011, p. 165.
2 밤바카스(Constantin J. Vamvacas), 이재영 옮김, 『철학의 탄생(Die Geburt der Philosopie)』, 알마, 2008, pp. 452~456.
3 아리스토텔레스, 강상진 옮김, 『니코마코스 윤리학(Ethica Nicomachea)』, 도서출판 길, 2012, p. 46.
4 장성근, "신제품 개발, 실패에서 배우기," LG Business Insight, 2010. 11.
5 장성근, 상게 글.
6 신재준, 『성공기업의 기업문화 만들기』, 새로운 제안, 2005, p. 90.
7 밤바카스(C.J. Vamvacas), 전게서, p. 157.
8 J.H. Graham and N.M. Lam, "The Chinese Negotiation," *Harvard Business Review*, Oct. 2003, pp. 82~91.
9 C.G. Jung, *Psychological Types*, London: Routledge & Kegan Paul, 1971.
10 Akio Morita, *Made in Japan*, New York: Dutton, 1986.
11 http://www.newswire.co.kr/newsRead.php?no=874552.
12 노경래, 『한국인이 꼭 알아야 할 인도네시아』, 순정아이북스, 2017, p. 62.
13 상게서, pp. 65~66.
14 C.G. Jung, 전게서.
15 신재준, 전게서, pp. 162~163.
16 https://www.ytn.co.kr/_ln/0104_201903171258289367.
17 유튜브 등 온라인상에서 막강한 영향력을 행사하는 사람을 칭하는 말.
18 F. Roethlisberger and W. Dickson, *Management and the Worker*, Cambridge, MA: Harvard University Press, 1939.

신 재 준

연세대학교 경영학과 및 동 대학원을 졸업하고, KT경영연구소 입사 후 University of Cambridge에서 Ph.D를 취득했다. 20년간 KT 기조실 등과 kt cloudware에서 근무 후, 2014년부터 서울메트로(현 서울교통공사)에서 경영지원본부장으로 재직했다. 2017년부터 KOICA IT 전문컨설턴트로서 1년간 인도네시아 국가개혁부(MENPAN)에서 전자정부 관련 일을 했으며, 현재는 서울시 정책수출사업단 단장으로 개도국에 정책지원 및 국내기업의 인프라 수출을 지원하고 있다.

주요 저서로는 기업문화가 회사를 말한다(2002), 성공기업의 기업문화 만들기(2005) 등이 있다.

박 계 두

고려대학교에서 경영학박사 학위를 취득하고, 현재 서울 상명대학교 교수로 인사조직, 경영혁신 및 전략, 조직행동, 기업가정신 등을 강의하고 있다. 세계수준의 정보통신 최고 기업인 KT에서 기업전략, 인사조직, 신사업개발, 마케팅전략, 사업 및 조직 평가제도, 인재육성 등의 일을 수행했다. 관심분야로는 전략, 인사조직, ICT 융합과 혁신 등이다.

주요 저서로는 컨버전스 2.0과 비즈니스(2008), 융합비즈니스 실행방안연구(2012) 등이 있으며, 발표 및 논문으로는 HRD on Human asset in IT policy powered country(UN포럼, 2007), Comparison of private exchange adoption factors: standard & non-standard suppliers(2005, PPC), A method for knowledge modelling with UML(2005, AMCIS) 등과, 피인수기업 구성원의 통합과정에 대한 인식이 스트레스 및 조직몰입에 미치는 영향에 대한 연구 – 계층 및 직종차이를 중심으로(2016.3), 성과보상연계성이 조직지원 인식 및 정서적 몰입에 미치는 영향 – 직무불안정성의 조절효과(2015.12) 등이 있다.

행복한 직장 만들기

2019년 9월 5일 제1판 1쇄 인쇄
2019년 9월 10일 제1판 1쇄 발행

저 자 신재준 · 박계두
발 행 인 권 영 섭
발 행 처 **신영북스**

저자협의 인지생략

경기도 파주시 심학산로 12(출판문화단지)
등 록 : 2008. 4. 16 / 제406-2008-000071호
전 화 : 031-946-2894(代)
F A X : 031-946-0799
e-mail : sys28945@naver.com
홈페이지 : http://www.shinyoungsa.co.kr

정가 13,000원

ISBN 979-11-85281-20-9